토론 프레이밍

framing

역대 15회 미 대통령 연설문에서 살펴본 진보파의 토론/선거 승리방안

토론 프레이밍

역대 15회 미 대통령 연설문에서 살펴본 진보파의 토론/선거 승리방안

Framing the Debate

Famous Presidential Speeches and How Progressives Can Use Them to Change the Conversation (and Win Elections)

제프리 펠드만_Jeffrey Feldman 지음
강경태 옮김

인간사랑

역자 서문

제2차 세계대전 이후 미국 대통령들은 주로 공화당 출신이 많았는데, 많은 이유 중에서도 저자는 보수파들이 민주당보다 먼저 이슈를 선점하여 프레이밍하였기 때문이라고 보고 있다. 예를 들면, 2004년 대선 당시 부시 대통령과 존 케리 간 후보 토론은 답변내용, 태도, 진지함 등에서 케리 후보가 명백하게 승리하였음에도 지지도 면에서 이득을 얻지 못하였다. 이는 토론 그 자체에서 누가 더 잘하였느냐가 중요하다기보다는 토론과정에서 누가 프레임을 장악하였느냐가 관건이라고 보기 때문이다.

경제지표 등 많은 지식을 정확하게 전달하는 것도 중요하나 그보다는 국민이 진정으로 원하는 바, 세상이 돌아가는 큰 흐름 혹은 시대정신 등을 누가 좌우하였느냐가 토론의 핵심이다. 이것이 바로 저자가 말하는 프레임이다. 그리고 이런 프레임을 정확하게 담아내는 특정 언어를 구사함으로써 토론에서 승리할 수 있으며, 궁극적으로 선거에서도 승리할 수 있다고 한다.

물론 이런 프레임은 토론회나 선거국면에서 즉흥적으로 만들어지는 것이 아니라 평소에 신문, 주간지, 인터넷, 블로그 등에 등장하는 국민 전체의 아이디어와 주요 이슈를 파악하는 노력에서부터 시작된다. 부시 대통령의 경우 외부의 적을 무찌르지 않으면 우리가 당한다는 프레임으로 이라크전을 감행하였으며, 이 동일한 프레임 하나로 토론에서도, 선거에서도 승리할 수 있었다. 이에 대한 민주당의 대비책은 16장에 제시되어 있듯이 무작정 당하기보다는 적절한 대항 프레임으로 대처하여야 한다. 이명박 대통령의 당선도 경제회복이라는 프레임이 선거전에 이미 작동되었고, 선거과정에서도 그대로 지속되게 함으로써 부시와 비슷한 결과가 나왔다고 볼 수 있다.

이 책은 부시 대통령 집권 8년간의 선거와 정치는 보수주의식 프레이밍으로 이루어져 왔으며, 진보주의자들도 효과적인 대책을 강구해야 한다는 노력을 대변하고 있다. 이런 노력은 민주당이 지난 2006년 중간선거에서 승리함으로써 최초로 결실이 나타났다고 보고 있으며, 이번 2008년 대선에서도 그 성과가 재현될 것으로 기대하고 있다.

따라서 『토론 프레이밍』은 한국 총선, 대선, 지선에서 승리하기 위한 필독서가 될 수 있다. 아울러 이 책은 토론장에 자주 나가는 정치인이나 지식인, 언론인 그리고 선거에 관심이 많거나 국가 · 사회의 주요 현안에 대한 맥을 정확히 알고자 하는 학생이나 일반인에게 좋은 참고 자료가 될 만하다.

마지막으로 이 역서가 나오기까지 교정 등 많은 협조를 해준 장명준, 배승환, 안찬우, 심재민, 윤수아, 조현지 및 강현지에게 진심으로 감사하며, 출판과정에서 물심양면으로 도와주신 인간사랑 여국동 사장님과 이국재 선생님, 홍성례 편집장님에게도 심심한 사의를 표한다.

감사의 말

프레이밍의 일상생활은 펜으로 적을 수 있는 사람 수보다 훨씬 더 많은 사람들의 노력의 결실이다. 이 책도 일련의 대화로 시작되었다가 기억할 수 없을 정도로 많은 사람들이 관여하게 된 프로젝트로 발전하였다.

나는 아이그(IG)출판사의 로버트 래스너(Robert Lasner)와 엘리자베스 클리멘천(Elizabeth Clementson)이 이 프로젝트의 매단계에서 보여준 인내심과 격려를 영원히 잊을 수 없다.

대통령 연설문은 일반 대중이 언제나 접근 가능하나 일부 전자 정보는 이 책의 발간에 매우 긴요하였다. 특히 버지니아대학 소속의 밀러 공공문제 센터 스크립스 도서관 및 멀티미디어 알카이브 및 텍사스 A&M의 커뮤니케이션학과 소재 대통령 수사학 프로그램의 스피치 알카이브에 심심한 감사의 말을 전한다.

나는 조지 레이코프(George Lakoff)의 업적과 격려에 큰 은혜를 입었다. 레이코프 교수는 학계와 진보정치 간 교량 역할의 모델이다. 그의 업적 및 록브리지 연구소의 업적에 큰 은혜를 받았다.

『토론 프레이밍』은 [2002년에 만들어진 진보주의자들의 정치 토론 블로그인] 데일리 코스(Daily Kos)에 본인이 만든 프레임숍(Frameshop)이라는 블로그 다이어리에 처음 등장하였는데, 이런 경험이 나 자신의 웹블로그를 직접 시작한 계기가 되었다. 나는 [데일리 코스를 처음 시작한] 마코스 물릿사 주니가(Markos Moulitsas Zuniga)에게 미국의 미래에 관한 토론의 장을 제공해 준 것에 대해 깊은 사의를 표한다. 내가 제시했던 프레이밍 조언과 경고를 읽고 댓글을 달면서 용기를 북돋워 주고 또 때론 질타를 아끼지 않으신 많은 분들, 그리고 많은 분들이 애써주신 창조성과 토론을 엮어나가는 무한한 열정에 많은 감사를 드린다.

이 책을 쓰는 가운데 나는 진보 매체를 통한 다양한 경로로 토론을 프레임하는 기회를 누릴 수 있었다. 프레이밍을 같이 고민하고 [진보파 웹사이트인] 버즈 플래쉬(Buzz Flash) 독자들과 프레임숍을 같이 공유하게 된 데 대해 마크 칼린(Mark Karlin)에게 감사드린다. 또한 진보파 라디오 토론 프로그램이 성장하는 과정에서 토론 프레이밍에 초대해 준 피터 비 콜린즈쇼(Peter B. Collins Show)와 톰 하트만 라디오쇼(Thom Hartmann Radio Program) 측에도 감사드린다.

진보파의 미래를 건설한다는 공통의 목적을 달성하기 위해 프레임숍 웹사이트를 방문한 전 세계 프레이머들과 함께 이 책은 매일 꾸준하게 작성되었다. 내가 "프레임숍은 모든 사람들에게 열려 있다"라고 선언한 이후 프레임숍이 토론형성의 장으로 전환되는 데 도움을 준 모든 이들에게 이 책을 바친다.

프레임숍이 나오고 이 책을 쓰는 과정에서 나의 가족이 함께 하였으며, 그들의 꾸준한 격려에 고마움을 느낀다. 특히 와이프인 데브라(Debora)의 도움이 없었다면 미래에 관해 프레임 구상이나 책으로 쓰려고 하지 못하였을 것이다. 와이프의 유머와 신뢰 그리고 사랑이 이 책의 페이지마다 어우러져 있다.

서론

프레이밍은 아이디어에 관한 것이며, 중요한 것은 바로 아이디어이다

(Introduction : Framing Is about Ideas, and Ideas Matter)

조지 레이코프_George Lakoff

공화당 출신의 배리 골드워트가 1964년 미 대선에서 패배하였을 당시 미국 정치토론은 진보를 중심으로 이루어졌으며, 보수적으로 생각하는 미국인은 별로 없었다. 그후 이런 점에 또 다시 변화가 나타났다.

지난 40여 년 동안 보수주의자들은 미국 정치토론을 보수 중심으로 짜맞추어 왔으며, 이는 단지 언어뿐만 아니라 자신들의 도덕기준, 가치, 아이디어까지도 자기 식으로 짜깁기하여 왔다. 이 기간 동안 그들은 그들의 아이디어 공장인 싱크탱크와 메시지 기계인 TV, 신문, 잡지, 연수원, 입장권 등 예약 대행소, 블로그, 광고기관, 전문 언어 마술사들에게 40억 달러를 쏟아부었다. 그 결과 보수주의자들의 가치와 아이디어가 전 미국을 활개치게 되었다.

민주당이 2006년 의회선거에서 승리하였음에도 불구하고 보수주의자들의 가치와 아이디어는 가시지 않고 있다. 이제 미국에서 진보주의자들이 2006년 선거 이전만큼이나 정치대화를 이끌도록 노력하여야 한다.

프레임(Frame)은 아이디어를 형상화시키는 정신적 구조를 나타낸다. 지난 40년의 대부분은 보수파들의 시대였으며, 진보파들은 보수파들이 이슈를 프레이밍할 때 거의 혹은 전혀 적절하게 대처하지 못하였다. 2004년에 비영리정책연구소인 〈로크리지 연구소(Lockridge Institute)〉의 활동과 동연구소의 『코끼리는 생각하지 마(*Don't Think of an Elephant!*)』와 진보파 핸드북인 『요점 생각하기(*Thinking Points!*)』의 출판으로 이에 대처하는 변화가 나타나기 시작하였다. 진보주의자들은 미국 전역에서 프레이밍 과정을 시작하였으며, 2006년 선거에서 그 효과가 나타났다.

제프리 펠드만은 자신의 프레임숍(Frameshop) 블로그를 통해 진보파 프레임의 부활에 크게 기여하였으며, 『토론 프레이밍』 역시 이런 노력의 결실이라고 할 수 있다.

펠드만의 업적은 현재 진보주의자들의 프레이밍 노력을 미국 민주주의의 근간이 되는 진보주의 아이디어에 접목시킨 점이다. 워싱턴에서 링컨, 케네디를 거쳐 클린턴에 이르는 대통령 연설문에 나타난 프레이밍을 고찰함으로써 미국 민주주의에 반영된 진보파의 주요 테마가 무엇인지 상기시켜 주고 있다. 예를 들면, 워싱턴의 봉사소명, 링컨의 국민의, 국민에 의한, 국민을 위한 정부, 루스벨트의 미국의 부는 돈이 아니라 사람에게 있다는 것 등이다.

이 책은 정치수사법의 길잡이 이상의 중요성을 갖는다. 펠드만에 따르면, 프레임과 메시지는 다르다. 프레임은 도덕적 세계관, 핵심 가치관 및 하부 원칙을 나타낸다. 이와 같이 심오한 프레임은 통상 무의식적이며, 진보파의 담론에서는 흔히 간과된다. 그런데 사실은 이런 프레임이 정치의 근본이다. 메시지가 성공적으로 전달되기 위해서는 심오한 프레이밍이 관건이다. 메시지는 특정 정책이나 프로그램, 이벤트와 관련된 특정 커뮤니케이션을 의미한다.

따라서 정치 프레이밍은 큰 그림과 가치, 원칙을 의미한다. 이런 원칙들이 상호 간 의사교환을 통해 전달되고 나면 표면에 나타나는 메시지는 보다 손쉽게 전달된다. 특히 정책과 프로그램은 이런 가치와 원칙에 따라 작동되기 때문에 정책입안자들은 프레이밍을 제대로 이해해야 한다.

펠드만은 또한 프레이밍과 스핀(spin)의 차이점도 지적한다. 스핀은 곤란한 입장에서 벗어나기 위해 말을 정직하지 않게 하는 것이다. 이에 반해 프레이밍은 도덕적이고 진실하며, 가치와 원칙을 전달하는 것이며, 또한 어떤 사실에 대해 도덕적 가치와 윤리적 당위성을 내포한다.

그러므로 이 책은 사실을 단순하게 말해버리는 함정, 즉 모든 사람들이 특정 가치에 근거해서 만들어지는 프레이밍이 없이도 정확한 결론에 도달할 수 있다고 치부해 버리는 진보주의자들을 구제하기 위한 책이다. 그런데 그게 쉽지는 않다. 어떤 사실 그 자체가 중요하지는 않다. 사실이 도덕적 당위성을 가지기 위해서는 가치를 기반으로 하는 프레임이 있어야 한다.

이 책은 또한 프레이밍 기초에 대한 안내서이다. 보수파들의 프레임을 사용하지 말라. 왜냐하면, 그 프레임에는 보수파의 프레임이 들어 있기 때문이다. 말은 프레임에 따라 다르게 정의되기 때문에 보수파의 말 속에는 보수파의 프레임이 들어 있고 그들의 가치가 들어 있다. 보수파의 용어를 사용하게 되면 그들의 프레임 함정에 빠지게 된다.

이 책은 저자가 선거후보와 연설문 작성자만을 고려하여 쓴 것은 아니다. 저자는 모든 진보주의자들, 특히 진실을 말하는 일반 시민들을 염두에 두고 저술하였다. 대통령만 심오한 테마의 입장에서 생각하는 것이 아니라 우리 같은 평범한 사람들도 그렇게 한다. 왜냐하면, 이런 심오한 테마에 의해 우리가 정치적 존재로 정의되며 정치적 아이덴티티를 가지기 때문이다.

진보파라는 의미는 무엇인가? 진보파의 근본적인 가치는 서로 같은 생각을 공유하는 것이며, 그런 감정이입에 따라 책임감을 느끼는 것이다. 여기서 말하는 책임감은 자신과 타인 모두에 대한 책임감이다. 이러한 가치에서 우리가 사는 공동체와 우리를 지켜주고 특별한 권한을 부여하는 자치(self-government)가 구현된다. 우리를 지켜주는 자치는 단순하게 경찰과 군대를 의미할 뿐만 아니라 소비자 보호, 근로자 보호, 환경보호, 사회안전 그물망까지도 포괄한다. 특별한 권한을 부여하는 자치는 자유, 공정성, 기회 그리고 공동의 번영을 전제로 한다. 자치에는 경제사회의 하부구조, 정치평등, 정치참여와 협력을 제공하는 공공복지가 포함되며, 이런 협력은 또 신뢰, 정직, 솔직함, 책임감이 있어야 한다.

이것들이 전형적인 미국의 가치이며, 이에 따라 다음과 같은 미

국의 전형적인 도덕적 · 정치적 사고가 나타나게 된다 :

- 공감한다는 것은 본인뿐만 아니라 다른 사람에게도 관심을 가지는 것이며, 현실에서 나타나는 인과관계는 직접적이고, 체계적이며, 서로 복잡하게 얽히고 설켜 있다.
- 도덕적 · 법률적 · 재정적 책임감은 개인적이면서 동시에 사회적이다.
- 덕성(character)은 상호 공감한다는 것이며, 그런 공감을 바탕으로 책임감을 느끼게 된다.
- 도덕적인 행위는 사회적이며 또한 개인적인 행위에 근거한다.
- 정부의 역할은 자유를 극대화하는 것인데, 자유는 악으로부터의 자유와 또 행복을 추구함을 나타내는바, 정부는 보호자도 되고 인에이블러[1](enabler)도 된다.
- 모든 시민들을 위한 보호자와 인에이블러로서 정부는 국민들의 세금을 개인과 비즈니스를 위한 하부구조로 제공하여야 하는데, 그 예로 경찰, 군대, 재난보호 및 구조, 교통, 커뮤니케이션, 은행, 공정시장, 공정선거, 환경보호, 공공재산 보호, 교육, 보건, 주택제공 등을 의미한다.
- 사회의 많은 기능들은 공적 책임감이 있어야 하는데, 정부규제와 법원판결을 예로 들 수 있다. 민영화를 추진하고 각종

1 역자 주 : 어떤 사람이 무엇인가를 원할 때 이를 도와주는 사람.

규제를 완화하게 되면 거버넌스가 사회적 책무를 지는 공공의 영역에서 이런 책임이 없는 사적인 영역으로 바뀌게 된다. 하지만 식품안전, 약품안전, 환경보호, 공정한 은행업무 등과 같은 도덕성을 가진 기능이 위기에 처할 우려가 있으면 민영화와 규제완화는 피해야 한다.

- 전쟁은 기본적으로 파괴적이며, 국민을 보호해야 할 절대적인 필요성이 있지 않는 한 피해야만 한다.
- 도덕적 행위는 상호 간에 공감이 있어야 하며, 그런 공감에 따른 책임 있는 행위가 수반된다.

이런 진보파의 견해는 저절로 이루어지는 것이 아니다. 지난 40년간 보수파들은 매우 다른 입장에서 토론을 프레이밍하여 왔다.

보수파 사고의 핵심은 도덕적 권위인데, 이 세상에는 선악이 완전히 구분된다는 것이다. 선한 사람에게 권위가 속한다는 주장은 자연스러우며 또한 옳다. 이들의 임무는 도덕적 질서를 만들어내고, 그런 질서 속에서 이루어지는 도덕적 행위는 도덕적 권위에 복종하게 된다. 또한 도덕적 권위에 불복종하는 사람은 사회 전체의 도덕적 질서를 유지하기 위해 처벌을 받게 된다. 개인에 대한 교육은 도덕적 행위에 초점을 둔다. 법률기관에 복종하고 옳고 그름을 구분하게 되면 사회질서가 이루어지고, 그런 사회에서는 일반 시민들이 사적 영역에서 스스로 도덕적 권위를 가지게 된다.

경제문제에 있어서 사람들은 자신의 이익을 극대화하게 되며, 모든 사람들이 개별적으로 자신의 이익을 추구하게 되면 전체의 이익도 극대화된다는 것이 자연법이다. 자유시장(free market)은 도덕적 권위를 가능하게 하는 역할을 한다. 적절한 개인교육은 시장에 의해 보상을 받으며 그렇지 못하면 처벌을 받게 된다. 정부는 이런 자연적이며 도덕적인 과정에 관여할 뿐이다.

미국은 본질적으로 선하며, 따라서 미국의 이해도 전 세계의 선에 기여하게 된다. 이런 보수파의 주장에 따라 미국은 세계 각국에서 도덕적 권위를 가지게 되었다. 다음에 보수파 견해의 일부를 소개한다:

- (도덕적 · 법률적 · 재정적) 모든 책임감은 개인이 져야 하는 책임감이다.
- 덕성은 도덕적 힘이다.
- 모든 사람은 도덕적으로 행동할 수 있으며, 교육에 의해 가능하다.
- 자유방임주의 시장경제는 자연적이고 도덕적이며, 시장경제의 결말은 공정하다.
- 시장경제에서는 모든 사람들이 성공할 수 있는데, 도덕성 함양과 같은 교육에 의해 가능하다.
- 부자들은 자신들의 부를 향유하게 되며, 가난한 사람들은 빈곤할 수밖에 없다.
- 자연은 인간을 위한 자원이며, 자연은 인간을 위해 재산과 이윤으로 전환되어야 한다.
- 개인의 재산권은 공공의 재산권보다 상위에 있다.
- 국민을 돕기 위해 노력하는 정부는 사실 국민에게 해를 끼친다. 예를 들면 국민들이 스스로 획득하지 않은 재산을 정부가

나서서 제공한다든지, 스스로 깨칠 수 있는 기회를 박탈한다든지 하는 경우이다. 이런 정부는 관료적이고 비인간적이며, 억압적이고 비능률적이며 낭비적이다.

- 세금은 정부가 열심히 일하는 시민의 호주머니에서 꺼낸 돈인데 곧 소비되고 만다.
- 사기업이 언제나 정부보다 능률적으로 일하며, 가능하면 정부가 하는 일을 대체해야 한다.
- 선과 악은 분명히 구분되는데, 미국은 본질적으로 선하다.
- 미국의 이해라는 관점에서 치러지는 전쟁은 고상하다.
- 도덕적 권위를 가진 자가 윤리적이기 때문에 그런 사람에게 복종하지 않으면 처벌을 받게 된다.

이와 같이 미국식 민주주의의 뼈대가 되는 진보파의 도덕적 세계관과 충돌하는 보수파의 이념이 존재한다.

바락 오바마는 자신의 『뻔뻔한 희망(*The Audacity of Hope*)』이란 저서에서 이데올로기와 가치의 차이를 분명히 구분하였다. "가치는 우리가 직면하는 사실들이 그대로 적용되는 반면에, 사실에 의해 이론이 의문시될 때는 이데올로기가 적용된다." 오바마의 판단을 두 개의 도덕적 세계관에 적용해 보면 정부에 관한 보수주의자와 진보주의자의 주장 중 진보주의 주장이 훨씬 더 우리 생활에 도움이 된다.

진보주의 주장에 따르면, 진보주의 정부관은 국민들에게 이로우나 보수주의의 정부관은 해롭다는 것이다. 이라크 전쟁은 미국 국민과 이라크 국민들 모두에게 해를 끼쳤다. 또 보수주의 정책으로 정부의 기능이 떨어졌는데, 예컨대 비상재난관리청(FEMA)의 수준이 하락하였다. 관리청이 허리케인 카트리나 재난 당시 강둑 보수기금을 세금삭감을 위해 사용해 버린 나머지 재난으로 피해를 본 주민들에게 큰 상처를 주었다. 교육정책으로 공립학교가 큰 불이익을 받았으며, 학비융자가 필요한 학생들도 그러하였다. 보수파의 환경정책으로 환경은 재앙에 빠졌으며, 보수파의 주택정책으로 노숙자만 늘었다. 보수파의 보건정책으로는 4,600만 명의 시민이 건강을 돌볼 수 없게 되었다.

그러므로 최소임금제의 수준을 높여야 한다. 일반 건강보험이라야 많은 국민이 혜택을 받게 된다. 환경을 보호하고 지구온난화에도 적극 대처해야 하며, 재난에 대해서는 과감하게 지원해야 한다. 허리케인 카트리나 재난 후 우리는 실질적인 복구노력이 필요함을 알게 되었다.

오바마의 판단에 의하면 진보파의 세계관은 '가치'로, 보수파의 세계관은 '이데올로기'로 볼 수 있다. 이 두 가지 가치관이 국민들에게 미치는 영향력은 많은 차이가 있다.

이에 따라 진보파들이 정치토론을 프레이밍해 나가는 방법을 배워야 한다. 프레이밍은 아이디어와 가치에 관한 것이다. 아이디어와 가치는 정말 중요하다.

서문

"진보주의는 복잡한 단어인데, 왜냐하면 진보주의는 진보라는 매우 복잡한 역사에 따라 결정되었기 때문이다."

– 레이몬드 윌리엄스[1]

진보주의라는 용어는 요즈음 정치현장에서 쓰이는 새로운 단어이다. 미국 사람들의 반 정도는 진보주의를 자동차보험[2]으로 생각하고 반 정도는 정치 패러다임으로 생각할 것이다. 그러나 진보주의는 미국 정치에서 최소한 100년 이상 사용되어 왔다.

20세기 전반부, 미국 정치계에는 세 개의 진보정당이 출현하였

2 역자 주 : 미국 자동차보험회사 중 제법 잘 알려진 회사로 진보자동차보험사(Progressive Auto Insurance)가 있음.

다. 첫째는 1912년 시어도어 루스벨트(Theodore Roosevelt) 정당, 두 번째는 1924년 로버트 마리온 라 폴레트(Robert Marion La Follette) 정당, 세 번째는 1948년 프랭클린 루스벨트(Franklin Roosevelt) 대통령의 첫 번째 부통령 헨리 월리스(Henry Wallace)의 정당을 들 수 있다.[2] 진보주의가 완전히 새로운 정치용어는 아니지만 기적적으로 재탄생한 역사성이 있는 용어이다.

2004년 대선 이후 지난 6년 동안 공화당 통치에 의해 남용되고 파괴된 것들을 복구한다는 새로운 진보주의 운동의 의미를 파악하고 이해하려는 노력이 있어왔다. 그러한 노력이 2006년 중간선거에서 빛을 발하여 민주당이 의회의 다수당이 되었으며, 진보파의 미래에 진정한 가능성을 보여주고 있다.

2004년 대선에서는 졌으나 진보주의 프레이밍으로 2006년 중간선거에서 민주당이 승리하였는데, 최근 유례가 없는 두 개의 사건이 이 과정에 중요하게 나타났다. 첫째는 일반 시민들이 대규모로 선거정치에 참여하였다. 과거에 시도되었던 민주당의 버거운 노력들과는 달리, 이번 현상은 여태까지는 정치에 무관심하였던 시민들이 이제는 진정으로 이 나라의 미래를 걱정하는 뜨거운 열기를 보여주고 있다.

이러한 새로운 참여에 기초하여 두 번째 사건은 민주당의 원칙을 찾아내서 이해하고 또 이런 원칙을 국민들에게 적극적으로 알리려고 하는 폭넓은 노력이다. 이에 따라 민주당에 호의를 가지게 된 신참 지지자들은 『토론 프레이밍(*Framing the Debates*)』은 근본적으로 정치적이며, 진보운동의 핵심일 뿐만 아니라 미국 정부의 공정성, 책임감 및 정직성을 회복하는 장기적인 목표에 필수불가결하다고 보고 있다.

지금으로부터 200년 후에는 21세기 미국 정치에서 나타난 (블로그, 미디어, 인터넷과 같은) 진보파 운동을 랩톱(laptop)혁명으로 부를 것이다. 요즘 미국 정치계에서 현기증이 날 정도로 발전하고 있는 이 진보주의는 어떤 기술이나 기하급속도로 발전하고 있는 전 세계 미디어보다 훨씬 더 중요하다. 이와 같은 새로운 형태의 정치 행동주의가 과거 정치 전문가들의 활동영역만큼 수준이 높다. 이런 프레이머(framer)들은 새로운 현상이다.

어떤 프레이머들은 블로거들로 볼 수 있고, 어떤 프레이머들은 조직책들, 어떤 프레이머들은 참여주의자들이라고 할 수 있는데, 이들 모두는 미래에 대한 관심을 가지고 있으며, 또 미래를 걱정하는 진보파 미국인들이다. 매일 매일 이런 수만 명의 프레이머들이, 이들 중 상당수는 스스로 민주당의 진보파 당원들이라고 생각하는데, 토론을 프레이밍하겠다는 결의를 새롭게 하고 있다.

매일 이들 프레이머들은 새로운 이야기와 정치연설을 찾아내고 이 이야기와 연설의 인식론적인, 그리고 대화체로 구성된 논리성이 주는 의미를 이해하려고 노력한다. 또 매일 이들 프레이머들은 자신들의 분석결과를 수많은 매체를 통해 언론에 다시 피드백시키고 있다. 인터넷과 약간의 언어적 지식, 그러나 변치 않는 신념으로 무장한 이들 프레이머들은 미국 사회에 범람하는 수많은 선전물의 공격에 대처하고 있다.

원칙론에 충실한 시민들이 정부정책을 모니터하여 정부에 의견을 개진한다는 사고방식은 미국 헌법 그 자체만큼이나 오래되었다. 그러나 대화를 프레이밍하는 방법에 의해 하루도 빠지지 않고 그런 일을 한다는 것은 미국 사회에서 새로운 현상으로, 조지 부시 대통령 치하에서 손상된 민주주의를 회복하기 위한 엄청난 작업이다. 프레이밍이라는 일상적인 작업 외에도 진보주의자들은 미국식 언어와 사고방식의 오랜 전통 속에 지속적인 노력을 격려하는 작업도 병행하고 있다.

이 책은 프레이밍을 이제 막 시작한 이들과 앞으로 새롭게 시작할 세대를 위한 길잡이가 될 수 있다. 바쁜 일상생활과 긴박하게 돌아가는 정치권의 분위기로 우리 모두가 정치적 사고를 프레이밍하는 임무를 다하기는 어렵다. 그래서 이 책은 지난 2년간 저자가 자신의 프레임숍 웹사이트에서 개발한 프레이밍 기구를 이용하여 15편의 대통령 연설문을 분석하여 토론에 대한 중요한 해법을 제시하였다.

진보파 프레이머들은 증가일로에 있는 스핀과 미디어 선거의 긴박한 순간을 극복하여야만 성공할 수 있다. 이 책은 이런 점을 명심하여 오늘날 진보주의자들의 정치토론을 격상시키고 향후 진보주의자들의 비전을 성취시키기 위해 저술되었다.

뉴욕 2006년 12월

제프리 펠드만[3]

---

3 **역자 주** : 펠드만은 문화인류학 박사로 스피치와 메시지 전문가임. 미국 전역에서 언어와 진보정치에 관한 인기 강사이며, 미국 정계에 폭발적 영향력을 미치는 프레임숍의 편집장임.

주

❶ 레이몬드 윌리엄스(Raymond Williams), 『키워드 : 문화와 사회의 용어(*Keywords : A Vocabulary of Culture and Society*)』, New York : Oxford University Press, 1976, 244.

❷ 미국 내 진보적인 성향의 역사에 대해서는 다음 책 참조. 존 게이블(John A. Gable), 『혁신당 시절 : 시어도어 루스벨트와 진보정당(*The Bullmoose Years : Theodore Roosevelt and the Progressive Party*)』, Port Washington, NY : Kennikat Press, 1978 ; 낸시 언게르(Nancy C. Unger), 『밥 라폴레트의 투쟁 : 정의의 개혁가(*Fighting Bob la Follette : The Righteous Reformer*)』, Chapel Hill, NC : University of North Carolina Press, 2000 ; 노르만 마르코비츠(Norman D. Markowitz), 『세기의 등장과 퇴보 : 헨리 윌리스와 미국 자유주의, 1941–1948(*The Rise and Fall of the People's Century : Henry A. Wallace and American liberalism, 1941–1948*)』, New York : The Free Press, 1973.

Contests

차례

차례

1. 프레이머와 프레이밍

Framer and Framing

『미국전통사전(*American Heritage Dictionary*)』에서 프레이머(framer)를 찾아보면 다음과 같이 풀이되어 있다 :

> **명사** : 1. 프레임하는 사람 : 그림액자를 만드는 사람 ; 새로운 법을 만드는 사람. 2. 대문자 F를 사용한 **Framer**는 흔히 미국 헌법을 만든 사람을 지칭.[1]

하나의 단어에 얼마나 많은 뜻이 있는가! 예를 들어 프레이머는 단순하게 그림을 액자에 넣는 사람을 뜻하지만 대문자로 쓰게 되면 미국 정부체제의 원칙을 만든 건국의 아버지들을 뜻한다. 이렇듯 일상적인 의미로 쓰이든 특별한 의미로 쓰이든 프레밍이라는 개념에도 그대로 적용된다.

그러나 이런 정의를 통해 알 수 있듯이 미국 역사상 프레이밍보다 더 중요하고 지속적인 개념은 별로 없다. 미국은 프레이밍으로 시작하여 오늘날까지 프레이밍이 지속되고 있는데, 때로는 발전하였으며 때로는 퇴보하였다.

그러나 프레이밍의 역사적 의의에도 불구하고 많은 사람들이 정치대화를 프레이밍하는 것에 대해 설마 하고 의심하고 있는데, 그것은 프레이머들이 자신들의 정치적 이득을 얻고자 아이디어를 냉소적으로 포장하는 것에 불과하다고 보기 때문이다.

이들은 실체가 중요하지 포장지가 중요한 것은 아니라고 말한다. 그런데 토론을 프레이밍한다는 것은 토론을 포장한다는 것이 결코 아니다. 썩은 정치를 깨끗한 종이로 포장하여 향기롭게 하는 것은 기만이나 스핀(spin)이지 프레이밍이 아니다. 우리는 스핀닥터(spin doctor)[1]가 증가하는 것에 반대하는데, 이들이 언론을 조작하면서 미국 정치를 오염시키기 때문이다. 정치적인 스캔들이 존재하는 한, 냄새를 완화시키려는 스핀닥터들도 어쩔 수 없이 함께 존재할 것이다. 프레이밍과 스핀 둘 다 아이디어를 포장하기는 하지만 이 둘은 커피와 위스키의 차이만큼이나 다르다.

"토론을 프레이밍한다"란 무엇을 의미하는가?

정치토론과 연관하여 프레이밍은 다음과 같이 정의될 수 있다:

---

1 **역자 주** : 스핀닥터는 정치인을 보좌하면서 정치인의 공약, 입장 등을 설명하는 정치전문가 혹은 선거전문가인데, 특히 문제가 발생할 때는 사실을 왜곡하거나 조작하는 일도 많이 하여 부정적인 이미지가 많음.

어떤 사건에 대한 하나의 특정한 해석보다는 다른 방식의 해석을 강조하기 위해 정치 아이디어와 원칙을 제시하는 것

그러나 정치를 초월하여 보다 폭넓게 정의해 보면, 사람들이 상호 의사전달을 하고 세상을 살아가며 문제를 해결하는 방식에 관심이 있는 전문가나 학자들이 프레이밍을 사용하여 왔다.

예를 들면 1950년대 인류학자인 그레고리 베이트슨(Gregory Bateson)이 프레임을 신체에 적용하여 놀고 있는 아동을 통해 어떻게 신체적 제스처와 얼굴 표정이 상호 의사소통을 프레이밍하는가를 연구하였다.[2] 또 1960년대에 어빙 고프만(Erving Goffman)이라는 사회학자가 인간의 모든 행위는 일련의 프레임화된 상호작용이라고 주장하였다. 사회행위자는 단어, 문구, 제스처를 사용하여 특정한 순간에 특정한 종류의 사회적 상호작용으로 의사소통하게 된다고 한다.[3] 또한 10년 뒤 언어학자인 리처드 밴들러(Richard Bandler)와 존 그린더(John Grin-der)는 말하는 습관을 통하여 사람들은 무의식을 질병 치료 목적으로 프레이밍하게 된다는 이론을 발표하였다.[4] 1990년대에 더글러스 스톤(Douglas Stone)과 같은 하버드대학교 협상 프로젝트에 관여한 비즈니스맨들과 법률학자들은 자신에게 쏠리는 비난을 완화하고 생산적인 결과를 창출하기 위해 대화를 어떻게 풀어나가야 하는가를 연구하였다. 이런 분야들에서 '프레임(frame)'과 '프레이밍(framing)'이 약간 다른 의미를 가지지만 공통점은 중요한 사건이 전개되는 광범위한 논리나 문맥을 뜻한다.[5] 각 연구에서 학자들은 프레이밍을 설명하기 위해 프레임을 어떤 현상과 비교하였다.

이런 다양한 연구에도 불구하고 프레이밍이 진보주의 정치에 본격적으로 진입하게 된 것은 인식언어학자인 조지 레이코프의 저서『코끼리는 생각하지 마(*Don't Think of an Elephant!*)』가 2004년 대선 직전에 발표되면서부터이다.[6] 레이코프는 다른 학자들과는 달리 가장 기본적인 문제에서 출발하였다 :

왜 민주당은 선거에서 지는가?

진보주의자들에게는 경악할 만한 결과인 민주당 대선후보 존 케리 상원의원을 물리치고 공화당이 승리한 시점에 레이코프의 책이 출간되어 위의 질문이 다음과 같은 시의적절하면서도 소름끼치는 질문으로 바뀌었다 :

왜 부시는 또 승리하였는가?

현재까지 대부분의 진보파들은 케리 후보가 더 나은 후보라고 생각하고 있다. 부시의 사악한 친구들이 벌인 더티한 선거운동은 차치하고라도 케리가 부시보다도 미국 국민이 직면한 문제에 더욱 더 적합한 이슈와 입장을 제시하였으며, 케리가 부시에 비해 더욱 더 사려 깊고 모든 문제를 더 잘 알고 있었다. 따라서 진보파들로서는 이런 후보라면 당연히 대선에서 승리하여야 한다고 보았다.

그러나 대부분의 진보파들은 레이코프가 제시한 의문과 선거가 지난 지금 과거를 반추해 보면 2004년 대선을 이해하는 데 뭔가를 빠트리고 있음을 이제야 자각하고 있다. 그 당시에는 잘 몰랐지만 부시-케리 간 토론은 선거과정에서 매우 중요한 사건이었다. 케리가 토론에서 이긴 것은 분명하였으나 여론조사 지지도에서는 그것 때문에 얻은 승점은 없었다. 부시와 비교하면 케리는 올바른 사고와 매우 세세한 부분까지 정통하였다. 케리는 다소 뻣뻣한 점은 있었으나 똑똑하고 준비된, 진짜 정치인다운 후보였다. 그는 키도 더 크다.[2] 부시는 좀 건방지고, 말을 잘 더듬으며, 같은 말을 끝없이 반복할 뿐만 아니라 많은 대답을 피해버린다. 부시는 또 비밀폐쇄 장치를 이용한 이어폰을 귀에 꽂아 대답하기 곤란한 질문에는 답을 전송받는 장면이 들킨 적도 있다.

이런 식으로 두 번이나 토론하고 나서도 여론조사에서 케리가 승점을 얻지 못한 그 다음 주에 저자 스스로 던진 질문이 생각난다. "최고의 아이디어를 가장 분명하게 전달하였으면 선거에 승리하여야 하는 것 아닌가? 상대 후보가 아는 것도 없이 전혀 준비되지 못했을 때는 우리가 당연히 이겨야 하는 것 아닌가? 대부분의 유권자가 우리 후보가 하는 말에 동의하고 있다면 우리 후보가 이겨야 하는 것 아닌가?"

흥미롭게도 나의 의문은 레이코프가 말한 점과 그대로 일치한다. 문제는 민주당 후보가 제시하는 이슈와 입장이 아니라, 정치토론 전체 아이디어에 어떻게 접근하는가 하는 데 있다. 우리 후보가 특정 이슈에 관한 논쟁에서 이겼을 수도 있으나 상대 진영에서 프레임을

---

2 역자 주 : 역대 미국 대선에서 대체로 키가 큰 후보가 승리한 예가 많음을 지적하고 있음.

장악하였기 때문에, 즉 상대 진영이 토론을 프레이밍하였기 때문에 선거라는 큰 그림에서 결국 졌다. 우리가 이슈를 말할 때 저들은 프레임을 말하였다.

레이코프는 프레임을 다음과 같이 정의한다 :

> **우리가 세상을 바라보는 방식에 영향을 주는 정신구조로서 … 프레임은 보거나 들을 수 없다. … 하나의 단어를 듣게 되면 머리 속에서 그 단어의 프레임이 활성화된다.**❼

지적인 입장에서 보면 인식언어학자인 레이코프는 대화와 커뮤니케이션을 습관적 · 경험적으로 우리 두뇌 속에 굳게 박혀버린 큰 아이디어와 개념의 산물로 본다. 그는 이런 개념을 지난 30년에 걸친 미국 정치의 특정 상황에 적용하였다. '두뇌가 어떻게 움직이는가' 라는 기계적인 작동원리는 잘 모르더라도 레이코프식 통찰력으로 2004년 대선에서 공화당의 승리 원인과 방법에 대한 심오한 대화를 시작할 수 있고, 진보주의자들에게는 정치대화에 관한 눈이 번쩍 뜨이는 새로운 시각을 제공한다.

진보파들이 이전에는 정치토론을 정책과 이슈를 제시하는 장으로 이해하였으나 이제는 프레이밍을 활용함으로써 정치토론은 키워드, 은유법, 전략적 단계 등을 통하여 큰 원칙과 가치를 유발하는 상태로 정의한다. 토론에서 승리하는 것은 (또 확대하면 선거에서 승리하는 것은) 대화를 진보적인 프레임으로 이끌어 가는 것이며, 더 중요한 것은 진보적인 프레임을 그대로 유지하는 것이다.

진보적인 아이디어가 아무리 좋았더라도 보수파 후보가 토론 전체를 관통하는, 형언할 수 없는 강력한 일련의 아이디어를 유발하는 단어를 사용하였기 때문에 선거에 실패하였다. 이러한 아이디어는 국가 작동원리에 대한 세계관을 설명하는 것으로 진보파 후보가 제시하는 견해가 무엇인지 온 세상에 알리면서 그런 견해의 좋은 점을 깎아내렸다. 민주당 후보들은 사실을 정확히 알리기 위해 최적의 단어가 무엇일까도 고민하였으나 공화당 후보들은 개념의 틀을 포장하는 단어를 고르기 위해 고민하였다. 미국인들은 이런 개념틀을 통해 세상을 바라본다. 공화당이 사용하는 '마술의 단어들'은 (폭스 TV 뉴스뿐만 아니라 모든 언론매체를 통해서 전달되며, 또 심지어는 진보주의 후보들도 같이 사용하면서) 언론에 의해 끊임없이 계속 반복되고 확대된다. 다시 말하면, 공화당이 프레임을 이끌어 가고 프레임을 그대로 유지함으로써 결국 선거에 승리하게 된다.

진보파들이 토론을 프레이밍하게 되면 선거운동 과정이 후보의 비전, 원칙 및 세계관으로 무장하여 공화당 후보와 싸우게 되어 보다 광범위한 성격의 투쟁으로 전개된다. 수십 년 동안 공화당원들은 소위 보수주의 세계관을 뚜렷하게 형성하여 왔는데, 이런 세계관은 정부가 시민들의 사생활, 헌법원칙을 초월하는 특정 종교의 가치, 공공소유보다 개인 소유의 우위, 사유재산의 집중, 선제 군사공격 등이 중요하다는 강력한 권위주의 관점으로 구성되어 있다. 여러 면에서 부시의 2000년, 2004년 대선 승리는 수십 년간에 걸친 보수주의 세계관의 무자비한 프레이밍의 산물이다.[8]

2006년 중간선거에서 민주당의 프레이밍 노력이 마침내 영향력을 발휘하기 시작하였다. 선거에 출마하는 예비후보들을 '민주당원 전사(Fighting Dems)'로 프레이밍하여 각종 토론의 방향을 '이라크에서 책임 있는 변화가 가능하다' 는 진보파의 비전이 부각되는 방향으로 하였다. 모든 민주당 전사들이 여론조사에서 승리한 것은 아니지만 민주당원들이 국방문제에 약하다는 신화를 무너뜨릴 수 있었다. 프레이밍의 또 다른 예로는 진보파 풀뿌리 조직인 MoveOn.org가 〈변화를 위해 전화하기(Call for Change)〉라는 자원봉사운동을 시작하여 전화로 선거전(前) 유권자 운동을 프레이밍한 것이다. 기술적인 면에서 보면, 〈변화를 위해 전화하기〉가 이전의 민주당 지지자들을 투표에 참여하게 하는 〈전화번호부 자원봉사활동〉과 크게 다르지 않다. 그러나 선거운동이라는 비매력적인 개념을 '전화걸기' 라는 분명한 은유법을 사용하여 MoveOn.org 프로그램이 유례없이 성공하여 훨씬 더 많은 유권자들과 연락이 가능하였으며, 실제 투표참여율도 증가하였다. 이러한 노력이 결실을 맺어 프레이밍을 통하여 선거와 같은 중요한 정치적 순간에 진보주의 세계관을 확실하게 정의하고 또 그런 개념을 확산시킬 수 있게 되었다. 이를 통해 더 많은 참여와 헌신이 이루어졌고, 이는 또한 선거운동의 성공으로 귀결되었다.

2006년에 이루어진 최초의 진보파 프레이밍이 성공한 점도 많은 의문이 남는다. 그 중에서도 가장 중요한 것은 '진보파의 세계관은 무엇인가?' 이다. 2006년 선거의 성공에도 불구하고 많은 진보파들이 자신들의 독특한 세계관을 알리고 확신시키는 데 성공한 만큼 보수파의 프레임에 대해서는 아직도 기를 펴지 못하고 있다. 어찌 보면 이런 현상은 당연하다. 20년 이상 보수주의자들이 진보주의자들을 코너에 몰아넣었고, 리버럴이나 민주당원이라는 용어를 회생이 불가능한 수준으로 만들어 버렸다. 보수주의 싱크탱크, 방송언론 및 교회지도자들이 리버럴이나 민주당원이라는 용어를 무차별적으로 공격하여 미국인들은 민주당으로는 정부가 건재할 수 없고 선거에서 이런 정당을 선택하는 것은 부도덕하다고까지 생각하게 되었다.

보수파들의 이런 노력 때문에 유혈이 낭자한 패배를 경험한 진보파들은 2004년 말 프레이밍에 갑자기 관심을 가지게 되면서 2006년 중간선거에서 승리하였다. 이는 완전히 새로운 전술을 폭넓게 적용한 큰 성과이다. 보수파 전략가들이 만들어낸 아이디어와 정치적 견해 테두리 안에 있는 세계관과 싸운다고 애쓰지 말고 보수파의 링에서 빠져나와 진보주의자 자신들의 링 안에서 싸워야 한다. 선거에서 승리하기 위해서는 이제 피는 그만 흘리고 진보주의자들이 정치토론에 대해 수세적이고 반작용적인 접근에서 벗어나 진보적인 사고로 토론을 프레이밍해야 할 것이다.

그런데 정치지도자, 선거운동원 및 시민들 모두 토론을 프레이밍한다는 열정이 뜨거운 만큼 다음과 같은 성가신 문제가 나타났다 :

> **진보주의자들이 정치토론을 어떻게 프레임하여 앞으로 뻗어나갈 수 있는가?**

어떻게 프레이밍을 계속 진행하도록 작동할 수 있을까? 진보파들이 대화를 프레이밍하도록 촉구하는 모든 저서, 독자들의 글, 세미나, 블로그에 '어떻게'라는 수십 개의 똑같은 질문이 나온다. 2006년 중간선거에서 프레이밍이 진보파의 비전을 진척시키고 선거 승리에 결정적이었으므로 이제 처리해야 하는 문제는 '앞으로 어떻게 해야 하는가?' 하는 것이다.

프레이밍 5단계

진보파 프레이머가 되기 위해서는 정보를 받아서 처리하는 일련의 습관을 바꾸어야 한다. 프레이머들은 정치대화의 수동적인 소비자가 되어서는 안 되며, 토론을 스스로 생산해내야 한다. 즉 정치 이슈에 대한 대화를 이끌어 나가는 상황을 만들어내야 한다. 진보파 프레이머들은 반드시 전통적 미디어의 입장에서 생각해야 한다. 예를 들면, 정보를 얻기 위해 하루에 신문 한 개 읽던 습관은 이제 버려야 한다. 하루에 수십 개의 정보 소스를 읽어야 하며, 현대 미디어 정치를 형성해 나가는 아이디어와 이슈들을 추적해야 한다.

블로그는 정치기구와 언론 및 대중문화를 연결시켜 주는 통로이기 때문에 진보파 프레이머들은 꼭 섭렵해야 한다. 오늘날 우리가 사는 세상의 가장 큰 특징은 정치인이 말하는 대부분의 단어들을 모든 사람들도 곧장 알 수 있게 되었다. 예를 들면, 부시 대통령이 말하는 모든 대중 언어는 몇 분 이내에 백악관 홈페이지에 뜬다.[9] 진보파 프레이머들은 반드시 다양한 토론에서 작동되는 프레임을 알아내기 위하여, 또 그런 토론을 진보적 견지에서 새롭게 프레이밍하기 위해 TV, 라디오 및 인터넷에서 흘러다니는 내용을 주시하여야 한다.

또한 진보파 프레이머들은 토론을 자신들만을 위해서 프레이밍하는 데 만족해서는 안 된다. 아무도 없는 숲속에 나무 하나가 넘어졌다면 넘어지는 소리가 나지 않은 것으로 생각해야 한다는 옛날 속담처럼, 진보파들이 토론을 자신만을 위해 프레이밍하고 다른 사람들과는 이에 대해 아무런 교류를 하지 않는다면 그게 이 사회에 무슨 영향력이 있겠는가? 토론을 프레이밍하려는 진보주의자 한 사람의 노력도 서로 이야기하여야 영향력이 커진다. 그런 의사소통이 이뤄지기만 한다면 프레이밍 작업이 곧장 시작될 수 있다.

2004년 11월 저자가 Frameshop(www.frameshopisopen.com)이라는 웹사이트를 오픈하여 진보파 프레이머가 되었다. 나에게 Frameshop은 단순하게 웹사이트나 블로그 이상의 것이다. 그것은 토론을 프레이밍하는 장으로서의 소임을 다하고 있다.

Frameshop은 단순하게 나의 의견을 교환하는 장소가 아니다. 그곳은 수선하는 집이다. 그곳은 시끌벅적하고 지저분하기까지 하다. 인터뷰나 연설문에 나오는 핵심 표현들이 해체되어 빈 상자 안에 담겨져 있다. 여기서는 시력보호 안경을 꼭 착용해야 한다. 이 나라의 정치대화는 오랫동안 수선을 기다리는 언어들로 가득 찬 고속도로라는 생각을 가지고 이 웹사이트를 시작하였다. 선거 기간 동안 정치토론은 자동차 경주장이 된다. 가장 빠른 문구들도 적절하게 다루어지지 않으면 충돌해서 불타버린다.

운전할 때와 같이 토론을 할 때에도 페인트칠 색깔은 아름답게 보인다. 그러나 중요한 것은 자동차 보닛 밑에 있는 엔진의 성능이다.

Frameshop은 기본적으로 토론을 '운전'해 나가고 '수리'한다는 은유법처럼 시작하였다. 그러나 수백 번의 (정치토론의 주요 부분을 새롭게 프레이밍하는 긴 에세이들과 짧은 에세이들과 같은) 수리작업들은 기본적으로 다음과 같은 프레이밍 5단계로 요약될 수 있다.[10]

1단계 : 그들 용어의 반복 중지

프레이밍으로 상대편이 토론을 장악하게 되면 이런 상황을 벗어나는 유일한 방법은 저들이 제공하는 언어 사용을 중지하는 것이다. 반복을 통해 프레임이 강화되기 때문에 프레임을 부셔버리는 유일한 방법은 프레임을 유발하는 언어 사용을 중지하는 것이다. 처음에는 이런 작업이 다소 부자연스러울 수도 있으나 이 단계를 거치지 않으면 토론을 통제할 수가 없다. 잘 갖추어진 프레임이 있어야만 반대 시각을 제시할 수 있는 여력이 충분해진다.

2단계 : 다른 프레임으로 이동

대부분의 사람들에게 이 단계가 이해하기 어려운 개념일 것이다. "잠깐, 내가 가볼 만한 또 다른 프레임이 있다고요? 프레임을 집안의 방처럼 표현하네요." 사실 프레임은 방이 아니다. 그러나 프레임을 일련의 아이디어라고 생각하기보다 하나의 장소로 비유해서 생각하면 이해하기 쉽다. 다른 프레임으로 가보는 가장 좋은 방법은 역대 미국 정치 연설문에 몰입하는 것이다. 예를 들면, 지금의 의료복지에 관한 글을 읽을 때 다른 프레임에 가보는 방법은 프랭클린 루스벨트 대통령의 연설문을 읽어보는 것이다. 국가안보에 관한 토론을 하면서 다른 프레임에 가보는 방법은 우드로 윌슨 대통령의 연설문을 읽는 것이다. 정치참여에 관해 생각하면서 다른 프레임에 가보는 방법은 케네디 대통령의 연설문을 읽어보는 것이다.

3단계 : 새로운 프레임 건설

이제 새로운 프레임을 건설하는 작업이 시작된다. 첫째, 여기에 있는 이 특정 이슈의 원칙이 무엇인지 고민해 보라. 예컨대 사회보장제도를 토론할 때 공화당원들은 '개인의 부'가 중요한 이슈라고 주장한다. 진보주의자들은 반대로 '개인 보호'라는 가치를 말하게 되고 '공익투자'라는 원칙을 말하게 된다. 여기서 토론을 프레임하기 위하여 사회보장제도를 대중을 보호하는 제도라고 이야기할 수도 있고, 사회보장제도에 기초하여 새로운 비유문구를 만들어낼 수도 있다. 일반적으로 정치에서 비유는 동일한 아이디어를 가진 개념이 두 개가 있는 형태를 띤다 :

*[추상적인 이슈]는 [분명한 것]이다.*⑪

이런 결과는 우리가 어떤 것에 대한 이해를 (추상적인 것을 이해하고자 할 때는 손에 잡히는 분명한 것으로 대체하여 이해하거나 그 반대의 방법으로) 다른 어떤 것으로 이해하게 된다. 예를 들면, 공화당원들은 사회보장제도에 관한 이야기의 초점을 이렇게 비유한다 :

[사회보장제도]는 [은행계좌]이다.

그리고 이런 비유에서 그들의 마술적인 단어(예를 들면 개인 은퇴계좌)가 나온다. 사회보장제도에 관한 진보파의 프레임은 반대로 다른 비유로 시작된다 :

[사회보장제도]는 [하나의 개인]이다.

이러한 비유를 통해 진보파들이 사회보장제도에 관한 새로운 문장을 만들어내는 폭넓은 논리를 이런 논리가 꼭 필요한 사람들에게나 또 그렇지 않은 사람들에게나 다 같이 제공할 수 있게 된다. 이런 식으로 사회보장제도를 새롭게 프레이밍함으로써 사회보장제도는 더 이상 노인들에게 현금을 지불하는 제도가 아니라 보호와 공익에 관한 것이 된다. 연로한 근로자를 근로 장소에서 안전하게 벗어나게 하면서 동시에 젊은 근로자에게는 근로의 기회를 제공하는 것이 국가가 이들에게 제공하는 도움의 손길이다. 이런 식으로 새로운 프레임이 등장하게 된다.[12]

4단계 : 분해

프레임은 큰 붓으로 그린 큰 이야기이다. 프레임은 원칙과 국민, 정부에 관한 이야기이다.

프레임을 웹사이트, 연설문, 광고, 편지, 정강정책, 선거모금과 토론에 올려서 사용하기 위해서는 아주 작게 분해작업을 해야 한다. 분해작업을 통해 최고의 문구가 등장하기까지에는 좋은 영감이 있어야 하고 또 시행착오가 많이 따른다.

5단계 : 단어 반복

(프레이밍을 시작할 때 우리가 해서는 안 된다고 하였던 바로 그것인) 반복단계는 우리가 만들어낸 새로운 프레임을 확실하게 다지는 작업이다. 보수파의 핵심 언어를 더 이상 사용하지 않고 진보파의 원칙과 새로운 프레임의 논리를 제시하는 단어와 문구를 사용하여 우리 자신의 메시지를 만들어낸다.

프레이밍은 행동이다

광범위한 이론을 실제 일상의 프레이밍 단계로 전환하는 문제 외에 두 번째 신랄한 문제는 다음과 같다 :

결국 말보다 행동이 중요하지 않은가?

토론을 프레이밍만 하고 실제로 정치적 조치가 없게 되면 "사람들을 그만 조작하시오!", "당신이 하고자 하는 말만 하시오!" 혹은 "프레이밍이 지겨워!", "그만 말하고 행동으로 보여주시오!"라는 말을 듣게 된다.

토론의 프레이밍이 모든 진보파의 비위에 맞는 정치적 행동인가 아닌가 하는 것은 각자의 개성과 우선순위 목록에 달려 있다. 진보주의 정치는 하나의 큰 프로젝트로서 모든 사람들이 일상적으로 똑같은 작업을 할 수 있지는 않다. 큰일을 하는 데는 분업이 필요하다. 그러나 프레이밍은 행동이기 때문에 실수는 용납될 수 없다.

미국은 2백 년 이상 인구가 증가해 왔으며, 미국 전역에 흩어져 살고 있다. 미국의 정치체제는 대부분의 사람들이 전 인생을 통틀어 자기 집에서 100마일 이상 나가본 적이 없던 시대에 형성되었는데, 요즘 우리 대부분은 하루에도 그 정도는 다닌다.

최근 몇십 년 동안에 미국인들은 매우 효율적으로 또 주기적으로 그만한 거리를 다니고 다시 연락을 취하는 새로운 방법을 찾아냈다. 토론을 프레이밍하는 것은 정치적 행동인데, 왜냐하면 컴퓨터 1

대만 사면 미국 정치에 입장하여 말과 이미지로 끊임없이 진행되는 대화를 할 수 있는 광대한 전자마을에서 정치행위를 할 수 있기 때문이다.

정치가 얼마나 빨리 변하는가를 알 수 있는 한 가지 방법은 요즘의 스캔들과 이전 세대의 스캔들의 차이를 생각해 보는 것이다. 예를 들면, 공화당의 워터게이트 스캔들은 간밤의 강도에서 시작되었다. 그 이야기는 《워싱턴포스트》지의 2명의 기자에 의해 수개월에 걸친 조사를 거쳐 이야기 조각들이 조금씩 밝혀졌다. 30년이 지난 지금의 공화당 폴리게이트 스캔들[3]은 부적절한 이메일로 시작되었으며, 블로그, 메시지 및 이메일로 수백만의 일반 미국인이 조사하고 이야기함으로써 수시간 만에 폭발하였다. 한때는 정치대화는 아침신문이 집에 올 때까지나 텔레비전 스위치를 켤 때까지 기다렸다. 한 세기가 지난 지금은 기술적으로 연결된 개별적인 미국인들이 정치토론을 추진하는 엔진 역할을 하고 있다. 언론인 댄 길모어(Dan Gilmore)가 말한 바와 같이 '우리 언론'이 하던 시절은 가고 '우리 시민'이 하는 시대가 왔다.⓭ 우리(우리의 행동과 말)가 정치토론 그 자체가 되었다.

우리 자신의 가치가 녹아 있는 이 새로운 현실 속에서 토론을 프레이밍하는 것은 공직에 출마하거나 유권자 한 명이라도 더 등록

---

3 역자 주 : 마크 폴리(Mark Foley) 플로리다 공화당 의원이 2006년 9월 말 10대 소년 수행원들에게 성적인 이메일을 보낸 것으로 밝혀져 결국 같은 달 사임한 사건. 이 사건은 2006년 선거에서 공화당이 의회의 소수당으로 전락하는 하나의 계기가 됨.

시키기 위해 가정집을 방문한다든지, 여론조사 봉사원으로 혹은 선거날 밤 투표 자원봉사를 하는 것과는 다르다. 그러나 토론을 프레이밍하는 것도 역시 진짜 정치행위이다.

미국의 뿌리

'프레이밍 5단계' 에서 저자는 과거 진보주의자들의 좋은 연설문을 읽어봄으로써 프레이머들은 현재 우리 사회의 이슈를 장악하고 있는 언어를 쉽게 알아차릴 수 있다고 말하였다.

5단계를 마음에 새기면서 연설문을 읽게 되면 현재 진행되는 토론에서 알쏭달쏭한 수수께끼를 알아낼 수 있으며, 이것이 프레이머들에게는 중요한 전술이 된다. 진보파 프레이머들은 지나간 연설문을 현재 우리를 지켜주는 안전한 이야기 모음집이라고만 생각하지 말고 '뿌리를 키운다' 는 심정으로 정치연설문을 읽는 습관을 길러야 한다.

인식과 대화라는 과학에서 얻은 교훈을 정치대화의 프레이밍에 적용함으로써 진보파가 다음으로 해야 할 일은 역대 미국 정치토론을 이용하여 프레이밍 노력을 하는 것이다. 미국의 역사는 프레이밍으로 가득 차 있는데, 이를 바탕으로 프레이밍 노력을 하는 것이 진보주의자들이 프레이밍의 수수께끼를 풀어나가는 데 있어 중요하다. 효율성을 향상시키려면 진보파 프레이머들은 반드시 진보파의 비전을 달성하여 선거에서 승리한다는 이 시대의 요구와 지나간 장구한 미국 정치사에서 울려나오는 진보주의자들의 아이디어 사이에 교량 역할을 해야 한다. 현재 미국인과 과거 미국인의 목소리 간에 중간역할을 하지 않으면 진보파 프레임들이 비록 과학적으로는 효율성이 있을지 몰라도 문화적으로는 뿌리 없는 정치토론을 만들어내는 위험에 빠질 수 있다.

이 장에서 언급한 정의를 간추려 보면, 미국인들은 프레이밍이 진보파 정치의 핵심 문건을 만들었던 작업으로 이해한다. 프레이밍이 성공하기 위해서는 현재의 프레이밍은 반드시 미국 헌법을 제정한 건국의 아버지 당시의 착상에서부터 장구한 세월 동안 미국의 각 시대를 지나 오늘날의 새로운 문화적 · 정치적 도전에까지 연결된다.

많은 진보주의 프레이머들은 한두 개 정도의 위대한 미국 정치 연설문을 잘 알고 있겠지만 아직 그것을 프레이밍 작업을 하는 도구라고, 또 프레이밍의 목표라고 생각하지는 못할 것이다. 현재 진행 중인 토론을 진보파의 비전으로 전환하여 추진해 나가는 최선의 방법을 강구하는 프레이머의 입장에서는 지난 정치연설문들은 그 규모가 방대하고 아직 개발이 덜 된 아이디어의 보고이며 프레이밍 작업의 재료이기도 하다.

미국 정치연설문 중에서 대통령 연설문은 요즘 진보주의자들이 쉽게 구할 수 있다.

대통령 연설문은 문화적으로 매우 뛰어나고, 매우 폭넓게 읽혀왔으며, 또 대중 연설의 친숙한 형식을 취하고 있다. 특히 위대한 대통령 연설문들에 나오는 문장들은 그동안 여러 번 방송되고 재방송되어 미국인의 상상력에 우상의 경지에까지 이르게 되었으며, 현재의 상황에 적용할 수 있는 프레이밍의 주요 통로를 제공한다.

과거에는 대통령들이 전 국민을 대상으로 연설하였으나 진보주의 프레이머들의 임무는 이 연설문에서 진보파 정치에 핵심적인

다음과 같은 세 집단에게 줄 수 있는 교훈을 찾는 것이다 :

- **정치인** : 선출직 공직자와 후보자
- **선거운동원** : 선거운동을 하는 사람과 조직책
- **시민** : 개별 유권자

역대 대통령 연설문을 탐구하고 분석할 때 프레이머의 당면과제는 이 세 진보파 집단의 관심과 요구에 제대로 적용되는 핵심 프레이밍 교훈을 찾는 일이다. 따라서 진보주의 프레이머들은 고전 연설문의 단순한 독자가 아니라 현대 진보주의 정치와 미국 전통주의 정치 아이디어 간의 연결고리 역할을 해야 한다.

그러나 과거와 현재를 연결하는 책임을 지닌 진보파가 조심해야 될 일은 진보파 프레이밍의 주요 교훈을 구할 때 연설문의 주인공인 대통령의 소속 정당에 의해 결정되어서는 안 된다는 것이다. 사실 진보파들이 흔히 저지르는 실수는 악의라기보다는 이상주의 때문에 진보주의 프레이밍 교훈을 스스로 진보주의자라고 명백하게 밝힌 대통령이나 정치인의 연설문에서만 찾으려는 것이다. 일단 대통령 연설문이라는 판도라의 상자가 열리면 진보파 프레이머들은 여기저기서 교훈과 자료들을 찾아낼 수 있을 것이다.

다음 장에 이어질 대통령 연설문을 분석함에 있어 공화당 출신의 리처드 닉슨 대통령의 사임 연설문과 마찬가지로 민주당 출신의 프랭클린 루스벨트 대통령의 취임사 모두 진보파에게 중요한 프레이밍 교훈을 제공한다.

로널드 레이건 대통령의 이임사와 마찬가지로 토마스 제퍼슨

대통령의 취임사도 진보파에게 훌륭한 프레이밍 교훈을 제시한다. 빌 클린턴 대통령, 드와이트 아이젠하워 대통령, 시어도어 루스벨트 대통령 및 조지 부시 대통령도 그러하다.

이 책의 사용법

『토론 프레이밍』의 각 장은 특정 대통령 연설문을 논의하는 과정에서 도출되는 키워드와 전략에서 시작하여 연설문에서 직접 인용되는 부분으로 연결된다. 그 다음은 프레이밍 기술의 일반적인 분석과 연설문의 전반적인 교훈이 소개된다. 이런 교훈들은 정치인, 선거운동원과 개별 시민들이 필요로 하는 바에 적절한 실제 상황에 적용된다. 각각의 교훈들로 여러 문제를 묘사하기도 하고 곧바로 사용할 수 있는 문구나 메시지로 표현하기도 한다.

프레이머가 성공하기 위해서는 어떤 책에서 문구 몇 개를 뽑아서 선거운동에 적용하는 단순한 방법이 아니라, 현장에 기초한 프레이밍에 적절한 최고의 메시지를 만들어내는 것이다. 그래서 각 장에서 제시되는 시사점들은 특정 토론의 프레이밍에 대한 시작에 불과하다. 물론 토론 프레이밍을 준비하는 선거운동원들이 각 장의 '선거운동원 섹션'에서 자기가 원하는 것을 찾지 못할 수도 있을 것이다. 또한 '정치인 섹션'에 보다 적합한 내용이 있을 수도 있을 것이고, 정치인들도 '시민 섹션'에서 자기가 원하는 바를 찾아볼 수도 있을 것이다. 사실 이런 오버랩이 이 책이 의도하는 바이다. 프레이밍의 교훈이 조지 워싱턴 대통령에서 조지 부시 대통령까지 가장 오래된 연설문에서 시대 순으로 최근의 연설문 순으로 제시되어 있는데, 이는 단순한 리스트가 아니라 대화의 목적으로 그렇게 되어 있다. 『토론 프레이밍』은 이런 점에서 대통령 연설문과 프레이밍을 제대로 이해할 수 있는 입문서이다.

진보파 프레이머들이 일단 대통령 연설문에 심취하게 되면 궁극적으로 나머지 다른 종류의 미국 정치연설문에도 관심을 가지게 될 것이다.

대통령 연설문은 누구나가 친숙하고 쉽게 구할 수 있기 때문에 진보파 프레이머들에게는 이상적인 출발점이다. 그러나 진보파 프레이밍의 뿌리는 군 통수권자를 넘어 역사에 길이 남는 민권지도자, 노조지도자, 군 지휘관 등의 위대한 연설문에도 있다. 미국 진보파 프레이밍의 뿌리는 우리들의 호기심만큼이나 깊고 넓다. 『토론 프레이밍』의 연설문들은 중요한 시작에 불과하고 더 위대한 예가 많다. 따라서 진보주의 프레이밍은 단순하게 선거에 승리한다는 실용주의자들의 프로젝트보다 훨씬 규모가 큰 프로젝트이다. 미국의 위대한 연설문 전통에 뿌리 깊은 진보주의 프레이밍은 미국 건국 당시 프레이밍의 순간과 미국을 더욱 더 진보적인 나라로 이끌어 가는 프레이밍 노력의 중요한 교량이 된다.

우리들의 작업은 이제 막 시작되었다.

주

❶ 『미국 전통 영어사전, 4편(*The American Heritage Dictionary of the English Language, 4th Edition*)』, New York : Hougton Mifflin, 2006.

❷ 그레고리 베이트슨(Gregory Bateson), 『생태학적 마인드로의 접근 : 인류학, 정신의학, 진화론 및 인식론 관련 수필전집(*Steps to an Ecology of Mind : Collected Essays in Anthropology, Psychiatry, Evolution, and Epistemology*)』, Chicago : University of Chicago Press, 1972.

❸ 어빙 고프만 (Erving Gofman), 『프레임 분석 : 경험구조 관련 수필(*Frame Analysis : An Essay on the Organization of Experience*)』, New York : Haper & Row, 1974.

❹ 존 그린더 · 리처드 밴들러(John Grinder and Richard Bandler), 『리프레이밍 : 신경언어학 프로그래밍과 의미의 전환(*Reframing : Neurolinguistic Programming and the Transformation of Meaning*)』, Moab, UT : Real people Press, 1983.

❺ 더글러스 스톤 · 브루스 패튼 · 세일라 힌(Douglas Stone, Bruce Patten and Sheila Heen), 『어려운 대화 : 가장 중요한 문제 토론하는 법(*Difficult Conversations : How to discuss What Matter Most*)』, New York : Penguin Books, 1999.

❻ 조지 레이코프(George Lakoff), 『코끼리는 생각하지 마 : 너의 가치를 알고 대화를 프레임하라(*Don't Think of an Elephant! Know Your Values and Frame the Debate*)』, White River Junction, VT : Chelsea Green Publishing Company, 2004.

❼ 전게서.

❽ 조지 레이코프(George Lakoff), 『도덕정치 : 진보주의자와 보수주의자의 사고(*Moral Politics : How Liberals and Conservatives Think*)』, Chicago : University of Chicago Press, 1996.

❾ 대통령 성명서 참조 : http://www.whitehouse.gov/news

❿ 제프리 펠드만(Jeffrey Feldman), "임무진술(Mission Statement)", 프레임숍 블로그(*Frameshop*), 2005년 1월, http://jeffrey-feldman.typepad.com/frameshop/2005/01/frameshop_will_.html

⓫ 은유의 논리적 구성에 관한 토론은 다음 참조. 조지 레이코프 · 마크 존슨(George Lakoff and Mark Johnson), 『우리가 이용하는 은유법(*Metaphor We Live By*)』, Chicago : University of Chicago Press, 1980 ; 에바 키티(Eva Feder Kittay), 『인식의 지배력과 언어구조(*It's Cognitive Force and Linguistic Structure*)』, New York : Oxford University Press, 1987.

⓬ 제프리 펠드만(Jeffrey Feldman), "개인 퇴직 보고서 (PRA's)", 프레임숍 블로그(*Frameshop*), 2005년 1월 2일, http://jeffrey-feldman.typepad.com/frameshop/2005/

01/frameshop_perso.html

⑬ 댄 길모어(Dan Gilmore), 『우리 언론 : 국민에 의한 국민을 위한 풀뿌리 저널리즘(*We The Media : Grassroots Journalism by the People for the People*)』, New York : O'reilly Media, 2004.

2. 국가의 목소리

Voice of the Country

조지 워싱턴 대통령, 최초 취임사(1789)[1]

❖ **키워드** : 소명, 국가, 겸손한, 복종, 봉사자, 목소리

❖ **전략** : 특별 초대 시민―너 자신의 이야기를 하라―무임금

인용

"제 인생에서 나타날 수 있는 여러 가지 변화 가운데 이달 7월 14일 여러분의 명령에 따라 받은 연락 때문에 가장 근심걱정이 컸습니다. 명령을 받았을 때 제가 정말 좋아하는 곳에서 편안하게 쉬고 있었습니다. 첫째, 조국의 목소리는 원래 직접 들을 수는 없지만 조국을 존경하는 마음과 사랑하는 마음이라면 들을 수도 있기에 조국으로부터 부름을 받았습니다. 또한 그 목소리는 희망으로 가득 차 있었으며, 저는 굳게 결심한 상태에서 부름을 받았습니다. 또한 나이를 먹어 늙어가는 이때 안식처가 되는 조국으로부터 부름을 받았습니다. 그 안식처는 시간이 갈수록 건강이 옛날 같지 않고 습관적으로도 나빠져 저에게는 너무나도 필요하며 귀중한 안식처입니다. 둘째, 뜨겁게 신뢰하는 조국의 목소리가 저를 부르는데, 현명하고 경험이 풍부한 시민들을 생각하면, 태생이 무능하며 공직경험도 없는 저로

> 서는 몸둘 바를 모르겠습니다. 이런 복잡한 심정에서 제가 단언할 수 있는 것은 저의 지나간 모든 상황을 평가해 볼 때 나름대로 최선을 다하였다는 것입니다. 저의 희망은 대통령직을 수행하면서 이전의 경우들과 다르게 행동했다든가, 국민 여러분들의 신뢰에 어긋났다든가, 저의 불찰을 과신했다든가, 막중하고 전례가 없는 국사에 조금 소홀했더라도 저의 잘못된 행동의 동기를 살펴봐 주시고, 조국도 일말의 책임이 있지 않았겠느냐 하는 심정으로 조금이나마 헤아려 주시기 바랍니다."

분석

우선 워싱턴 대통령의 취임사 첫 줄을 보면 근심걱정을 덜어주는 약을 처방해 주고 싶은 생각이 든다. 연설문은 "제 인생에서 나타날 수 있는 많은 변화 가운데 이달 7월 14일 여러분의 명령에 따라 받은 연락이 가장 근심걱정이 컸습니다"로 시작한다. 이 부분을 옳게 이해한다면 미 합중국의 초대 대통령으로서, 소위 국부로서, 독립전쟁의 지도자로서, 군인으로서, 남편으로서, 또한 영웅으로서 워싱턴은 자신의 취임사에서 "저는 걱정이 많습니다"라고 하였는데, 이것이 단지 대통령에 선출되었기 때문에 그렇다는 것인가? [워싱턴이 군인으로서] 겨울 포토맥 강을 쳐다보면서 영국군과 대치한 상태에서 언제 끝날지 알 수 없는 광경을 한없이 바라보면서, 다시 말하면 전투 상황에서 격렬하고 지루한 일들로 워싱턴의 마음에 걱정이 앞선다면 이해할 만하다. 그런데 대통령직 때문에 걱정이 많다면?

그러나 위 취임사를 꼼꼼히 다시 한 번 읽어보면 워싱턴의 상상력이 가미된 고민은 진짜 그렇다라기보다는 레토릭임이 분명하다.

워싱턴이 그날 실제로 고민스러웠어도 잘 준비된 연설문에 그런 말을 포함시키지 않았을 것이다. 오히려 연설문에서는 미국 대통령에 의한 최초의 연설문에서 첫 단어들로 최초의 프레임을 불러일으키기 위한 18세기식 문체가 사용되었다.

언제나 그러하듯이 프레임에는 청취자가 연설문에서 대통령이 하는 말을 이해하고 그가 사용하는 단어의 의미를 알아차리는 방법을 알아내는 대(大)논리가 작동되고 있다. 연설문에서 우리란 누구를 말하는가? 우리와 대통령을 어떻게 연관시켜야 하는가? 미국은 무엇인가? 나의 의무는 무엇인가? 대통령의 연설문이 이런 의문들을 명시적으로 제시하거나 답을 주지는 못하더라도 연설문에서 광의의 개념이 사용되는 프레임을 통해 지금 말해지고 있는 내용을 이해하게 되는 대논리를 발견하게 된다.

워싱턴의 연설문에는 '겸손한 봉사자'라는 프레임이 관중들에게 제시되고 있는데, 이를 통해 워싱턴은 최고의 선을 위한 봉사를 위해 국가의 부름을 받은 비천한 봉사자로 스스로를 묘사하고 있다. 이 경우에 미국은 일개 개인에 불과한 대통령보다도 더욱 더 현명하면서도 나이 많고 용감한 사람으로 묘사되고 있다. 미국을 목소리를 가졌다고 의인화하여 그가 자신을 불러내어 봉사하도록 시켰다고 말한 것이 대통령과 국민을 봉사자와 주인의 개념으로 정의를 내리는 '겸손한 봉사자' 프레임의 핵심적인 은유이다. 워싱턴이 말하는 대통령은 자기 조국인 목소리의 주인공에게 겸손하게 봉사하는 사람이다.

현대 정치연설문은 더 이상 먼지가 폴폴 나는 18세기식 소설에서 흔히 나타나는 웅장한 문체로 작성되지 않기 때문에 '겸손한 봉사자' 프레임이 요즘 미국인들에겐 다소 고풍스럽게 보일 수도 있을 것이다. 워싱턴 시대의 '겸손한 봉사자' 프레임은 당시 모든 사람들에게는 쉽게 이해되는 친숙한 문체였을 것이다. 특히 워싱턴이 그날 연설하면서 사용하였던 '겸손한 봉사자' 프레임은 그 당시 가장 유명한 책인 『성경』의 문체를 상기시켰을 것이다. 또한 『성경』에서 얻은 지식을 통하여 당대 사람들은 '겸손한 봉사자' 프레임을 하느님과 『성경』에 나오는 다양한 예언자와 영웅들의 만남이라는 입장에서 이해하였을 것이다. 예를 들면, 「창세기」 22장에는 하느님이 아브라함에게 자신의 아들을 희생시키라고 말하고, 아브라함은 겸손하게 그런 명령을 따른다는 내용이 나온다. 「출애굽기」 3장에는 하느님이 모세에게 이스라엘 노예들을 이집트에서 탈출시키라고 말하고, 모세 역시 그의 명령을 겸손하게 따른다는 내용이 있다. 또 「출애굽기」 20장에 보면 하느님이 모세에게 십계명을 가져오라고 하고, 모세가 겸손하게 그 명령을 따른다고 나온다. 성경의 이런 이야기에는 비천한 개인이 강력한 실체의 위대한 목소리를 듣고서 겸손해지고, 걱정이 가득하였으며, 그 위대한 목소리에 복종한 장면이 나온다.

워싱턴의 연설문에서 목소리의 주인공이 하느님이라고 연설문 다른 부분에 지칭되기도 하였으나 사실 하느님은 아니었다. 그 목소리의 주인공은 워싱턴이 첫 단락에서만 세 번이나 사용하였던 "조국" 이었다. 연설문 초반에 이런 말을 계속 반복한 점이 그의 프레임의 핵심이다. 미국 시민과 새로운 대통령의 관계를 부자관계(시민은 집합적으로 아버지로, 대통령을 아들로)로 표현함으로써 자신이 왕이나 황제로 선출된 것이 아니라, 국민에 의해 임명직인 대통령에 선출된 점을 잘 알고 있다는 점을 관중들이 알아주기를 바랐다. 또한 대통령 취임식을 거행하고 있지만 관중들이 자신을 다스리는 것이지, 거꾸로 자신이 관중인 국민을 다스리는 것이 아니라는 점을 관중들이 알아주기를 바랐다.

워싱턴의 '겸손한 봉사자' 프레임은 의인화된 국가의 수준과 활동을 나타내는 단어를 수차례나 사용한 점에 그 초점이 있다. 예를 들면 국가가 누구를 소리쳐 부를 수는 없다. 그러나 국가가 목소리를 가지고 있으며 존경과 복종의 대상이 된다고 말하면서 워싱턴은 이제 막 막을 올린 입헌주의 국가를 존경과 경외, 심지어 지혜를 가진 대상으로 공손하게 표현하였다.

그렇다면 대통령을 국가의 목소리에 대답하는 겸손한 봉사자로 표현하는 프레임은 오늘날 정치세계에서 어떻게 사용되어질 수 있나? 요즘 미국 시민들은 역사적으로 어느 때보다도 공직자들이 자신의 말을 듣지 않는다는 좌절에 빠져 있기 때문에 워싱턴의 아이디어를 현대 정치판에 적용할 수 있는 여지는 매우 많다. 대중의 좌절을 극복하기 위하여 '겸손한 봉사자' 프레임은 국민과 대통령 간 심오한 관계를 설정하기 위한 기본 전략이 되며, 대통령이 국민의 의사를 듣고 복종해야 하며 책임을 져야 한다는 원칙을 제시할 수 있다.

다음은 '겸손한 봉사자' 프레임을 사용하여 진보주의의 이상을 실현하는 방향으로 유도하는 몇 가지 시나리오이다.

전략

[정치인]–특별 초대 시민

지난 25년에 걸쳐 많은 대통령들이 알아낸 가장 귀찮은 습관은 연설과정에 시민을 특별히 초대하는 것이다. 연설의 어느 순간에 대통령은 교육, 직업훈련, 보건이나 군사작전과 같은 특정 부분을 강조하게 되는데, 흔히 관중석에 그런 문제와 어울리는 '특별 손님'을 가리키면서 강조한다. 이 이름도 성도 모르는, 그 순간 대단히 불편해하는 사람에게 관중은 의무적으로 갈채를 보낸다.

이런 장면은 좀 성가신데, 왜냐하면 이 특별 초대된 시민이 대통령의 연설을 좀 더 친밀하게 하는 점은 있지만 대통령은 실제로 그 사람을 잘 모르기 때문이다. 사실 아무도 이런 장면을 감정적으로 따뜻하게 받아들이지 않지만 (과거에는 그렇다 하더라도) 대통령과 정치인들은 자주 이렇게 한다.

워싱턴의 취임사에 일반 시민과의 사적인 관계를 표현하는 좋은 방법이 있다. 관객과의 진한 관련성을 조장하기 위해 진보주의 후보들은 워싱턴의 '겸손한 봉사자' 프레임을 사용하여 한 개인에게 초점을 맞추지 않고 국가라는 집합적인 목소리에 초점을 맞출 수 있다. 이런 점에서 워싱턴이 시민의 많은 목소리를 언급한 것이 아니라 한 명의 목소리를 언급한 점을 명심해야 한다. 왜 그럴까? 그것은 워싱턴이 스스로 각 개인과 동등하며 동시에 국가 전체에 책임이 있음을 강조하기 위함이다. 또한 요즘 미국인들의 어투로 표현하면 '나의 국가'라는 마치 자기가 왕인 듯한 뻔뻔한 표현보다는 '그 국가(the country)'라고 3인칭으로 겸손하게 부르는 것이 더 낫다.

예를 들면, 사회보장 내용이 들어 있는 연설을 할 때 진보주의 후보라면 "우리가 직면하고 있는 이런 문제를 해결하기 위해 사회보장제도를 보호하고 강화하라는 '그 국가'의 목소리가 들립니다"라고 말하는 것이다.

[선거운동원]-너 자신의 이야기를 하라

공식이나 비공식 정치토론을 막론하고 진보주의자들이 공직에 부름을 받는 것이 어떤 것인가를 사람들에게 말해줘야 하는데 보통 잘 잊어버린다. 대통령직에 부름을 받았다는 워싱턴의 연설에서 보듯이 우리 자신의 이야기를 쉽게 간과하지 말아야 한다.

우리 진보주의자들은 자세한 정책내용들이나 세금인상분, 그리고 여러 국민건강 계획들의 차이점에 대해 이야기하는 것처럼 토론할 때 바로 특정 사실에 접근하고자 한다. 물론 숫자와 자세한 내용이 중요하다. 그러나 토론의 방향을 진보주의 사고방식으로 몰아가기 위해서는 우선 사람들에게 왜 진보파 후보, 의원과 유권자들이 진보적인가에 대한 큰 그림을 먼저 알려야 한다. '우리 자신의 이야기를 한다'는 것은 우리가 진보주의의 미래를 건설하는 데 일익을 담당할 책임을 느끼기 시작한 순간을 말하는 것이다. 예를 들면 '어떤 상황, 어떤 사람이 조국의 목소리를 (정말로) 들었다면 우리의 인생에 어떠한 큰 영향을 미쳤는지'를 말하면 된다.

우리들의 인생에서 그런 순간을 찾아내고 나서는 그렇다면 어떻게 그런 이야기를 해야 하는가? 이야기 내용은 우리들의 것이지만 그런 자세한 내용을 하나의 이야기로 바꾸는 방법은 워싱턴의 연설에서 찾을 수 있다. 대통령직에 부름을 받았다는 그의 이야기는 다음과 같이 네 가지 요소로 나눌 수 있는데, 우리 자신의 이야기를 할 때 참고할 수 있다 :

- 소명을 받았을 때 당신은 무엇을 하고 있었나?
- 국가에 봉사를 하게 된 사건이나 순간
- 그 순간에 당신이 느낀 점
- 그 뒤 당신이 즉각 취한 행동

워싱턴의 이야기를 (나의 언어로) 다시 적어보면 다음과 같다 :

- 나는 퇴임 준비를 하고 있었고, 집에서 편안하게 쉬고 있었으며, 승마를 하고 싶었다.
- 새 정부에 의해 미 합중국 초대 대통령에 당선되었다는 통보를 급하게 받았을 때였다.
- 처음에는 매우 초조하였다.
- 그러나 그때 퇴직하겠다는 생각을 접고 이 역사적인 임무를 받아들이게 되었다.

이처럼 쉽다. 그러니까 저녁 식사 시간[1]에 가족과 함께 앉아 있을 때 세금삭감이나 외교정책 혹은 사회보장 개혁과 같은 화제로 넘어가게 되면 워싱턴 연설문의 한 페이지를 참조하여 자질구레한 토론내용에서 벗어나 당신 자신의 이야기를 하라.

[시민]-무임금

최소임금은 요즘 정치토론의 핫 토픽이다. 최소임금을 인상해야 하는가? 인상한다면 경제에 악영향을 미칠 것인가? 정치인들은 근로계층의 임금을 인상하기 전에 자신들의 임금인상을 먼저 가결해야 하는가?

일반적으로 최소임금 경제학의 대화가 토론내용을 압도한다. 그러나 사실 최소임금제는 경제정책의 통화부분에 불과하다. 그래서 진보주의자들로서 최소임금제는 공정한 고용과 기회균등의 내용이 되어야 한다는 원칙을 가지고 있어야 한다. 그러나 어떻게 해야 이런 주제를 이야기하면서 통화와 시장이라는 보수주의자들의 프레임 속으로 말려들어 가지 않을 수 있을까?

하나의 방법은 공직이라는 주제를 끄집어내는 것이다. 예를 들면, 워싱턴은 취임사 중간쯤에서 관중들에게 "저는 행정부의 상시 규정으로 포함된 봉급이 저에게는 적합하지 않아 사양하고자 합니다"라고 주장하였다. 이 말을 해석하자면 '저는 무임금으로 일합니다!'가 된다.

최소임금을 인상하고자 하는 정치인들은 때때로 자신의 임금을

---

1 역자 주 : 이 책 전반에 걸쳐 '저녁 식사'라는 말이 매우 자주 나오는데, 이는 우리나라 사람의 모임이 흔히 술자리로 표현되듯이 미국인들의 만남은 보통 저녁 식사 자리를 이용하여 서너 시간의 대화가 이루어지기 때문임.

거부하기도 하는데, 토론을 이끌어 가기 위해 돈이라는 면보다 공정성이라는 방향으로 프레이밍할 수 있다. 물론 공직수행에 대한 수고비를 사양하는 것이 누구에게나 가능한 일은 아니다. 워싱턴은 대지주로서 엘리트 신분이었기 때문에 가능하였다.

워싱턴의 계층과 신분이 어떠하였든지 간에 현대 진보주의자에게 주는 교훈은 심오하다. 공직자로서 '저는 임금을 받지 않겠습니다'라고 분명히 말하는 것은 개인의 이득을 초월하여 공익이라는 관점으로 토론을 이끌어 가는 훌륭한 방법이다. 우리가 어렸을 때 워싱턴의 (벚꽃나무를 베고 나서 잘못을 시인한) 정직함을 배웠는데, 어른이 된 지금 우리는 또 워싱턴식으로 '저는 임금을 받지 않겠습니다'라고 뚜렷하게 말하는 방식을 기억해야 한다.

이 주제를 부각하는 하나의 방법은 많은 미국 정치인들이 원칙적으로 자신의 임금을 거부하였다고 직설하는 것이다 :

> **과거와 현재의 많은 미국 지도자들은 자신들의 임금에 대한 원칙이 있었습니다. 조지 워싱턴 대통령까지도 어떤 논란거리를 없애기 위해 대통령 봉급을 받지 않았습니다. 물론 상원의원, 하원의원 그리고 대통령이 봉급도 받지 않고 일해야 한다는 것은 아닙니다. 그러나 선출직 공무원들이 수백만 근로계층의 임금은 그대로 두면서 치솟는 물가에 맞추기 위해 자신들의 임금을 올린다는 게 공정합니까?**

워싱턴이 자신의 임금을 사양하였다고 언급함으로써 최소임금제 토론을 돈문제보다는 공정성 문제로 프레이밍할 수 있다. 그러나 임금 사양이 공정성 프레임을 표현하는 유일한 방법은 아니다. 최소임금 제안이 통과될 때까지 임금을 연기할 수도 있을 것이고, 임금은 거부하고 연금을 받는 방법도 있을 것이다. 또한 법에 명시된 임금을 적용하지 않고 임금 수준이 중간 정도인 직종과 비슷한 임금을 적용할 수도 있을 것이다. 많은 방법들이 있지만 누구에게나 주는 그 메시지는 분명하다 : 왜 임금을 사양하는가? 왜냐하면, 모든 사람들이 공정한 임금을 받는 균등한 기회를 가져야 하기 때문이다!

주

❶ 대통령 연설의 원문은 다양한 책이나 웹사이트를 통해 이용가능. 연설 전문은 다음 참조. "1차 취임사(First Inaugural Address)", 『밀러공공업무센터 조지 워싱턴 연설 : 대통령연설모음집(*George Washington Speech, The Miler Center of Public Affairs : Presidential Speech Collection*)』, http://millercenter.virginia.edu/scripps/diglibrary/prezspeeches/washington/gw_1789_0430.html

3. 현명하고 검소함

Wise and Frugal

토마스 제퍼슨 대통령, 1차 취임사(1801)[1]

❖ **키워드** : 검소함, 정부, 비유, 고상함, 리스트, 단결, 현명함

❖ **전략** : 서클 — 원칙 이야기 — 법과 질서

인용

> "우리 가운데 누군가가 합중국을 해체하고자 하거나 공화제를 변경하고자 하는 사람이 있다면, 이를 나쁘다고만 할 것이 아니라 그런 잘못된 생각을 용서하고 이성의 힘으로 극복할 수 있다는 안전판으로 생각하는 여유를 가집시다. 물론 공화제로는 강력한 정부를 세울 수 없고, 또 이 정부는 허약하기 이를 데 없음을 염려하는 사람이 일부 있다는 것을 잘 알고 있습니다. 그러나 공화제의 실효성에 대해서는 이미 충분한 실험을 거쳤으며, 이론적으로도, 미래에 대한 비전에서도, 전 세계에서 가장 희망적이며 그 자체의 힘으로도 앞으로 발전해 나갈 수 있기 때문에 진정한 애국자는 결코 이 정부를 버리지 않을 것입니다. 저도 그렇게 생각합니다. 오히려 저는 합중국이 지구상에서 가장 강력한 정부라고 믿습니다. 저는 이 정부가 법치를 준수하며 공공질서가 침해된다면 마치 자신의 문제인 것처럼 대처

> 할 것이라고 믿습니다. 때때로 사람들은 자신의 정부를 믿을 수 없다고 합니다. 그렇다면 다른 사람의 정부는 믿을 수 있다는 말입니까? 혹은 국민을 잘 다스리는 왕이 있는 천국이라도 발견하였습니까? 역사상 그런 왕은 없었습니다. 그렇다면 용기와 자신감을 가지고 연방제 원칙, 공화제 원칙 그리고 공화제와 대의제 정부를 굳게 믿읍시다. 지구 인구의 1/4이 살고 있는 유럽은 대재앙으로 물들어 있는데 다행히 우리는 거대한 대양으로 분리되어 있어 재앙과는 무관하여 일반 시민들이 불행의 나락으로 빠지게 되면 참지 못합니다. 또 우리가 선택한 국가는 수천 세대 이후의 후손들이 살아가기에도 충분한 땅이 있습니다. 우리는 다른 사람의 간섭을 받지 않고 우리 자신의 재산을 사용하고 일도 할 수 있습니다. 태어나면서 이미 정해진 것이 아니라 후천적 노력을 통해 존경과 신임을 받을 수 있습니다. 자애로운 종교로 계몽되는 바, 여러 종파를 사실상 인정하고 있습니다. 그럼에도 이들 모든 종파는 정직, 진리, 관용, 감사하는 마음 그리고 인류애를 가르칩니다. 전지전능한 신의 존재를 인정하고 숭배하며, 신의 섭리에 따라 이 땅에서는 모든 사람이 행복하며 후손들은 더욱 더 행복할 것입니다. 이런 모든 축복을 생각할 때 행복하고 발전하는 국민이 되는 데 더 이상 무엇이 필요하겠습니까? 친애하는 국민 여러분, 여기에 한 가지가 더 있어야 합니다. 그것은 현명하고 검소한 정부입니다. 그 정부는 타인에게 해를 끼치는 것을 금하여야 합니다. 또한 개인이 스스로의 일을 선택하여 발전을 도모하도록 하여야 합니다. 국민 개인이 스스로 이루어 얻은 과실을 빼앗아도 안 됩니다. 이런 것들이 좋은 정부를 만드는 데 필요한 전부입니다. 그리고 이것은 지고지선의 행복한 사회를 만드는 데 필수불가결합니다."

분석

연설문에서 프레임을 찾을 때는 특정 단어가 계속 반복되는가를 스스로 물어보아야 한다 : 그 단어가 특정한 방식으로 말해지고 있는가? 보통 그런 중요 단어를 찾아내고 그 뒤에 숨어 있는 논리를 알아내면 프레임을 제대로 찾고 있는 것이다.

토마스 제퍼슨 대통령이 그의 첫 취임사의 몇 단락에서 정부라는 용어를 무려 13번이나 반복한 것은 일반적으로 두 배나 긴 대통령 연설문에서도 찾아보기 힘들다.

예를 들면, 제퍼슨이 열거한 미국의 모든 장점과 특징 부분을 살펴보자. 이 리스트는 신생국가가 미래 발전을 위해 요청되는 모든 물질적 · 지리적 · 인구학적 필수요소를 망라하고 있다. 그는 국가 번영에 필요한 완벽한 상황에 맞는 이미지를 묘사하고 있다. "이런 모든 축복을 생각할 때 행복하고 발전하는 국민이 되는 데 더 이상 무엇이 필요하겠습니까?"라고 제퍼슨은 관중들에게 웅변적으로 묻는다. 그리고 그의 대답은 "현명하고 검소한 정부"라고 말한다. 이는 매우 특이한 문구인데, 그렇다면 어떤 점에서 특이한가?

이 문장에서 정부를 설명함에 있어 보통 사람들이 그러하듯이 관료제라고 표현하지 않고 제퍼슨은 사람을 나타내는 개념적 논리로 말하였다. 정부에는 사무실, 위원회 혹은 입법규칙 등이 있다. 우리는 이런 것들이 '효율적'이라거나 '(기계가 작동되는 방식으로) 잘 운영되고 있다'라는 식으로 기술한다. 그러나 우리가 사람을 이야기할 때는 '현명한' 혹은 '검소한'과 같은 단어를 사용한다. 제퍼슨의 정부 묘사의 특이한 점은 훌륭한 정부가 사람처럼 불굴의 도덕적 의지를 가지고 있다는 설명방식이다. 우리는 모든 것을 다 가지고 있다. 그러나 "현명하고 검소한" 정부를 세우지 않으면 우리는 결국 실패하게 된다고 한다. 이때 관중들은 "물론이지. 현명하고 검소한 정부라, 이것이 바로 우리가 함께 하고 싶은 정부임에 틀림없지"라는 제퍼슨의 아이디어에 고개를 끄덕이면서 머리 속에 되새겼을 것이다. 제퍼슨은 정부가 무엇인지를 프레이밍시키는 데 뛰어난 수완을 보여주고 있는 것이다.

정부를 의인화시키는 것 그 자체는 프레임이 아니다. 그러나 그런 비유가 프레임을 유발시킨다. 프레임을 알아내기 위해서는 제퍼슨이 우리에게 보여주었던 논리로 생각해야 한다. 정부가 "현명하고 검소하다"라고 묘사하는 것은 정부를 의인화시켰을 뿐만 아니라 미국 정부가 미국 정치, 토론 그리고 발전 등 모든 것의 영양분이 될 수 있을 만큼 충분히 현명하다는 의미이다. 그런 현명한 존재가 없다면 미국은 장래가 촉망되는 훌륭한 사람들이 광활한 영토 속에 많기는 하지만 결국 극심한 분규에 빠지게 될 것이다. 이에 반해 그러한 현명한 존재가 우리를 지혜롭게 지켜주면 미국은 정치분쟁을 해결할 수 있고, 국가 단합을 지속하며, 건강한 자유가 보장된 미래를 건설할 수 있게 된다.

그러니까 비유가 프레임이 아니라 비유를 하게 되는 무언의 논리성이 바로 프레임이다. 이 경우에는 제퍼슨이 그의 연설에서 정부를 일신교에서 절대자나 신의 경지에 가까운 존재 또는 그리스 신화의 절대자라고 표현하는데, 이것이 그의 정부관이다.

이런 것들로 제퍼슨의 1차 연설문에서 '현명한 정부'가 프레이밍된다. 1980년대 이후 많은 미국 대통령들이 격렬하게 반정부 비난을 하였는데, 제퍼슨이 말한 바와 같이 정부가 이렇게 도덕성이 높고 중요한 역할을 한다면 요즘 독자들은 어리둥절할 것이다.

물론 헌법에는 제퍼슨이 기초하였던 미국 정부의 원칙과 장점들이 잘 정리되어 있다. 그러나 그의 1차 취임사에서 처음으로 그리고 가장 분명하게 '현명한 정부'가 모든 미국의 난제를 해결하는 데 없어서는 안 되는 요소임을 연상시켜 준다. '현명한 정부'라는 아이디어를 만들어내기 위해 제퍼슨은 자신이 제시한 원칙들을 준수하라고 하였다.

제퍼슨이 이런 식으로 연설을 프레이밍한 데는 나름대로 이유가 있다. 제퍼슨은 공화제 정부의 가장 기본적인 원칙이 무너질 수도 있는 격렬한 선거를 막 끝내고 나서 취임사를 통해 자신의 비전을 구체화시키는 기회로 활용하였기 때문이다.

현대 정치에 익숙한 대부분의 사람들은 제퍼슨 하면 정교분리주의를 떠올린다. 그러나 그의 1차 취임사는 정치와 종교의 문제를 벗어나 '현명한 정부' 프레임이 더 중요하게 취급되고 있다. 제퍼슨의 취임사는 건국의 아버지 중 한 사람인 제퍼슨 대통령이 정부가 생명, 자유 및 행복을 보장하는 관건임을 웅변적으로 보여주었기 때문에 '정부가 문제'라는 현대 보수주의자들의 주장을 생각할 때 매우 설득력 있는 주장이었다.

전략

[정치인]–서클

제퍼슨이 '현명한 정부'가 미국 사회에서 가장 중요하다고 말하였을 때, 그는 진보주의자들이 토론에서 쉽게 적용할 수 있는 '서클(circle)'이라는 매우 중요한 이미지를 이용하였다. 제퍼슨은 "이런 것들이 좋은 정부를 만드는 데 필요한 모든 것들입니다. 그리고 이것은 지고지선의 행복한 서클을 만드는 데 필수불가결합니다"라고 하였다. 이 문장에서 서클은 국민 각자가 자신이 처한 환경에서 행복을 마음껏 추구할 수 있는 자유권이 있는 완벽하고 건강한 미국 사회를 의미한다. 오늘날 진보주의자들은 옛날식 용어인 지고지선의 행복(felicities)이라는 용어를 잘 쓰지는 않지만 사회나 정부를 지칭할 때 사회나 모임을 의미하는 서클이라는 용어는 매우 유용하게 쓰인다.

그러나 미국 사회에서 좋은 정부가 필수불가결한 조직체라는 신념을 가지고 있는 진보주의자들까지도 정부의 이상에 대해 이야기하기보다는 정부 프로그램에 대해 불행하게도 사과하는 습관이 있다. 우리들이 제퍼슨의 주장에 따라 좋은 정부가 건강한 미국 사회를 만드는 데 필요조건이라고 생각한다면 다양하거나 특정한 토론에서 그의 생각을 표현할 수 있는 새로운 용어를 만들어낼 수 있다. 예를 들면 다음과 같다 :

> **사회보장제도는 미국 자유보장체제의 필수불가결한 요소이며, 행복하고 활기찬 삶을 살아가도록 영혼과 육체 모두를 해방시켜 준다.**

이 문장에서 "필수불가결한 요소"라는 문구가 서클을 암시한다. 사회보장제도(정부)가 없이는 서클이 완성되지 않는다. 다른 예는 '서클의 경계선 안(혹은 밖)에 있다'라는 개념을 사용할 수 있다.

> **훌륭한 정부가 제공하는 공교육이 없으면 우리는 헌법이 보장**

하는 장밋빛 경계선 밖에 영원히 머물게 될 것입니다.

여기서 서클은 하나의 비유방법으로 진보주의자들이 좋은 정부는 미국식 삶을 완성시키며, 또 이를 확장해서 표현하면 나쁜 정부는 많은 사람을 서클 경계선 밖으로 내몰아 미국 사회를 불완전하게 만든다고 말할 수 있다.

[선거운동원]–원칙 이야기

원칙은 신념과 행동체계의 뼈대 혹은 연쇄적인 논리과정의 뼈대로 작용하는 근본진리나 명제이다. 원칙의 특성은 보편성이 있어야 한다. 우리가 '미국 사람들은 다 함께 일하는 것이 좋다' 라고 말할 때 어떤 원칙을 말하게 되는 것이다. 그런데 그런 원칙을 어떻게 현실화시키느냐는 (우리 모두가 다 함께 고민해야 하는데) 또 별개의 문제이다. 즉 원칙은 세세한 세부사항이 빠진 포괄적인 계획을 의미한다. 제퍼슨은 원칙을 이야기하는 천부적인 능력이 있어 현대 진보주의자들이 그의 예를 따르면 대화를 진행해 나가는 데 도움을 준다.

예를 들면 제퍼슨이 연설의 중간쯤에 관중들에게 풀어놓은 '정부의 원칙' 이라는 화두를 한번 생각해 보자 :

어떤 종교적 · 정치적 신분이나 신념을 가지고 있다고 하더라도 그 모든 사람들에게 평등하고 정확한 정의를 실현하며, 모든 국가들과 평화, 교류 및 선린을 추구하며 어떤 국가와도 복잡한 동맹에는 휘말리지 않으며, 국내 문제에 관한 탁월한 정부로서, 또한 반공화적인

> 경향을 막아내는 성벽으로서 주정부의 모든 권한을 지지하며, 온갖 헌법적 열정을 다 바쳐 국내평화와 국외안전의 보루로서 연방정부를 지켜내며, 국민에 의한 (평화적 해결책이 전무한 상태에서 오로지 혁명의 칼날에 의해서만 제거되었던 권력남용에 대해 온건하며 안전한 해결책으로서) 선거권을 성심성의껏 보호하며, 공화정의 중요 원칙인 다수결원칙에 절대적으로 순종해야 하며, 이런 원칙을 벗어나면 폭력에 물들게 되고, 이는 곧 전제주의의 시작이 되며, 전쟁이 개시되어 정규군으로 대체될 때까지는 현재 잘 훈련된 민병대가 우리 평화의 안전판이며, 군보다는 민간의 권위가 상위에 위치하며, 공공지출을 절약하여 일반 국민의 노동력을 줄이고,❷ 국가부채를 성실하게 갚아나가 국민의 신뢰를 존엄하게 지켜나가며, 농업과 상업을 적극 장려하며, 모든 정보를 널리 확대하고 일반 국민의 이성 수준에서 모든 권력남용을 처리해야 하며, 종교의 자유, 언론의 자유, 인신보호 영장으로 자유를 수호하며 공정하게 선출된 배심원에 의한 재판이 보장되어야 합니다. ❸

제퍼슨은 혁명과 재건을 통해 미국을 인도하는 이런 종합 리스트를 "빛나는 별자리(bright constellation)"라고 불렀다. 이 리스트가 오늘날에도 여전히 우리를 인도할 뿐만 아니라 모든 진보주의 후보자, 정치인, 선거운동원 및 유권자들이 이 리스트를 냉장고 문에 붙여놓고 보고 배울 수 있게 한다.

그러나 어떻게 신념을 이야기할 수 있을까? 제퍼슨 당시와 달리 이 리스트에 있는 모든 요건들을 다 말하는 것은 바람직하지 않으므로 상황에 따라 세 개의 요건을 선정한다. 예를 들어 외교정책에 관한 연설이라면 다음과 같이 표현할 수 있다 :

미국의 외교정책은 정직한 우정과 국내평화 그리고 국외안전에 기초하여야 합니다.

이것이 진보주의자들의 비전이 담긴 대외통상외교 및 국방정책에 관한 미국 정부의 가장 기본적인 원칙을 담은 제퍼슨식 짧은 표현방법이다. 또 다른 세 개의 원칙으로 공정선거를 강조하는 연설문에서 진보주의자들은 다음과 같이 주장할 수 있다 :

국민선거권을 바탕으로 폭넓은 정보에 자유롭게 접근할 때에만 미국 정부는 완성될 수 있습니다.

이런 내용은 전자투표기기를 사용하면서 종이로 된 영수증을 받는다는 원칙을 강조하는 연설에서 적절하게 사용될 수 있다. 문제는 원칙은 일반성을 띠어야 하며, 세세한 내용이 빠진 하나의 큰 계획이어야 한다는 것이다. 따라서 제퍼슨의 리스트는 1801년에 작성되었지만 이런 리스트를 이용하면 우리들이 나타내고자 하는 바를 보다 쉽게 이해할 수 있고 우리가 말하고자 하는 것을 더 잘 표현할 수 있다.

[시민]-법과 질서

조지 부시 대통령의 재임 기간 중 공화당 선출직 공무원들과 직원들이 각종 범죄에 연루되어 국민들은 항시 미국 정부에 과연 법이 존재하는가라는 의문을 가지고 있다. 정치인들의 범죄행위가 부각되면 진보주의자들이 토론의 방향을 부정한 정부 때문에 국가가 위험에 빠지게 되었다는 방향으로 적절하게 몰고 가야 하는데, 보통 토론의 방향이 일반적인 냉소주의로 흘러버린다.

제퍼슨의 취임사에서 나타난 바와 같이 법을 말함으로써 국민통합이라는 미국의 가장 위대한 원칙을 말하게 된다. 가장 논쟁이 많았던 시대에 살았던 제퍼슨은 미국인들에게 "법치주의와 공동선을 위해 단합하자!"라고 주장하였다.

진보주의 원칙에 관한 토론을 프레이밍하는 하나의 방법은 제퍼슨을 대중문화와 연관시키면 된다. 예를 들면, 대화 도중에 정부 부패문제가 나오면 다음과 같이 하면 된다 :

> 오늘날 토마스 제퍼슨이 살아 있다면 그는 '법과 질서' 광이었을 것입니다. 그가 스스로 디자인하였던 정부가 이런 식으로 범죄 스캔들로 물들어 있음을 알게 되면 무덤에서 벌떡 일어날 것입니다. 제퍼슨은 법의 준수야말로 미국 통합의 핵심이었음을 확신하고 있었습니다. 그는 정부 부패를 범죄로 보았다기보다는 국가의 존립을 위해하는 위험요소로 보았습니다.

제퍼슨의 국가통합이라는 생각을 TV쇼에 나와서 이야기하면 처음에는 어색할 수도 있을 것이다. 그러나 그런 식으로 이야기하여야 토론의 포커스를 진보주의자들의 원칙에 맞출 수 있다. 앨 고어가 2005년도 '미국의 이단'이라는 제목으로 열정적인 연설을 하면서 국민통합과 법에 대해 이야기한 장면을 보면 제퍼슨은 앨 고어의 팬이 되었을 것이다.

> 아리스토텔레스가 덕에 대해 말하면서 "법을 준수하는 것이 덕입니다"라고 하였습니다. 즉 법 준수와 덕은 하나라는 것입니다. 이 두 개가 별개가 아닌 것처럼 우리 미국도 하나입니다. 그러나 민주당이나 공화당이 정권욕에만 물들면 국가통합의 원칙이 무너지고 이 나라 민주주의도 결국 와해됩니다.❹

고어가 "하나"라는 말을 사용하였을 때 듣는 사람으로 하여금 보통 충성서약을 상기시켜 주는 단어이다. 그런데 '법치 하의 대통합' 의 원칙은 제퍼슨의 원칙이다. 그래서 이 말은 진보주의자가 법을 미국 통합의 원칙이라고 프레이밍하는 연설에서 어떤 단어를 선택해야 하는가를 보여주는 좋은 예가 된다.

주

❶ 연설의 전문은 다음 참조. "1차 취임사", 『밀러공공업무센터 토마스 제퍼슨 연설 : 대통령연설모음집(*Thomas Jefferson Speech, The Miler Center of Public Affairs : Presidential Speech Collection*)』, http://millercenter. virginia.edu/scripps/diglibrary/prezspeeches/jefferson/gw_1801_0304.html

❷ "Burthen"은 18세기 말 고어로 "burdened(고통스러운)"를 의미함.

❸ 제퍼슨(Jefferson), "대통령 취임사", 전게서.

❹ 앨 고어(Al Gore), "미국의 이단(American Heresy)", 연설문, Hyatt Regency, Washington DC, 2005년 4월 27일, Salon.com, http://dir.salon.com/story/opinion/feature/2005/04/27/al_gore/index.html

4. 국민의
Of the People

에이브러햄 링컨, 게티즈버그 연설(1863)[1]

❖ **키워드** : 행위, 땅, 자유, 기억, 메시지, 희생, 전쟁

❖ **전략** : 헛된 죽음—봉사에 관한 이야기—전쟁에 관한 대화

인용

"87년 전 선조들이 이 땅에 건너와 자유국가를 건설하였으며 만민평등의 원칙을 위해 모든 희생을 다하였습니다. 지금 우리는 심각한 내전에 빠져 있는데, 희생과 헌신으로 이룩된 이 나라가 앞으로도 계속 유지될 수 있을까 하는 시련을 겪고 있습니다. 우리는 이 전쟁의 위대한 전투가 벌어지는 현장에서 만났습니다. 우리는 이 나라에서 살아갈 마지막 생을 다 바친 병사들에게 이 현장의 일부분을 마지막 안식처로 바치고자 합니다. 반드시 말입니다. 그런데 보다 큰 시각에서 보자면 우리가 이 땅을 (마치 신에게 바치듯이) 신성하게 한 것은 아닙니다. 살아남았든 죽음을 맞이하였든 그 용감한 병사들이 우리들로서는 상상도 할 수 없는 정성으로 이 땅을 신성하게 하였습니다. 세상은 지금 우리가 하는 말을 기록하지도 기억하지도 않을 것입니다. 그러나 그들이 이곳에서 한 행동은 영원히 기억할 것입니

다. 우리는 그들이 목숨 걸고 이루어낸 훌륭한 미완의 업적을 완수하기 위해 신명을 다 바쳐야 할 것입니다. 우리는 우리 앞에 있는 이 위대한 업적을 완수하여야 합니다. 명예롭게 돌아가신 분들로부터 그 업적을 물려받아 마지막까지 남은 정성을 다 바친 그 과업을 반드시 완수하여야 합니다. 그분들이 헛되게 돌아가시지 않도록 남은 문제를 해결하여야 합니다. 또 이 나라가 신의 이름으로 새롭게 자유국가가 되도록 하여야 합니다. 아울러 국민의, 국민에 의한, 국민을 위한 정부는 지구상에서 영원히 사라지지 않을 것입니다."

분석

게티즈버그 연설은 남북전쟁 당시 가장 치열하게 싸웠던 전투❷에서 사망한 병사들에게 국립공원 묘지를 봉정하면서 이루어진 연설로, 미국 대통령 연설 중 가장 유명한 세 개 단락이 포함되어 있으며, 미국식 표현법 중 가장 기억에 남는 명문이다. 링컨은 영어의 마술사로 우리들이 하도 많이 들어와 그 단어들이 우리 몸 내부에서 용솟음쳐 오른다. 그러나 링컨 연설에서 주목할 점은 그런 표현이 아니라 그가 사용한 프레이밍이다. 이 점은 많은 사람들이 혼동하는 부분이며, 사람들이 그 연설의 프레임을 메시지라고 잘못 생각하는데, 사실상 이 둘은 완전히 다르다.

대통령 연설에서 메시지는 청중들에게 전달하고자 하는 짧은 문장이지만 핵심 생각이 적힌 메모에 담겨져 있다. 게티즈버그 연설에 그런 메모가 붙어 있다면 링컨은 다음과 같이 써놓았을 것이다 :

말보다 행동이 앞서야

너무 쉬운가? 우리들 대부분은 중학교 다닐 때 이런 주제로 에세이를 한번쯤은 써보았을 것이다. 우리가 어린애라도 링컨 연설의 그런 메시지는 쉽게 이해할 수 있다. 왜냐하면, 그건 너무나 기본적인 미국식 주제이기 때문이다. 그런데 링컨은 실제로는 '말보다 행동이 앞서야' 라고 말하지는 않고 다음과 같이 좀 더 세련되게 말했다 :

> 세상은 지금 우리가 하는 말을 기록하지도 기억하지도 않을 것입니다. 그러나 그들이 이곳에서 한 행동은 영원히 기억할 것입니다.

이 말투가 좀 고풍스럽긴 하지만 '말보다 행동이 앞서야' 라는 메시지를 쉽게 알 수 있다. 또 이 메시지가 연설의 중간 부분에 등장하는데 그 위치가 환상적이다. 메시지는 또한 분명한 도덕적 관점을 제시하고 있다. 정치인들이 흔히 국가를 위한 희생이 중요하다고 말하지만 링컨이 말했듯이 그런 말들이 자신이 희생해야 한다는 수준으로까지는 들리지 않는다. 자유와 평등에 뿌리박힌 이 나라를 지켜내다가 쓰러진 병사들에 대한 생각이 세대를 거치면서 우리들의 가슴에 저며온다. 링컨은 청중들에게 정치인들의(본인의) 말이 역사의 흐름을 안내하는 표지판이라고 말하고 있었다. 중요한 것은 우리들의 행동이다. 링컨이 그날 자기 말을 듣고 있던 사람들에게 하고자 했던 내용은 무엇이었을까? 결국 전쟁의 승리였을 것이다!

그것이 링컨의 메시지였다면 그의 프레임은 무엇인가? 여기에 답하기 전에 먼저 메시지와 프레임의 차이를 구분하자. 메시지는 들을 수 있거나 읽을 수 있으나 프레임은 보통 무언으로 남는다. 대신에 프레임은 중요 단어 몇 개로 청취자와 독자의 가슴에 특정한 논리성을 생각나게 한다. 말로는 표현되어 있지 않지만 직접 들리는 내용을 프레임을 통하여 이해하게 되는 것이다.

메시지를 찾아내기 위해서는 가장 중요한 문장이나 문단을 찾으면 된다. 그러나 프레임을 찾아내기 위해서는 연설에서 몇 가지 의문을 가지면서 중요 단어를 찾아내고, 그러고 나서 전체 연설문에 흐르는 무언의 논리를 말로 표현해 보아야 한다. 프레이머가 프레임을 떠오르게 하기 위해서, 또 연설에 흥미를 느끼게 하기 위해서 중요 단어를 반복하기 때문에 연설자가 특정한 방법으로 반복하는 어휘를 찾아내야 한다.

게티즈버그 연설을 다시 한 번 읽어보면 중요 어휘가 특이한 방법으로 반복되는 지점을 쉽게 찾을 수 있다 :

국민의, 국민에 의한, 국민을 위한 정부

링컨은 우리 국민이라는 연설의 첫 줄에서 사람들 머리에 떠오르게 하는 큰 프레임을 강조하기 위해 연설 마지막 부분 한 줄에 "국민"이라는 단어를 세 번씩이나 반복하였다. '우리 국민' 이라는 프레임에는 '국가', '나라' 혹은 '정부' 를 사람의 집단으로 정의하는 하나의 큰 프레임이 들어 있다. 이 말은 독립선언서 첫 단어들에서 유래하여 미국의 가장 근본적 가치인 대동단결, 대표제 및 평등에 대한 논리적인 근거가 된다.

남북전쟁 당시의 극심한 갈등과는 달리 오늘날 미국인들은 미국의 동일한 토지 주변에만 몰려 살고 있는 것이 아니라, 동일한 생각과 원칙들을 배경으로 하나의 집단을 이루고 있음을 너무나 쉽게 알 수 있다. 남북전쟁의 고통을 겪으면서 링컨은 사람들의 국가관이 국가라는 큰 원칙을 기초로 이루어졌다라고 생각하지 않고 조잡하게도 내 땅을 지키자는 생각으로 변질되어 있음을 알게 되었다. 즉 게티즈버그 연설의 보다 큰 요지는 (비록 연설 가운데 땅을 지칭했다고 하더라도) 땅에 관한 것이 아니라 원칙 준수와 그런 원칙을 지켜나가는 사람들 때문에 전쟁을 하게 되었다는 것이다. 링컨이 토론을 프레이밍하면서 남북전쟁의 수많은 전투에서 전사자가 발생하였다고 하였다. 그러나 갈등의 큰 테두리는 평등국가라는 기본적인 생각이었다. 따라서 전쟁은 '우리 국민'을 (불굴의 의지로) 지키자는 전쟁이었고, 이 '우리 국민'이라는 프레임을 통해 미국인들이 미국의 과거와 미래를 바라보았다는 것이다.

연설 초반부터 링컨은 '우리 국민'을 생각나게 하는 단어와 이미지를 사용하였으며, 전쟁과 병사에 대한 이야기를 통해 민주주의를 지켜야 한다고 프레이밍하였다. 링컨은 "자, 87년 전 선조들은 지금 우리처럼 한 뼘의 땅 위에 이 나라를 건설하였습니다. 그런데 선조들이 이룩한 국가는 땅을 기초로 한 것이 아니었습니다. 그리고 우리가 이 전쟁을 길게 끌면 끌수록 '우리 국민'이라는 기본적인 생각을 잊어버릴 위험이 커집니다"라고 말하였다.

링컨이 "국민의, 국민에 의한, 국민을 위한"이라는 문구를 반복하면서 연설을 마쳤을 때 청중들은 링컨의 연설이 평등원칙에 관한 내용이구나라고 알아차리게 되었는데, 왜냐하면 링컨이 연설의 모든 문장에서 이런 프레임을 생각나게 하였기 때문이다. 그리고 이런 프레임의 힘은 오늘날까지도 이어져 오고 있다.

링컨 연설이 너무 딱딱해서 요즈음에는 잘 사용되지 않는다고 생각하는 사람이 많으나 잘못된 생각이다. 게티즈버그 연설은 전쟁 당시의 미국이 어떻게 해야 한다는 진보주의자들의 생각을 확산시키는 여러 가지 도구로 가득 차 있다. 링컨이 전달하려는 메시지나 프레임을 말하는 태도를 흠잡으면 안 된다. 그것이 비록 옛날 방식이지만 그런 생각 때문에 우리가 미래로 전진하게 된다.

전략

[정치인]–헛된 죽음

미국의 이라크 공격 이래로 공화당은 줄곧 "이 병사들은 헛되이 죽지 않았다"라는 링컨의 생각을 되풀이하여 말하였다. 공화당에는 안 됐지만, 링컨이 그런 자기 생각을 말했을 때는 침략전쟁을 정당화하려는 의도가 아니라, 전시에 대동단결하고 평등해야 한다는 진보주의 가치를 펼치려는 의도였다.

이라크 점령과 선제공격을 비난할 때 링컨이 말한 진정한 의도를 상기시키는 것이 진보주의자들에는 중요한 전략이 될 수 있다. 링컨의 화두를 따라가다가 '우리 국민'이라는 프레임을 끄집어내는 것이다. 상원이나 하원에서 연설할 때 진보주의 정치인들은 이렇게 말할 수 있을 것이다 :

미국은 '우리 국민' 이라는 중요한 원칙 위에 기초하였습니다. 우리 국민은 모두 평등하며 단합해 왔습니다. 이것이 우리의 역사입니다. 이것이 과거로부터 물려받은 우리의 유산입니다. 이것이 우리나라입니다. 우리 군의 목적은 이런 원칙을 지켜내는 것입니다. 그런데 우리 군이 (예컨대 이데올로기 노선에 따라 미국의 힘을 전 세계에 확대시킨다든지 하는) 다른 원칙들을 성취하는 데 이용된다면 '우리 국민' 이라는 (미국인을 지키다가 돌아가신) 원칙을 지키기 위해 싸우다가 돌아가신 분들은 허망하게 돌아가신 것이 됩니다. 왜냐하면, 선제공격과 같은 침략전쟁은 미국의 원칙을 무엇보다도 먼저 위반하게 됩니다. 우리가 미국의 원칙을 위반하게 되면 우리를 지키다가 돌아가신 분들이 결국 헛되이 돌아가신 것이 됩니다.

이것은 부시 독트린을 비난하거나 진보주의자들이 군에 대한 자기 생각을 말할 때 '링컨의 프레임을 사용' 할 수 있는 예를 보여주고 있다. 또 링컨의 생각을 전달하는 것이 정말 설득력이 있다. 선출직 공직자가 링컨의 프레임이나 용어를 그대로 정확하게 사용하지 않더라도 전시에 미국의 가치를 언급하는 과정에서 게티즈버그 연설을 언급하게 되면 진보주의 연설을 설득력 있게 전달하는 중요한 첫 단계가 된다.

[선거운동원]-봉사에 관한 이야기

게티즈버그 연설은 다른 분야보다도 군대 관련 토론에서 선거운동원들로 하여금 더 적극적으로 나설 수 있는 전략을 제시해 준다.

진보주의자들은 흔히 군대 이야기만 나오면 상투적으로 "나는 군대를 지지하기는 하지만 전쟁에는 반대해"라고 말한다. 이런 방식은 진보주의자들에게 진솔한 면은 있어도 설득력 있는 태도가 아니다. 또한 상대방에게 정치적 두려움을 풍기기도 어렵고, 교묘한 정치적 계산이 들어 있지도 않다. 진보주의자들이라면 차라리 대국민봉사의 중요성에 대해 신념을 가지고 이야기하는 편이 낫다.

진보주의자들이 군대문제를 이야기할 때 '봉사'에 대해 이야기함으로써 '말보다 행동'이라는 링컨의 메시지를 생각나게 한다. 미국인들이 군대문제를 지지할 때는 어떤 정책을 지지하기 때문이 아니라 어떤 봉사정신, 즉 말보다 행동이 중요하다고 하는 봉사정신을 중요하게 보기 때문이다. 진보주의자들이 전부 군에 입대한다는 특정한 방법으로 국가에 봉사하지는 않지만, 진보주의는 원래 말보다 행동이라는 링컨의 원칙에 뿌리 깊게 박혀 있다.

군대에 관한 이야기라면 국민에게 봉사한 사람들을 칭찬하고 국가봉사의 중요성을 강조하는 기회로 활용될 수 있다. 예를 들면, 이라크에 관해 유권자와 이야기할 때 진보주의 선거운동원이라면 다음과 같이 말할 수 있다 :

> 미국을 위해 남자나 여자가 군인으로서 봉사하는 것보다 더 중요한 것은 없습니다. 그들의 봉사(행동)는 정치인들의 어떤 번지르르한 말보다 중요합니다. 지난 5년간 미국 국방정책을 살펴보면 그런 국가봉사에 헌신할 수 없게 하는 일련의 치명적인 정책들이 있었습니다.

이런 대화방법이 그 앞의 방법과 비교하여 얼마나 다른가! 진보주의자가 군대에 관해 토론할 때 단순하게 "나는 군대를 지지합니다"라고 습관적으로 이야기를 시작하는 것보다는 국민에게 봉사하는 기회로 이야기를 풀어나갈 때 의미전달이 훨씬 강력하고 솔직하다. 이렇게 하면 어느 날 갑자기 진보파 선거운동원이 영토보전이라는 미국의 원칙을 강조하는 것만큼이나 군대활동을 비난하지 않게 되는 것이다.

전시에 '국민에 대한 봉사'라는 생각이 나게 하는 것이 진보주의 선거운동원에게 매우 중요한데, 왜냐하면 링컨이 게티즈버그 연설에서 말한 "멸사보국의 신성함"이라는 바로 그 생각 때문에 국가에 대한 봉사정신이 고조되기 때문이다. 링컨이 말한 바와 같이 국가에 대한 바로 그 봉사정신이 국가를 '신성하게' 만든다. 그래서 국가에 대한 봉사를 찬미하지 않는 다른 어떤 행동은 (사실 봉사를 모욕하는 것인데) 국가를 불경하게 만드는데, 이유는 잘 설명할 수 없어도 사람들을 불편하게 만든다.

[시민]-전쟁에 관한 대화

진보파 시민들이 가장 두려워하는 저녁 식사는 전쟁에 관해 이야기하면서 공화당원 친척들과 식사하는 것이다. 이런 상황에서 전쟁에 관해서 우리가 어떻게 생각하는가에 대한 질문을 받으면 대부분의 진보주의자들은 "나는 이라크 점령을 반대해", 그리고 "나는 부시 대통령의 정책을 반대해"라는 식으로 말한다. 말은 옳지만 누군가가 "그래서 어쩌겠다는 거요, 파견병 숫자를 줄이고 도망이라도 칠까요?"라고 말하는 순간 대화에서 지게 된다. 왜 이런 순간에 꼭 져야만 하는가? 왜냐하면, 이 자리가 원칙을 이야기하는 자리인데 정책을 이야기하고 있기 때문이다. 또 우리가 군사정책의 전문가가 아닌데도 군 정책을 이야기하면서 더듬거리기도 한다. 어떤 해답(예컨대 다음 달부터 점진적으로 군을 철수하라든지 병력배치에 들어가는 돈을 아껴서 복지분야에 사용하라는)을 제시하더라도 우리 대답이 크게 잘못된 것도 아니다. 어쨌든 우리는 장군이 아니지 않는가.

안 믿을지 모르겠지만 게티즈버그 연설이 전쟁에 관한 토론을 정책이 아니라 원칙 중심으로 프레이밍하는 방법을 가르쳐 주므로 이런 부류의 대화 흐름을 바꾸는 데 매우 유용하다. 전쟁정책은 전쟁 전략가들의 몫이다. 우리의 관심은 토론의 방향을 분명한 진보주의의 원칙으로 끌고 가서 그대로 유지하는 것이다. 예를 들면 다음과 같이 토론을 시작할 수 있다 :

나는 원칙적으로 전쟁에 반대합니다.

이렇게 간단하다. 이것이 모든 진보주의자들이 믿고 있는 바인데 우리는 아무도 그렇게 말하지 않는다. 그런데 우리가 군의 특정 활동에 대해 찬성하거나 혹은 반대하게 되는 그 원칙은 도대체 무엇인가? 링컨은 이렇게 답하였다 :

국민의, 국민에 의한, 국민을 위한 정부는 지구상에서 사라지지 않는다.

불행하게도 이것이 우리 군인들이 싸워왔던 전쟁을 우리가 반대하거나 혹은 지지하게 되는 원칙이다. 그래서 공화당원의 질문에 단순하게 반응하지 않고 대화를 진행해 나가는 원칙으로 다시 돌아갈 수 있다.

예컨대 우리가 2001년 9월 11일 당시 공격을 받았을 때 공격자에 대해 무력으로 응징하는 것이 올바른 행동이다. 그렇기 때문에 진보주의자들이 항상 아프가니스탄의 오사마 빈 라덴 기지를 공격해야 한다고 주장하는 것이다. 그런데 부시 정부는 올바른 원칙에 위배되는 두 번째 이라크 전쟁을 하고 있다. 그리고 그 전쟁은 대부분의 미국인들이 이전에는 한 번도 생각해 보지 못한 다른 원칙에 의해 작동되고 있다. 군사정책에서 (방어에서 선제공격이라는) 놀랄 만한 변화에 대처하기 위해 진보주의자들은 다음과 같이 말할 수 있다 :

> **미국은 어떤 국가가 언젠가 우리를 공격할 수 있다는 의심 때문에 선제공격할 수 있다는 것이 아니라 국민의, 국민에 의한, 국민을 위한 정부를 지키기 위해서만 전쟁을 선포하여 왔다.**
>
> **건국 이래 오로지 한 가지 이유로만 전쟁을 하였습니다. 그래서 우리가 전쟁을 하게 되는 그 원칙을 바꾸게 되면 우리나라도** (물론 그런 변화는 지속될 수도 없지만) **바뀌어야만 합니다.**

우리가 군사행동의 이유로 '국민의 정부'를 지킨다는 미국의 원칙을 이야기하게 되면 우리말에 링컨의 생각이 묻어 있게 되어 대화가 진보주의자들의 시각을 견지하면서 흘러가게 된다. 그래서 이제는 "그래서 어쩌겠다는 거요, 파견병 숫자를 줄이고 도망이라도 칠까요?"라고 질문을 받으면 다음과 같이 쉽게 대답하면 된다 :

> 문제는 그게 아닙니다. 이 전쟁이 미국의 건국이념을 희생하였기 때문에 미국의 이상에도 맞지 않는 이 점령을 계속할 수는 없습니다.

우리가 '이라크' 나 '전쟁' 이라는 말이 나올 때마다 언제나 정답이 적힌 메모지를 보고서 대화할 수는 없다. 그것보다는 화두가 '정책이 아니라 원칙' 에 있음을 명심하자. 그래서 대화하는 과정에서 매순간 기지를 발휘하면 공화당 친척이 생각한 것보다 훨씬 더 재미있고 훨씬 더 진취적으로 대화를 이끌어 갈 수 있다.

주

❶ 이 연설의 전문은 다음 참조. "게티즈버그 연설(Gettysburg Address)", 『밀러공공업무센터 에이브러햄 링컨 연설 : 대통령연설모음집(*Abraham Lincoln Speech, The Miler Center of Public Affairs : Presidential Speech Collection*)』, http://millercenter.virginia.edu/scripps/diglibrary/prezspeeches/lincoln/al_1863_1119.html

❷ 셸비 푸트(Shelby Foote), 『내전, 한 이야기(*The Civil War, A Narrative : Fredericksburg to Meridian*)』, New York : Random House, 1958.

5. 갈퀴
The Muck Rake

시어도어 루스벨트 대통령,[1] 국회의사당 기초공사장에서 연설(1906)❶

❖ **키워드** : 성격, 부패, 부정부패 척결, 냉소주의, 거짓말, 전진

❖ **전략** : 부패와 국민성 — 정직하게 말하기 — 위로 쳐다보기

인용

"존 번연(John Bunyan)의 『천로역정』에 퇴비용 갈퀴를 들고 있는 사람을 설명하는 부분이 나오는데, 그 사람은 갈퀴를 손에 들고 밑으로만 보고 있습니다. 그는 그의 갈퀴 때문에 천상에서 왕관을 받았으나 하늘을 존경하지도 그런 왕관을 존경하지도 않았습니다. 다만 바닥에 떨어진 오물(filth of the floor)을 계속해서 치울 뿐이었습니다.

1 **역자 주** : 미국 26대 대통령(1901–1909)으로 부패 공직자를 축출하고 공무원제도를 체계화하는 등 뛰어난 행정능력을 발휘하였으며, 1906년 러일전쟁 종식에 기여한 공로로 노벨평화상을 수상하였음. 별칭은 테디(Teddy) 루스벨트.

『천로역정』에서 갈퀴를 들고 있는 그 남자의 모든 생각은 정신적인 것보다는 물질적인 것에 초점이 맞추어진 예로 나옵니다. 그러나 그는 현생에서는 조금이라도 고상한 것은 쳐다보려고 하지 않는 사람으로, 또 미천하고 타락한 것에만 부단히 관심을 가지는 전형적인 사람으로 나옵니다.
이제 비열하고 타락한 모습을 목격하더라도 위축될 필요는 없습니다. 이것이 바로 바닥에 깔린 오물입니다. 그러면 갈퀴로 치우면 됩니다. 이때가 대국민 봉사를 하는 순간입니다. 그런데 갈퀴로 오물을 단순하게 치우기만 하고 더 이상 아무 일도 안 하는 사람, 예컨대 [오물을 없애기 위한 더 나은 방법 등에 대해] 생각하지도, 말하지도, 글로 표현하지도 않는 사람은 사회의 도움이 되기보다는 쉽사리 악의 화신이 됩니다.
국가에는 경제적 · 사회적으로 심각한 많은 악이 존재합니다. 따라서 이런 악과의 전쟁을 펼쳐나가야 합니다. 정치인이든 기업인이든, 정계에서 발생하든 기업에서 발생하든 사회생활에서 나타나든 모든 종류의 악한을 들춰내고 공격해야 합니다. 연설장에서 연설하는 사람이나 책, 잡지, 신문을 통해 글을 쓰는 사람들이 그런 악한을 오로지 진실을 바탕으로 하여 공격한다면 그것은 바로 우리 사회를 매우 이롭게 할 것입니다.
거짓말을 하는 사람은 도둑과 진배 없으며, 거짓말이 남을 중상모략하는 수준에까지 이르게 되면 그것도 최악의 도둑이 되는 것입니다. 진실한 사람을 진실되지 않은 방법으로 공격하거나 조금 나쁜 사람을 과도하게 부풀려서 공격하는 것은 매우 나쁜 짓입니다.
사람들을 무차별적으로 공격하는 것은 해를 끼칠 뿐입니다. 진실한 사람이 공격을 받을 때마다, 또한 악한이 진실이 아닌 다른 어떤 내용으로 공격을 받게 될 때도 악한의 마음은 언제나 기쁨에 가득 찹니다.
이때까지 제가 한 말을 곡해하기는 쉽습니다만, 어떤 사람들은 인신공격 행위를 비난하는 것이 남을 속이라는 뜻이 아니라는 말을 이해하지 못합니다. 거짓말쟁이와 인신공격을 일삼는 사람들이 흔히 그런 혼란을 부채질합니다.”

분석

오늘날 테디 루스벨트 대통령이 살아 있다면 최근 공화당에 만연한 부정부패를 들여다 보고 "이것이 바로 내가 그렇게 경고하였던 바네!"라고 말하였을 것이다. 비록 수도 워싱턴에서 집무실 면적을 확대한다는 구실로 그런 연설을 하였지만, 루스벨트의 그 유명한 '갈퀴를 든 남자(man with the muck rake)' 연설은 부패가 미국 국민들에게 끼칠 수 있는 위협에 대한 단호한 경고이다. 어떤 대통령도 테디 루스벨트 대통령만큼 분명하고도 강력하게 부패의 개념을 만들어내지 못하였다. 그 '갈퀴' 연설은 국민의 마음 속에 부패의 의미를 재정립하려는 노력이며, 정치토론을 리프레이밍하여 토론이 발전의 깃발 아래 전진할 수 있도록 하였다.

그런데 부패는 무엇이 문제인가? 루스벨트 당시에는 전 미국에서 진행된 토론에서 부패가 물질적으로만 정의되었다. 사실 우리는 테디 루스벨트가 강력한 독점금지법의 주창자로 '스퀘어딜'[2]의 아버지임을 잘 알고 있으며, 20세기 초 점차 강력해지는 산업기업에 대한 통제를 강화하였다는 점도 잘 알고 있다. 대통령으로서 루스벨트는 대기업에 대해 45개의 소송을 하였고, 철도회사의 무한권력을 통제

---

2 역자 주 : 1900년대 초 루스벨트 대통령 당시 미국은 자유방임주의 노선에 따라 자유경쟁을 통하여 기업과 대자본의 입장을 적극 옹호하는 시장우선주의가 만연하였음. 이에 따라 사회적 긴장이 고조되는 시장주의의 역기능도 나타나게 되었는데, 이를 시정하기 위하여 대기업들의 독점을 금지하며 노동자의 권익을 보호하는 일련의 조치들을 취하였는데 이를 '공평정책'(公平政策, Square Deal)이라고 함.

하는 조치를 취하였으며, 식품에 라벨을 부착하는 법안을 통과시켰다. 루스벨트가 만들어내고 강화시킨 그 모든 물질적 통제에도 불구하고 그는 부패는 국민성에 첫 번째로, 또 가장 심각하게 악영향을 주는 정신적 위협이라고 믿었다.

그 '갈퀴' 연설의 중요성은 그 당시까지 부패문제가 물질적으로만 고려되는 정치적 분위기를 국민성이라는 입장에서 바라보게끔 새롭게 정의하게 된 점이다. 그는 존 번연의 『천로역정』에 나오는 유명한 문구를 이용하여 이 엄청난 일을 해냈다.❷ 고전을 인용하는 것은 대통령의 연설에서 흔하지 않은데, 루스벨트는 "바닥의 오물"이라는 구절을 인용하여 정신적 의미에서 부패를 리프레이밍하였다.

흔히 대통령들은 국민들이 추상적인 생각을 이해하도록 모든 사람이 공감하는 은유법으로 프레임을 만들어낸다. 루스벨트도 갈퀴를 든 남자의 이미지로 이런 프레임을 만들었다. 우리가 루스벨트의 그런 구절을 읽게 되면 "바닥의 오물"이 어떻게 부패를 비유하는지 알게 된다. 비록 부패가 기업과 정치가 어울려 만들어내는 복잡한 양상을 띠어 혁신적인 법안과 경찰력으로 통제되어야 하나 루스벨트는 부패가 바닥에 떨어진 단순한 쓰레기로 취급하고 얼른 치울 수 있는 것처럼 이야기하였다. 이 얼마나 놀라운 아이디어인가! 그런데 이것은 루스벨트 프레임의 시작에 불과하다.

청중들이 루스벨트가 '부패'를 "바닥에 떨어진 오물"로 이야기하게 되자 프레임이 논리적으로 확대되어 청중들은 본능적으로 그런 쓰레기를 모두 쓸어 모으자고 생각하게 되었다. 그런데 루스벨트는 다음과 같이 경고하였다 :

갈퀴를 든 남자의 모든 마음이 정신적인 것보다 물질적인 것에 집중되어 있습니다. 그러나 그는 현생에서 조금이라도 고상한 것에는 끊임없이 마음의 문을 닫고 비열하고 저속한 것에만 눈길을 돌립니다.

루스벨트는 국민들이 정계와 재계에 만연한 부패를 일소하도록 언론, 법, 기업관행 등 모든 방법을 다 동원하도록 권유하였다. 그는 국민들이 정직과 진실이라는 덕목으로 부패를 끝장내도록 하였다. 그는 부패에 빠진 사회 때문에 국민성이 필연적으로 냉소적으로 변하여 모든 개혁의 시도를 물거품으로 만든다고 이해하였으며, 미국 사회에 부패를 완벽하게 척결해야 한다는 생각에 모든 부문의 부패가 없어져야 한다고 보았다. 루스벨트가 볼 때 전 국민은 미국 사회의 부패체계 때문에 국가기관에 믿음이나 신념을 전혀 가지지 못하는 성격으로 바뀌게 된다고 말하였다.

이러한 불신은 당장의 범죄보다는 미국 국민성에 장기적으로 악영향을 끼친다. 우리가 "바닥의 오물"을 치우게 되더라도 오물은 바닥 어딘가에 흩어져 있다. 그래서 우리들의 목표가 궁극적으로 깨끗한 체계를 원하는 것이라면 보다 완벽한 방법은 무엇인가?

루스벨트가 제시한 답은 "위로 쳐다보아라!"인데, 비전이 고상하다. '바닥의 오물' 프레임에는 부패를 일소하는 도덕적인 초점이 진실과 정직인데, 이를 루스벨트는 미국 국민성의 정신적 · 윤리적인 지향점으로 보았다 :

우리는 육체적인 것들(things of the body)이 중요하다는 것을 잘

알고 있습니다. 그러나 정신적인 것들(things of the soul)이 계산할 수 없을 만큼 더 중요하다는 것도 잘 알고 있습니다. 국민생활의 초석은 국민 각자가 도덕적이어야 한다는 것입니다.

국민 각자가 도덕성을 가진 개인으로 이루어진 '초석'으로 다져져 국민 전체의 생활이 구성된다는 표현은 '바닥의 오물' 프레임이라는 논리에 기초하고 있다. 우리는 진창 속에 빠져 허우적거리지 않기 위해 바닥을 청소하며, 전 미국인 생활의 가장 근본(초석)에서부터 비도덕성과 거짓의 찌꺼기를 치우기 위해 바닥을 청소한다.

그날 청중들이 루스벨트의 연설을 주의깊게 들었다면 그가 연설을 워싱턴의 수도를 확대하기 위해 새로운 건물을 짓는다고 시작하면서 '초석(foundation stone)'이라는 건축적인 개념과 국민성 그 자체를 연관시키면서 연설을 끝맺었다는 사실을 알아차렸을 것이다. 루스벨트는 악의 구렁텅이에 빠지려는 마음을 멀리하면서 부패문제를 다루었으며, 새롭고 영광스러운 수도를 건설하는 것이 국민성을 형성하게 되는 살아 있는 기념비라는 점을 일깨우려고 하였다. 이런 이유로 갈퀴 이야기는 워싱턴의 모든 로비스트들이 읽어야만 하는 연설문이다.

전략

[정치인]-부패와 국민성

조지 W. 부시 대통령 치하에서 테디 루스벨트 대통령도 얼굴을 붉힐 만큼 많은 정치인들과 기업인들의 부패 스캔들이 있었다. 엔론(Enron),[3] 월드콤(WorldCom),[4] 잭 아브라모프(Jack Abramoff),[5] 톰 딜레이(Tom Delay),[6] 플레임게이트(Plamegate),[7] 랜디 커닝햄(Randy Cun-

---

3 역자 주 : 미국 최대 에너지회사이며 부시 대통령의 최대 정치자금 공급원이었던 엔론은 자금줄이 막히자 고위 경영진 한 명이 계열사를 위장으로 만들고 이를 통해 은행으로부터 돈을 빌렸음. 2001년까지 가장 혁신적인 기업으로 알려졌으나 이 사건으로 가장 비도덕적인 기업으로 밝혀지면서 도산하게 됨. 이 사건으로 제프리 스킬링 CEO에게 2006년 말 24년 4개월 징역형이라는 중형이 선고됨.

4 역자 주 : 엔론과 비슷한 회계부정 사건으로 2002년 미국 최대 규모의 기업 도산을 야기했던 장거리 통신회사 월드컴(현 MCI)은 2005년에 38억 5,000만 달러의 손실을 은폐하였음. 버나드 에버스 전 회장은 110억 달러의 회계부정으로 징역 25년이 선고됨.

5 역자 주 : 거물 로비스트 잭 아브라모프가 여러 의원들에게 입법활동의 대가로 여행, 골프 외유, 향응 등 뇌물을 제공하여 2006년 징역형을 선고받고 의원 3명이 부패 혐의로 투옥됨. 코리아게이트 이후 최대의 정치 스캔들로 부시 대통령도 선거자금을 받았다고 알려짐. 결국, 2007년 여름 미 의회는 로비스트들이 의원들에게 식사나 선물 등을 제공할 수 없도록 하는 법안을 통과시킴.

6 역자 주 : 잭 아브라모프의 호화 골프 여행 제공 등 불법 로비활동에 연루돼 공화당 하원 원내대표직에서 물러남. 공화당 2인자인 딜레이 의원은 지난 2002년 텍사스 주의회 선거 때 공화당 후보들을 지원하기 위해 기업 헌금을 불법적으로 배분하여 기소됨.

7 역자 주 : CIA 비밀요원 신분 누설 사건(리크게이트). 이라크전이 한창이던 2003년 여름, 발레리 프레임이라는 CIA 비밀요원의 신분이 언론에 공개됨. 프레임은 조셉 윌슨 전 이라크 대리대사의 아내인데, 윌슨은 부시 정부가 이라크의 대량살상 무기와 관련한 정보를 왜곡하였다고 수시로 부시 정부를 비판하였음. 이에 따

ningham),[8] 봅 네이(Bob Ney),[9] 데이비드 사파비언(David Safavian),[10] 마크 폴리(Mark Foley)[11] 등 끝이 없다. 2006년 중간선거에 공화당의 이런 스캔들을 프레밍하기 위해 민주당은 공화당의 '부패문화'를 언급하였다. 사실 이 '부패문화' 프레임이 연방과 주 선거에서 민주당이 대승을 이루는 핵심 원인이었다. 개인적인 스캔들을 뛰어넘어 또 미래의 선거운동까지 바라보기 위한 '부패문화'가 설득력이 있지만, 이를 뛰어넘는 방법은 국민성이라는 큰 개념을 이용하는 것이다.

루스벨트의 '바닥의 오물' 프레임이 정의한 바와 같이 부패문제는 단순한 범죄의 범위를 초월한다. 부패가 지속적으로 발생하면 국민성을 냉소주의에 빠지게 하며, 물질주의에 빠지게 하고, "조금이라도 고상한 것"에 대한 흥미를 잃게 한다. 예를 들면 사무실에서 일을 하든 선거전에 뛰어들든 진보파 민주당원은 공화당의 로비 스캔들을 언급할 때 다음과 같이 말할 수 있다 :

라 윌슨은 자신을 곤경에 빠뜨리기 위해 백악관이 고의로 아내의 정보를 누설하였다고 주장하였으며, 실제로 2년간의 조사 끝에 체니 부통령의 최측근인 루이스 리비 부통령 비서실장이 범인으로 밝혀짐.

8 **역자 주** : 캘리포니아 샌디에고 출신의 랜디 커닝햄 공화당 의원은 8선의 중진으로 25억 원의 뇌물을 받아 2005년 말 10년의 법정형과 3억 5천만 원의 벌금형을 받음. 미국 의정사상 직위를 이용하여 축재한 최악의 의원임.

9 **역자 주** : 공화당의 봅 네이(오하이오) 의원이 잭 아브라모프와 연루된 부패 혐의로 2006년 말 유죄판결을 받음. 2006년 중간선거 당시 공화당에 막대한 악영향을 끼침.

10 **역자 주** : 연방 조달청 고위관리인 데이비드 사파비언도 잭 아브라모프 사건에 연루되어 6년 형을 선고받음.

11 **역자 주** : 플로리다 주 출신 마크 폴리 공화당 하원의원이 의회에서 일하는 10대 사환과 부적절한 이메일을 주고받은 혐의로 2006년 9월 의원직 사퇴. 10대 시절 성당에서 한 성직자에게 성추행당한 사실을 털어놓아 큰 파문 야기. 이 사건도 2006년 11월 중간선거에 공화당에 치명적인 악영향을 미침.

로비 스캔들로 부패한 사람은 사악한 범죄를 저지르고 비도덕적인 행위를 한 것입니다. 그러나 범죄 그 자체는 부패 스캔들만큼 위협적이지 않습니다. 가장 큰 위협은 미국 국민성에 미치는 영향입니다. 부패에 직면하지 않을 수 없기 때문에 위협이 되는 것입니다. 그러나 부패에 직면하게 되면 우리의 마음이 냉소주의에 빠지게 되고 국민에 대한 봉사와 정직, 국민의 대표 등 숭고한 이상을 경멸하게 됩니다. 정부와 기업의 부패는 범죄라기보다는 하나의 사이클로서 모든 미국인의 도덕적 기초를 보호하기 위해서라도 그 고리를 차단해야 합니다.

'바닥의 오물' 프레임은 기본적으로 로비 개혁을 통해 일련의 큰 국가적 이상을 달성할 수 있다는 논리를 제공한다. 루스벨트 연설의 메시지는 단순한 범죄 그 자체가 아니라 우리가 도덕성을 잃게 되는 위험에 빠지게 된다는 점이다. 이처럼 루스벨트는 부패라는 추상적인 개념을 바닥을 '청소'하는 우화적인 인물의 행동에 빗대어 프레이밍하였다.

[선거운동원]-정직하게 말하기

정직은 진보주의 선거운동원이 루스벨트 연설문에서 배워야 하는 교훈이다.

보통 선거운동원들이 야전에서 백병전을 치르게 되면 캠프 상호 간 비방하면서 서로 자기가 옳다면서 말싸움을 하게 된다.

최근의 예를 들면, 2006년 코네티컷 민주당 상원 예비선거에서

네드 러몬트(Ned Lamont) 캠프에서 선거운동을 하던 진보파 선거운동원들이 상대 진영인 조우 리버만(Joe Lieberman)으로부터 경선 전날 리버만의 웹사이트를 다운시켰다는 비난을 받았다.[3] 이에 대해 러몬트 운동원들은 리버만 측이 거짓말을 한다고 비난하였다.[4] 현재까지 리버만의 웹사이트가 비열한 트릭이 아니라 기술적인 문제로 다운된 점은 분명하지만 누가 거짓말을 했는지에 대한 상호 공방이 유권자들의 마음을 불쾌하게 하고 있다.

이런 문제에 대해 좀 더 단호하며 효과적으로 처리하기 위해 러몬트 팀이 '거짓말보다는 정직'이라는 관점에서 자신들의 반응을 프레이밍할 수 있었을 것이다. 예를 들면 다음과 같다 :

> 정직은 미국 국민성의 초석일 뿐만 아니라 이번 상원 선거의 가장 근간이 되는 이상이기도 합니다. 코네티컷 유권자와의 진실한 대화. 우리 미국 정치에 대한 국내외의 진실한 대화. 지도부의 진정한 변화를 위한 진정성 있는 작업. 리버만 웹사이트가 화요일 밤에 다운된 것은 선거 팀의 인터넷 작업과 웹 과부하 때문이라고 봅니다. 다른 이유를 대는 것은 이번 선거의 진실성을 의심하는 것이 되며, 코네티컷 유권자들의 이상을 달성하기보다는 비난만을 일삼기 위해서일 것입니다.

이와 같은 스캔들에 직면하였을 때 한 가지 명심할 점은 '거짓말'이라는 단어는 사람들의 관심을 문제가 되는 사건에 쏠리게 한다는 것이다. 그런데 '정직이나 진실'이라는 단어는 진보파 후보가 구현하고자 하는 고상한 이상에 관심을 가지게 한다. 이것이 바로 루스벨트가 '갈퀴' 연설에서 내세우고자 하였던 (부패문제를 처리하는 중요한 작업으로 국민성에 영향을 줄 정도가 되어서는 안 된다는) 점이다.

"토론을 앞으로 끌고 나가기 위해서 선거운동원들이 거짓말을 하였다"라고 비난하여 사건에 휘말리기보다는 정직이라는 단어를 사용하는 편이 훨씬 더 낫다.

[시민]-위로 쳐다보기

일상생활에서 정치에 대해 이야기할 때 진보주의 유권자들은 종종 공화당 유권자들에 비해 다른 수준에 있음을 느끼게 된다. 진보주의자들이 진보주의 후보들을 좋아하게 된 이유는 사건 하나하나보다는 대원칙 때문인데도 그들은 본질적으로 이슈와 정책에 대해 이야기하기를 좋아한다. 그러나 일상생활에서 때론 원칙에 대해 이야기하는 것이 좀 공식적으로 들리기도 하여 상황과 맞지 않을 때도 있다. 우리가 패스트푸드점에서 친구와 식사하면서 '평화와 통상, 친선'과 같은 단어를 얼마나 자주 사용하게 되는가?

그렇다면 진보주의자들이 대원칙을 따른다는 믿음을 어떻게 표현할 수 있는가? 루스벨트의 연설에서 이 문제에 답을 얻을 수 있다. 우리들은 '위로 쳐다보기'라는 비유를 일상의 대화에서 (다른 사람들이 우리와 토론을 같이 하고 싶을 때는 우리들은 좀 더 큰 이상을 가지고 있다는) 안내판(road sign)처럼 이용할 수 있다.

안내판은 대화 속에서 언제든지 사용할 수 있다. 예컨대 전화 통화를 할 때도 용건만 말하고 끊지는 않는다. "이야기하게 되어 아주 좋았어"라든가 "잘됐어"라는 안내판 같은 것을 간단하게 언급하고 수화기를 내린다. 우리가 이런 안내판을 들어올릴 때 전화선 너머 상대

방은 당신이 대화를 끝내려고 하는 모양임을 눈치채고 서로가 전화를 놓으면서 "굿 바이"라고 말하게 된다. 다음에 전화할 때 전화를 끊고자 할 때 한번쯤 이런 안내판을 들어올리지 말아보라. 이런 불편한 감정을 느껴보면 일상 대화에서 안내판의 중요성을 알게 될 것이다.

사람들을 원칙에 대한 토론에 끌어들이기 위해서는 그들에게 안내판을 보여주는 편이 매우 도움이 된다. 루스벨트의 '갈퀴' 연설에서 언급한 "위로 쳐다보기" 문구가 대화를 시작하는 좋은 화두가 된다. 예를 들면, 친구와 시사문제나 정치에 대해 이야기한다고 생각해 보자. 그리고 친구에게 당신이 왜 진보파 후보를 좋아하는지 말하고자 한다. 당신의 친구가 "그 후보의 입장이 무엇이냐"고 묻는다. 당신이 그 후보의 대원칙 때문에 그 후보를 좋아한다고 한다면 친구에게 이렇게 말할 수 있을 것이다.

> **이슈 때문에 내가 그 여자를 후보로 좋아하게 되었지요. 그 문제는 바닥에 접어놓고 잠시 위로 한번 쳐다봅시다.**

여기서 '위로 쳐다보기'는 당신이 친구에게 매우 중요하며 좀 더 큰 '조금은 고상한 어떤 것'을 말하게 되는 안내판이다. 안내판으로서 '위로 쳐다보기'는 루스벨트의 '갈퀴' 연설에서 말하고자 하였던 바와 일치하는 (물질적인 것과 고상한 것을 구분하며, 또 정치가 개성의 문제라고 정의를 내리는) 두 가지를 성취하게 한다. 이것이 바로 친구와 대화하면서 얻고자 하는 바이다. 우리는 친구들이 진보파 후보를 지지하는 이유가 모든 문제의 근간이 되는 초석으로서 대원칙에 관한 것이라는 점을 알아두었으면 한다.

주

❶ 이 연설의 전문은 다음 참조. "시어도어 루스벨트 : 갈퀴를 든 남자(Theodore Roosevelt : The Man with the Muck Rake)", 『텍사스 A & M 대학교 제공 대통령 레토릭 프로그램 연설 알카이브(*Speech Archive, Program in Presidential Rhetoric Presented by the Department of Communication at Texas A & M University*)』, http://comm.tamu.edu/pres/speeches/trmuck.html

❷ 존 번연(John Bunyan), 『천로역정(*The Pilgrim's Progress*)』, New York : Oxford University Press, 2003.

❸ 칼 카메론(Carl Cameron), "리버만, 러몬트 캠프의 웹사이트 해킹에 대해 비난하다(Liberman Accuses Lamont Camp of Hacking Web Site)", 폭스 뉴스(*Fox News*), 2006년 8월 8일, http://www.foxnews.com/story/0,2933,207401,00.html

❹ 데이비드 시로타(David Sirota), "리버만 진영, 러몬트의 무능 비난하다(Lieberman Campaign Blames Its Incompetence on Lamont)", 허핑톤 포스트(*The Huffington Post*), 2006년 8월 8일, http://www. huffingtonpost.com/david-sirota/lieberman-compaign-blames_b_26813.html

6. 국제 고속도로

Highways of the World

우드로 윌슨, 전쟁 메시지(1917)[1]

❖ **키워드** : 위험, 자유, 고속도로, 국제사회, 안보

❖ **전략** : 전쟁을 하는 이유—우리가 직면한 위험—큰 것 생각하기

인용

"지난 2월 3일 저는 여러분들에게 독일 제국주의 정부가 2월 1일부터 모든 법률적 · 인간적인 제재를 뿌리치고 자국 잠수함을 이용하여 영국과 아일랜드 항구, 서유럽 해안 혹은 독일의 상대 진영[연합군]이 통제하는 지중해 항으로 접근하는 모든 선박을 격침한다는 특별발표를 한 바 있습니다. 이것이 전쟁 초기 독일 잠수함 작전의 목표인 것 같습니다. 작년 4월 이후로는 제국 정부가 잠수함 사령관들에게 일반 여객선은 격침하지 말고 다른 종류의 선박들에게도 적절한 사전경고를 해야 하며, 또한 반항하지 않거나 도망가려고 할 때 주의해서 처리하겠다는 약속을 우리에게 하였습니다. 그리고 상대방 승무원들이 선박 위에서 목숨을 건지도록 하는 공정한 기회도 제공하라고 사령관들에게 요청한 바 있습니다. [그러나] 잔인하고 비인간적인 여러 행위들에서 나타났듯이 그런 조심성은 얼마 가

지 않았고, 간혹 조심할 뿐이었습니다. 어쨌든 어느 정도는 자제력을 발휘하였습니다. 그런데 이번의 새로운 조치는 이런 자제력이 완전히 없어졌습니다. 국적, 종류, 화물, 목적지, 임무 등을 불문하고 모든 선박에 사전 경고 없이, 배에 타고 있는 사람들을 전혀 배려하지 않고 교전국이나 중립국 모두 격침하겠다고 합니다. 비록 독일 정부가 벨기에에게는 금지된 지역을 통하여 안전통행권을 제공하였고 철저하게 확인작업을 취하도록 선처하였지만, 벨기에에서 사망하였거나 환자 가족이 타고 있거나 이런 사람들을 구조하러 가는 선박들도 한 점 동정도 없이 격침하였습니다.
저는 그런 행위가 인권을 중시하는 문명 정부의 행위라고는 도저히 믿을 수 없습니다. 국제법은 어떤 국가도 지배권이 없으며 국제 자유 고속도로인 바다에서 지켜야 할 법을 제정하는 노력에서 그 기원을 찾을 수 있습니다. 국제법은 수없이 많은 고통스런 과정을 거치면서 그 결과가 그다지 훌륭하지는 못하지만 지속적으로 발전해 왔으며, 인류의 가슴과 양심이 바라는 바를 분명하게 직시하여 왔습니다. 독일 정부는 이런 최소한의 권리를 보복과 필요성의 이름으로 깔아뭉개 버렸으며, 국제 간 교류에 매우 중요한 상호 이해에 대한 존중이나 양심의 가책도 과감하게 버렸습니다. 저는 지금 물질적인 손실이 아무리 크더라도 좋습니다. 저는 오히려 현대사의 암울하였던 시절에도 아무 죄 없이 정정당당하였던 비전투원, 여성, 어린이들의 생명이 무자비하게 대량으로 죽어가는 점을 안타까워하고 있습니다. 물질적인 손실은 다시 갚을 수는 있어도 평화롭고 무고한 생명은 다시 갚을 수 없습니다. 현재 독일 잠수함의 국제통상에 대한 공격은 인류에 대한 공격입니다.
그것은 모든 국가에 대한 전쟁입니다. 미국 선박들이 좌초하였으며, 미국인의 생명도 잃었습니다. 우리는 이에 격분하고 있습니다. 다른 중립국과 우호 국가들의 선박과 사람들도 좌초되고 바닷물에 침몰되었습니다. 예외가 없습니다. 이는 모든 인류에 대한 도전입니다. 모든 국가는 이에 대해 어떻게 대처할 것인가를 결정해야 합니다. 우리가 내리는 선택은 국가의 품성과 목적에 적절하도록 조언과 판단도 적절하여야 합니다. 흥분하면 안 됩니다. 우리가 복수를 하겠다거나 국가의 물리적인 힘을 발휘하여 승리하겠다는 주장도 안 됩니다. 단지 권리의 정당성, 인권의 정당성만이 승리자가 될 수 있습니다."

분석

대통령 연설 중에서 가장 심각한 연설은 어떤 국가가 다른 나라에게 전쟁을 선포하도록 촉구하는 연설이다. 요즘 우리는 포스트 냉전상태의 준비된 시대에 살고 있는데, 이 말은 잘 짜여진 스태프진과 모든 장비를 갖춘 군대가 대기 중이라는 뜻이다. 사실 미군은 핵공격의 위협에 대항하면서 발전해 왔기 때문에 단추 하나만 누르면 바로 공격이 가능하다.

우드로 윌슨 대통령이 1917년 의회에서 그 유명한 '전쟁 메시지'를 발표할 때의 미군은 지금의 미군과는 전혀 달랐다. 당시는 국가가 전쟁상태에 들어가면 병력을 모집해야 하고, 필요한 물자를 준비해야 하며, 군수물자를 제조해야 했다. 미국을 전쟁으로 유인하는데 필요한 엄청난 규모의 양은 공적 · 사적으로 천문학적인 조정이 이루어져야 했다. 또한 국민의 생명이 순식간에 돌이킬 수 없게 바뀔 만큼 산업과 정부가 일치단결하여 루스벨트가 후에 언급하였던 "공동의 희생"이 요구되었다. 이런 맥락에서 전쟁에 참전하는 대통령은 국가가 직면해야 되는 위험이 시민들의 일상생활에 막대한 변화를 야기할 만큼 가치가 있음을 밝혀야 하였다.

윌슨 메시지의 핵심은 국가 간 평화, 자유 및 협력을 비유법으로 사용한 '바다(the sea)'이다 :

국제법은 어떤 국가도 지배권이 없으며 국제 자유 고속도로인 바다에서 지켜야 할 법을 제정하는 노력에서 그 기원을 찾을 수 있습

니다.❷

윌슨의 바다가 '국제 자유 고속도로'라는 아이디어는 국제협력을 끌어내는 완벽한 비유법이다. 바다는 모든 국가들에게 개방된 수송수단이기 때문에 어떤 국가가 이러한 '자유 고속도로'를 위협한다면 전 세계에 위험요소가 된다.

윌슨의 연설에서 그런 위협이 어떤 형태로 나타났는가? 그것은 바로 잠수함이다. 사실 윌슨이 연설문에서 언급한 잠수함은 스티븐 스필버그 감독의 영화 「죠스」에 나오는 (공포에 질리게 하는) 백상어와 비슷하다.

그러나 잠수함이라는 검푸른 바다 밑의 위협이라는 이미지보다도 윌슨 연설의 힘은 국제해역에서 자유스럽고 공개리에 수송할 수 있다는 미국의 가장 중요한 원칙이 잠수함 때문에 위협을 받는다고 프레이밍하는 능력이다. 독일 잠수함은 배에 타고 있는 승객들에 대한 도덕적인 위협이며, 운송화물에 대한 위협일 뿐만 아니라 국가 간 자유무역, 자유이동, 자유교환의 원칙을 무너뜨리는 위협이다. 윌슨이 경고한 바와 같이 그러한 위협은 특정 국가에 대한 위협으로 끝나는 것이 아니라 전 세계에 대한 위협이다. 그러므로 미국 시민들이 참가하게 될 전쟁은 단순히 미국과 독일 간 전쟁이 아니라 모든 국가에 대한 전쟁이다. 다시 말하면 '세계전쟁'인 것이다.

만약 윌슨이 "국제법에 따르면 국제해역은 자유이며 공개되어 있습니다. 독일이 우리 배를 공격하면 독일은 국제법을 위반한 것이 됩니다. 그러므로 미국은 독일에 선전을 포고합니다"라고 말했다면 그의 연설문은 어떤 기분이 들었을 것인가? 연설이 이런 식상한 메시지로 전달되었다면 윌슨의 프레임이 예상했던 효과와는 달리 전쟁이 선포되는 순간 미국이 바로 행동개시에 들어가기 어려웠을 것이다.

윌슨이 초창기에는 미국을 유럽의 분쟁에서 격리시키려고 노력했는데, 나중에 후세 사가들이 말하는 '놀라운 전환'에 따라 윌슨의 연설은 독일과 미국 간의 전쟁관계를 도덕적 선택으로 프레이밍하였다.❸ 연설문 중간부분에 독일과 대항하는 과정을 미국의 서부 개척시대와 비교하는 상상력으로 발휘하였다 :

> 독일 잠수함이 상선을 공격하도록 이용되면서 사실상 범법행위를 저질렀기 때문에 이 상선들을 보호해 주기는 불가능합니다. 이는 상인들이 해적이나 공해상에서 추격해 오는 배들로부터 자신을 스스로 보호해야 한다는 국제법이 있기 때문입니다.❹

윌슨이 "작년에는 전쟁에 참여하고 싶지 않았소만 올해는 하고 싶소"라고 말한 바와 같이 이런 강력한 문장들이 윌슨의 전쟁 참여에 대한 변화하는 생각을 반영한다. 그리고 그는 그와 같은 기본적인 생각으로 독일 잠수함을 (자유스럽고 공개적인 통상교류, 국제해역에 대한 존중, 인명과 재산 보호라는 미국의 기본원칙을 대거 파괴하는 불법행위를 중지시켜야 하기 때문에) '범법자'로 프레이밍하였다.

이 경우 미국 정치에서 진보주의자들이 전쟁에 관해 어떻게 이야기하는가에 대해 재고해 볼 필요가 있다. 과거 선거에서 전국적 토론은 주로 자유에 대한 위협과 그런 위협이 우리를 공격하기 전에 군대를 동원하여 공격해야 한다는 식이었다. 그러나 2006년 중간선거에서 나타난 바와 같이 선제공격적인 조치는 대부분의 미국인들을 곤경에 빠뜨리게 됨으로써 군이 미국의 핵심 가치들을 위반하였을 뿐만 아니라, 우리들의 안전과 이상을 위협하는 진짜 위험물을 제거하지도 못하였다. 1917년 윌슨의 '전쟁 메시지'를 통해 진보주의자들이 다시 한 번 국가안보에 관한 토론을 주도해 나갈 수 있는 주요 프레이밍에 대한 혜안을 구할 수 있다.

전략

[정치인] – 전쟁을 하는 이유

국가안보 관련 토론을 주도해 나가는 진보주의자들의 노력 중에서 한 가지 아쉬운 점은 분명하게 표현되고 제대로 정의된 원칙이라고 할 수 있다. 이런 점에서 윌슨의 연설은 전쟁을 선포하는 방법에 관한 (미국의 원칙을 위협한다는 관점에서 국가안보에 관한 비전을 프레이밍하는 방법에 대한) 단순한 교훈 이상의 것을 제시해 준다.

부시 정부 하에서 국가안보는 '테러리즘'이라는 말을 끊임없이 사용하면서 우리가 직면한 위험에 초점을 맞추어 왔다. 그러나 그러한 위험 때문에 미국의 원칙이 위기에 당면했음에도 불구하고 이런 점을 이라크 주둔 미군의 활동과 연계하여 생각해 본 적이 없다. 미국의 원칙을 방어하면서 부시 대통령은 ('자유'라고 하는 모호한 타이틀로 끌어모아진) 일련의 서로 다른, 종종 틀린 전제조건을 바탕으로 여러 가지 주장을 해왔다. 최근의 선거결과들이 증명하고 있듯이 미국인들은 대이라크 군사정책을 반대하고 뚜렷한 목표의식이 없다고 염려하고 있기 때문에 우리를 위협으로부터 지켜내기 위해서는 정책이 바뀌어야 한다.

진보주의자들은 요즘 항공여행을 할 때 나타나는 안보위험과 윌슨 당시 바다여행의 위험 간의 비슷한 점들을 같은 맥락에서 고민함으로써 국가안보에 관한 토론을 리프레이밍할 수 있다. 미국인들은 1917년에 믿었던 (하늘도 바다처럼 '국제 자유 고속도로'이며, 앞으로도 계속 그렇게 되어야 한다는) 개방된 여행과 통상의 원칙을 오늘날에도 믿고 있다. 2001년 미국 비행기가 납치되어 빌딩으로 충돌했을 때 자유 고속도로의 원칙이 무너졌는데, 한 가지 차이점은 이런 원칙을 위반한 국가가 한 나라만이 아니라 많은 나라에 흩어져 이데올로기로 뭉쳐진 집단이라는 것이다.

이런 관점에서 국가안보에 관한 토론을 리프레이밍하기 위해 진보파 후보나 관리들은 다음과 같이 말할 수 있다 :

> 2001년 9월 11일, 우리는 미국인뿐만 아니라 미국의 기본적인 가치에 대한 공격을 목격하였습니다. 이에 따라 정부는 시민들의 안전을 보장할 수 있고 또 보장해야만 합니다. 과거에는 이와 같은 공격은 정치적 목적을 달성하기 위해 폭탄을 사용하는 일부 과격주의자들의 범법행위에 불과하였으나 요즘에는 이런 범죄행위가 (배, 비행기, 기차와 같은) 일상의 평범한 일면들을 위험한 무기로 전환함으로써 국민들의 정부 그 자체에 대한 신임을 훼손하려는 체계적인 노력으로 나타나고 있습니다.

이런 표현들은 9 · 11사건의 핵심 문제를 '테러리스트'나 '테러주의'와 같은 말을 계속 반복하지 않으면서도 (시민보호가 정부의 능력이라는) 원칙이 위기에 빠졌다는 데 초점을 맞춤으로써 더 명확하게 나타내고 있다. 위험을 지적하고 나서 토론의 방향을 테러와 같은 위험쪽으로 자꾸 반복하기보다는 가치쪽으로 전환하는 것이 윌슨 연설이 주는 주요 교훈이다.

일단 가치가 무엇인지 정의하고 나면 그런 가치를 위협하는 것으로부터 원칙을 지켜내는 조치들은 다음과 같이 상대적으로 쉽다 :

> 이런 공격을 응징하기 위해 단순하게 전쟁을 선포할 수는 없습니다. 왜냐하면, 적들이 우리나라나 동맹국 전체를 파괴하려고 하지 않고 현대 국가들의 국가이념이자 가장 기본적인 가치를 파괴하려고 하기 때문입니다. 전쟁을 선포하기보다는 충성을 선포하여야 하고, 단결을 선포해야 하며, 협동을 선포해야 합니다. 우리는 우선 우리 원칙을 훼손하기 위해 음모를 꾸민 자들을 찾아내서 그런 행위를 중지시키고, 또 적절한 기구를 설립하기 위해 모든 국가들과 함께 일해야 합니다.

이런 방식으로 윌슨의 '전쟁 메시지'는 전쟁을 선포하기 위한 발판을 제시하는 것이 아니라 국가안전에 대한 거대한 비전을 정의하는 방법을 제공해 준다.

[선거운동원]- 우리가 직면한 위험

진보주의 후보와 관리들은 미국이 직면한 국가안보 위험에 관해서는 이야기하지만 위기에 처한 미국의 가치에 관해서는 이야기하지 않는 경향이 있고, 진보파 선거운동원들은 현실정치를 비평하기는 하지만 미국이 직면한 실질적인 위험에 관해서는 언급하지 않는 경향이 있다. 이에 따라 진보주의 선거운동원들이 특정 전쟁이나 정책의 약점 혹은 비도덕성에 관해 여론 환기는 잘 하지만 국민들이 미국의 실제 안보위협에 관심을 가지도록 하는 데는 효율적이지 못하다. 현재 미국의 이라크 점령을 예로 들면, 진보주의 선거운동원들은 그 정책이 처음부터 단추가 잘못 꿰어졌으며 무모했다는 점을 잘 지적하고 있다. 그러나 미국이 직면한 위험을 윌슨식으로 지적하게 되면 그들의 노력은 손쉽게 배가 될 수 있다.

미국 국민들이 미국의 이라크전과 점령을 반대하도록 유인하는 대규모 항의의 일환으로 선거운동원들은 대중들에게 다음과 같은 메시지를 전달할 수 있을 것이다 :

> 이라크전과 미군의 점령은 그 첫 단추가 잘못 꿰어졌을 뿐만 아니라 잘못된 주장에 근거하며, 관리도 잘못되고 있으며, 실수에 대한 책임도 없으면서 우리가 위험에 빠질 가능성만 증가시켰습니다.
>
> 그런 위험은 무엇입니까? 국제 자유 고속도로로 이동하는 순진한 사람들에 대한 공격이 바로 그것입니다.
>
> 그 전쟁이 시작된 후 비행기에 대한 더 많은 음모가 있습니다.
>
> 그 전쟁이 시작된 후 기차에 대한 더 많은 공격이 있습니다.
>
> 그 전쟁이 시작된 후 순진한 사람들을 죽이기 위해 더 많은 사람들이 고용되고 있습니다.

> **이런 전쟁 때문에 우리를 괴롭히려는 바로 그 사람들은 더 활개를 치고, 더 많은 술수를 부리고, 더 대담해졌으며, 설상가상으로 우리가 이라크를 공격하기 전보다 더 잘 숨어 지내고 있습니다.**

이런 문구들은 진보주의자들이 대규모 청중들에게 항의성 연설을 할 때, 미국의 위험이라는 관점에서 어떤 방식으로 이라크전 비난을 프레이밍할 수 있는가를 보여주는 단순한 예에 불과하다.

물론 어떤 시위에서건 그날의 성공은 종종 연설문이 어떠한가보다는 열성적인 군중이 계속해서 소리 지르는 몇 마디 단어나 마분지에 휘갈겨 쓴 한 문장에 더 좌우되기도 한다. 그러면 (단 몇 단어를 이용하여) 어떻게 항의성 슬로건으로 부시의 이라크 정책을 비난하며 미국의 위험에 대해 말할 수 있는가? 아래의 예들은 윌슨의 '전쟁 메시지'에 소개된 프레이밍 논리에서 영감을 얻었으며, 시위주도자들이 손쉽게 이용할 수 있다 :

- 이라크에 빠질수록 공격을 더 받는다!
- 일 년 연장되면 그만큼 공포가 증가한다!
- 전쟁이 증가할수록 안전은 줄어든다!
- 이라크에서는 싸움이, 미국에서는 공포가!

궁극적으로 시위주도자는 그 시위의 비전에 적절한 슬로건을 만들어내야 한다. 그러나 이런 작업도 윌슨식 프레이밍 기술에서 얻은 교훈을 현대 진보주의 선거운동원들의 (대중과 정치인들을 자극하여 미국의 이라크 정책을 강하게 반대하도록 하는) 가장 큰 관심사에 적용해야 한다. 2006년 중간선거는 이런 점에서 좋은 출발이었으나 윌슨의 프레임 기술을 이용하면 이런 노력을 더 많이 할 수 있다.

더 중요한 점은 이라크 점령으로 결국 미국에서 더 많은 위험이 발생한다는 관점에서 시위를 프레이밍하게 되면 보수주의자들이 이라크 전쟁과 점령을 정당화하는 ("우리가 이라크에서 전투를 시작했기 때문에 여기 미국에서는 싸울 필요가 없다"라는) 전략을 수정할 수 있게 된다. 그런데 사실은 그쪽에서 싸움을 시작했기 때문에 여기서도 싸워야 되는 필요성은 오히려 더 분명해졌다. 전쟁 반대 시위를 그런 논리로 프레이밍하게 되면 강력한 메시지를 보여주게 된다.

[시민]-큰 것 생각하기

윌슨 '전쟁 메시지'의 가장 강력한 일면은 바다에서 독일의 침략을 '모든 국가에 대한 전쟁'으로 프레임한 점이다. 보수주의 정치관을 가진 친지들과 미국의 이라크전을 이야기하게 되면 진보주의자들은 보통 "나는 전쟁에 반대해", "이 점이 틀렸다고 생각해", "이런 정책에 동의할 수 없어" 등으로 자신의 개인적인 생각을 말한다. 그런데 우리는 제1차 세계대전에 참전하기 위해 역사적이고 엄숙한 책임을 지닌 채 상하 양원 합동회의에 참여한 대통령이 아니다. 또한 진보주의자들은 저녁 식사 자리에서 벌어지는 이라크전과 점령에 관한 토론에서 상대방에게 지는데, 그 지는 이유가 주제에서 벗어났기 때문이 아니라 '너무 작은 것'을 이야기하기 때문이다.

토론을 프레이밍하고 이끌어 가기 위해서는 큰 것을 이야기해야 한다. '큰 것'을 이야기한다는 것은 토론에서 몇 점을 딴다든가 자기 변호를 계속 하는 것이 아니라 토론을 프레이밍하는 것, 즉 토론의 조건을 세팅하는 것을 의미한다. 그러면 주제가 전쟁일 때 어떻게 큰 것을 이야기할 수 있는가?

윌슨의 '전쟁 메시지'가 좋은 예가 될 수 있다. 전쟁선포 1년 전 연설에서 윌슨은 미국이 유럽의 점증하는 갈등에 가장 잘 대처하는 방법으로 미국이 '군사적으로 중립을 지키는 것'이라고 판단하였는데 이제는 미국이 그런 갈등에 진입해야 한다는 생각으로 입장을 바꾸게 되었다는 것이다 :

> 본인이 지난 2월 26일 의회에서 연설할 때 우리 미국은 중립이었고, 불법적 간섭에 대해 우리들의 해상사용권과 미국 국민에 대한 수호권을 주장하면 충분할 줄 알았습니다. 그러나 지금 상황에서는 군사적 중립이란 불가능합니다.[5]

윌슨은 여기서 미국의 참전을 자신의 변화된 관점에서 프레이밍함으로써 매우 큰 것을 주장하고 있다. 이런 방식을 저녁 식사 자리에 적용하면 다음과 같이 될 수 있다 :

> 2001년 9 · 11테러가 발생하고 나서 바로 몇 주 동안 우리 모두가 비행기를 충돌시킨 사람들이 아프가니스탄에 있는 오사마 빈 라덴의 추종자들임을 알았습니다. 그때는 우리가 어떤 식으로든 반응을 보여야 할 의무가 있다고 생각하였습니다. 그러나 지금 우리가 이라크를 점령한 상태이기 때문에 저의 생각이 바뀌게 되었습니다.

이런 자세가 윌슨의 자세로서 우리 개인적 입장보다는 보다 큰 그림이라는 관점에서 토론을 프레이밍하게 된다. 토론을 시작하면서 우리는 토론의 조건을 세팅하고 토론을 진행하게 된다.

윌슨이 다음에 한 내용은 자신의 생각을 바꾸게 된 위험에 대해 정의를 내리고 그런 위험을 처리하는 적절한 방안을 제시한 것이다 :

> 그들이 마각을 드러내기 전에 우리가 그들을 파괴시키는 것이 가장 사려 깊은 행동이며 매우 적절한 조치입니다. 그들은 즉각 처치되어야 합니다.[6]

독일 잠수함에 대한 윌슨의 생각과 오늘날 우리가 처한 상황은 매우 비슷하다. 우리가 9 · 11테러를 당했을 때 윌슨의 독일 잠수함에 대해 선제공격에 비유되는 (빈 라덴의 조직이 미국을 공격하였으므로 우리는 빈 라덴의 조직을 공격한다는) 결정을 내렸다. 윌슨이 그랬던 것처럼 부서도 처음에는 우리가 직면한 특정한 위험을 공격하였다. 그때 부시가 빈 라덴과는 아무 관계가 없는 (사실 빈 라덴의 적국인) 국가를 공격하고 빈 라덴 추종자 공격을 넘어서는 전선 확대를 결정하면서 모든 것이 변해버렸다. 따라서 윌슨의 연설을 통하여 전쟁에 관해서는 '큰 것' 을 주장해야 하는데, 다음과 같은 요지가 중요하다 :

> 이라크에 대한 지속적인 점령의 위험은 이라크가 9 · 11테러의 주범인 이라크 추종자들과 직접적인 연관이 없다든가 이라크가 빈 라덴의 적이라는 그런 사실이 아닙니다. 이라크를 점령함으로써 빈 라덴 추종자들이 우리를 공격하기 전에 우리가 그들을 공격해야 하는

임무를 포기하게 됩니다. 이라크 공격 이후 누차 보아온 것처럼 빈 라덴의 추종자들은 숨어서 도처에서 활동하고 있습니다. 따라서 우리는 우리 노력의 초점을 재정립해야 합니다.

이렇게 '큰 것'을 주장함으로써 토론이 진보주의 노선으로 진행되며, 빈 라덴의 추종자들을 재빨리 찾아내기보다는 군사물자와 관심을 이라크에 쏟아부었기 때문에 위험할 수 있는 문제점을 지적하게 된다. 이런 식의 토론은 단순하게 위험을 지적하고 상술하는 데 그치지 않는다. (사실 토론의 프레임에서 테러리스트라는 말은 한 번도 사용하지 않았다.) 대신에 이런 식의 새로운 접근방식은 '큰 것'을 이야기하며 진정한 국가안보와 진정한 토론을 위한 프레임을 제시하게 된다. 민주당이 의회를 장악하게 되었으므로 더 많은 미국인들이 진보주의 프레임에 노출되기를 희망한다.

주

❶ 연설 전문은 다음 참조. "우드로 윌슨 대통령 전쟁 메시지(President Woodrow Wilson's War Message)", 『제1차 세계대전 기록 알카이브(*World War I Document Archive*)』, http://www.lib.byu.edu/~rdh/ wwi/1917/wilswarm.html
❷ 전게서.
❸ 브랜즈(H. W. Brands), 『우드로 윌슨 1913−1921(*Woodrow Wilson 1913−1921*)』, New York : Times Books, 2003.
❹ 윌슨, "전쟁 메시지", 전게서.
❺ 전게서.
❻ 전게서.

7. 행복은 성취하는 것

Happiness is Achievement

프랭클린 루스벨트, 1차 취임사(1933)[1]

❖ **키워드** : 자신감, 고용, 공포, 돈, 이윤, 성공

❖ **전략** : 건강과 행복—전쟁에 '참여하기'—창조성 대 돈

인용

"은행가들이 문명의 전당 저 높은 자리를 차지하고 있다가 이제 도망가 버렸습니다. 우리들이 그 전당을 옛날 수준으로까지 복구할 것입니다. 얼마나 잘 복구하느냐 하는 것은 우리가 단순한 금융이윤보다 더 고상한 사회적 가치를 얼마나 더 확보할 수 있느냐 하는 데 달려 있습니다. 행복은 돈을 얼마나 가지고 있느냐에 있지 않고 환희에 찬 성취감에 있으며, 창조적 노력을 통한 열의에 달려 있습니다. 부질없는 금전적 이윤을 무작정 추구하다 보면 일하면서 느끼는 환희와 도덕적 자극과 같은 중요한 것을 잊어버릴 수도 있습니다. 물질적 부만으로는 성공할 수 없다는 점은 다시 말하면, 높은 자존심과 개인적 혜택을 얻을 수 있다고 하여 맹목적으로 공직을 추구하거나 정치지도자의 지위를 추구하지 않는 것과 같습니다. 이는 또한 냉정하고 이기적인 행위를 최고로 생각하는 은행과 비즈니스 업계의

관행이 이제는 더 이상 통하지 않는다는 점과 일맥상통합니다. 그러지 않으면 국민의 신뢰가 줄어들게 됩니다. 왜냐하면 신뢰는 정직, 명예, 신성한 의무감, 성실한 보호, 이타적인 행위가 있을 때에만 형성되기 때문입니다. 그러나 이러한 복구는 윤리의식만 변한다고 이루어지는 것이 아닙니다. 미국은 행동을 요구하고 있습니다. 그것도 지금 당장 요구하고 있습니다. 우리가 반드시 해야 하는 일은 국민들에게 일자리를 제공하는 것입니다. 이 문제는 현명하고도 용기 있게 추진한다면 그렇게 불가능하지도 않습니다. 이 문제는 전시 위기상황에서처럼 정부의 직접고용에 의해서 해결될 수 있습니다. 그러나 그런 직접고용을 통하여 성공하기 위해서는 국가자원을 활성화하고 재조정하는 프로젝트가 필요합니다. 동시에 공업도시와 인구과잉의 문제도 솔직하게 인정하여야 하고, 전국적 차원의 인구 재분배도 이루어져야 하며, 각 지역에 가장 적합한 적임자를 선정하여야 합니다. 이런 작업은 또 농산물의 가치와 도시생산물의 구매력을 부단히 증가시킬 때 가능합니다. 이는 영세 농가와 소규모 가정도 다 함께 살릴 때 가능합니다. 이는 또한 연방정부, 주정부, 지방자치단체가 함께 노력하여 소요비용을 즉각 줄일 때 가능하며, 또한 현재의 구호활동이 도처에 분산되어 있고 비경제적이며 효과도 지역에 따라 달리 나타나고 있어 이를 체계적으로 조직할 때 가능합니다. 또한 운송과 통신 및 기타 시설에 대한 국가 차원의 계획과 감독을 철저히 할 때 가능합니다. 이 외에도 여러 가지 방법이 있겠지만 반드시 말보다는 신속한 행동이 우선되어야 합니다."

분석

루스벨트의 1차 취임사가 라디오를 통해 전파되었을 때, (연설이 이루어지는 날 관중석에 앉아 있지 않아도 대통령의 연설을 들을 수 있는) 1925년 캘빈 쿨리지 대통령에 의해 시작된 새로운 시대가 계속되고 있었다. 이에 따라 대부분의 미국인들은 그때나 지금이나 루스벨트가 말한 그 유명한 연설인 "우리는 두려움 그 자체 외에는 아무 것도 두려워할 것이 없다"라는 문장을 계속 들을 수 있다. 오늘날 많은 사람들은 이 문장이 (진주만 공격 그 다음날 의회에서 행한) 1941년 12월 8일의 연설에 있는 문장이라고 생각하고 있다. 그러나 이보다 더 먼저 행한 연설에서 루스벨트가 일본의 공격에 대한 두려움을 언급한 것이 아니라, 미국 경제가 대공황에서 회복될 수 없을 것이라는 두려움을 언급한 적이 있다.[2]

이 유명한 문구는 연설 초반에 등장하는데, 너무나 시적이기 때문에 기억할 만하다. 그러나 루스벨트 연설의 진짜 힘은 행복을 정의한 커다란 프레임이다. 루스벨트의 논리에 따르면 [행복]은 [성취]이지 돈을 많이 버는 것이 아니다. 루스벨트는 그날 전 국민에게 "이거 보시오. 우리가 [항상 돈이 최고라고 생각하는] 잘못된 사람들에게 행복이 무엇인지에 대해 물어보니까 [항상 돈이 최고라는] 그 잘못된 대답 때문에 우리들이 비참해지는 것입니다"라고 말하였다. 그 잘못된 사람들이란 은행가들인데, 루스벨트의 표현에 따르면 "환전상들(money changers)"이다. 루스벨트가 말한 바와 같이 은행가들은 미국이 다시 번영을 누리기 위해서는 금융시장의 신용이 회복되어야 한다는 것이다. 이런 프레임에서 '행복'은 '시장의 신용'이었다. 그리고 행복에 대한 생각이 시장의 건전성과 관련이 깊다고 생각하게 되면 경제적 · 사회적 불황에 대한 논리적 해결책은 자연히 대출체계의 정비로 나타날 것이다. 그러나 미국인들이 시장에 대한 믿음을 상실한 이유가 가난 한 가지만으로는 설명할 수 없기 때문에 문제가 그렇게 간단하지 않다.

요즘 공화당 사람들이 행복은 자유시장(free market)이 얼마나 중요한가라고 믿는 마음에 달려 있다는 [잘못된 주장]을 끊임없이 하고 있기 때문에 루스벨트 주장의 진정한 의미를 쉽게 받아들일 수 있다. 그리고 '시장의 신용을 회복하자' 라고 말하지 않고 행복 그 자체를 재정의함으로써 논의 방향을 전혀 새로운 프레임으로 몰고 갔다는 데 루스벨트 연설의 천재성이 있다 :

> 행복은 돈을 얼마나 가지고 있느냐에 있지 않고 환희에 찬 성취감에 있으며, 창조적 노력을 통한 열의에 달려 있습니다. 부질없는 금전적 이윤을 무작정 추구하다 보면 일하면서 느끼는 환희와 도덕적 자극과 같은 중요한 것을 잊어버릴 수도 있습니다.

루스벨트의 '공포 그 자체' 에 관한 문구보다 행복에 관한 이 문구를 더 곰곰이 생각해 볼 여지가 있다. 그 이유는 이 대목을 연설하면서 루스벨트는 미국식 목표와 발전을 규정한 구속물을 제거하였기 때문이다. 미국을 더 좋은 방향으로 (영원히) 바꾸어 놓은 전환점이다.

연설의 나머지 부분에서 루스벨트는 자신이 만든 프레임에 대해 자세히 설명하면서 [행복]이라는 논리를 개인적 · 정치적 [성공]이라는 논리로 논지를 바꾸었다 :

> 물질적 부만으로는 성공할 수 없다는 점은 다시 말하면, 높은 자존심과 개인적 혜택을 얻을 수 있다고 하여 맹목적으로 공직을 추구하거나 정치지도자의 지위를 추구하지 않는 것과 같습니다.[3]

루스벨트의 목표는 '물질적 부' 가 무엇인지 정의하자는 것이 아니라, 물질적 부에 (부 그 자체는 성공이 아니며, 부가 국가신용을 회복시킬 수도 없고 아메리칸 드림의 핵심 요소도 아니라는) 새로운 도덕적 의미를 부여하자는 것이었다. 루스벨트는 [행복]을 리프레이밍하면서 미국인들에게 '인생, 자유 그리고 행복추구'라고 하는 헌법의 기본 원칙을 각인시켰다. 트리클 다운(trickle down) 효과[1]를 반박한 연설은 루스벨트의 1차 취임사가 처음이었을 것이다.

미국이 직면한 문제의 성격을 재차 프레이밍하고 난 후 루스벨트는 미국이 그 엄청난 국내문제를 해결하기 위한 방안을 다시 프레이밍하였다.

정책적으로 루스벨트가 연설에서 제시한 바는 (루스벨트 입장에서 하강일로의 국면에 빠진 미국의 존엄성을 회복하기 위하여 단기적으로는 국제 관심사에서 벗어나고 싶은) 미국의 사회적 · 경제적 관심사의 내면화였다. 루스벨트의 뉴딜정책은 일반 시민들의 대규모 고용과 함께 공공부분에 대한 특별 투자로 이루어졌다. 최종 목표는 미국인들의 정신을 고양시키고, 미국의 미래를 현대화하고, 미국 경제를 도약시키는 것이었다.

루스벨트는 이런 프로젝트를 프레임하면서 좀 다른 각도에서 전쟁을 선포하였다 :

1 트리클 다운 효과는 물이 넘쳐서 바닥을 적신다는 것으로서, 투자증대로 인하여 대기업이나 고소득층의 경제적 성과가 증가하면 중소기업이나 저소득층에까지 혜택이 돌아가 결국 국가경제가 총체적으로 활성화된다는 이론이다. 아버지 부시 대통령(41대) 당시 채택한 경제정책으로 클린턴이 대통령이 되면서 폐지되었다.

> 우리가 반드시 해야 할 일은 국민들에게 일자리를 제공하는 것입니다. 이 문제는 현명하고도 용기 있게 추진한다면 그렇게 불가능하지도 않습니다. 이 문제는 전시 위기상황에서처럼 정부의 직접고용에 의해서 해결될 수도 있습니다. 그러나 그런 직접고용을 통하여 성공하기 위해서는 국가자원을 활성화하고 재조정하는 프로젝트가 필요합니다.[4]

루스벨트가 제시한 개념은 정말 훌륭하다. 정부가 나서서 사람들에게 일자리를 제공하여 미국을 회복시킨다는 생각은 실로 혁명적이다. 루스벨트의 제안에서는 실직자들에게 일자리를 제공하는 것은 곧 정부가 국민의 생명권과 자유권 보호를 위해 헌신하는 것과 같다. 많은 사람들은 이런 정책을 사회주의적이라고 판단하였다. 그러나 실업이라는 문제의 해결을 '전쟁 비상상황'으로 프레이밍함으로써 루스벨트는 대공황의 해결이 대중의 대대적인 동원에 있다고 하는 자신의 주장을 납득시킬 수 있었다.

국가적 사회위기에 대해 루스벨트식 '전쟁 비상상황'이라는 프레임은 요즘 국가가 이런 저런 문제에 총력을 기울이면서 '전쟁을 선포'하는 상투적인 문구와는 근본적으로 다르다. 루스벨트에게 있어 어떤 문제에 대한 해결을 '전쟁'이라고 말하는 것은 국가가 보장하는 폭력이나 살해를 정당화하기 위한 것이 아니라, 모든 시민을 사회계약에 등록하기 위한 전략이다.

대공황을 '전쟁 비상상황'으로 해결하는 데는 국민 모두의 참여가 필수적이다. 가난과 위기를 이런 용어로 프레임한 뒤 루스벨트는 정부와 기업의 특권층이나 사회 강자 편에 여전히 붙어 있는 무리들을 국가발전의 적으로 규정하였다. 성공이 행복으로 가는 열쇠라는 루스벨트의 프레임에서 국가회복의 통화(currency)는 참여였다. 따라서 루스벨트가 대통령으로서 이룬 위대한 혁신은 미국 민주주의가 자신감에 차고 영속화하는 데 굳건한 토대가 되었다.

루스벨트의 1차 취임사에서는 현대 진보주의 운동에서 사용될 수 있는 프레이밍의 풍부한 가능성을 찾을 수 있다. 그가 프레이밍한 행복과 성취는 요즘 불가능하게 보이는 많은 문제에 관한 토론을 진행할 때 진보주의 정치인, 선거운동원 및 시민들에게 좋은 모델이 된다. 진보주의자들이 오늘날 루스벨트가 어디에 쓰일 수 있는가를 알기 위해서는 '오늘날 대공황과 같은 문제가 무엇인지?' 를 자문하면 된다. 이런 식으로 생각하는 것이 (해결이 불가능하게 보이는 문제에 관심을 모으고 난 뒤 그런 문제를 해결하게 되는) 문제를 큰 관점에서 생각하는 방법이다.

전략

[정치인] – 건강과 행복

루스벨트 프레임을 가장 잘 적용할 수 있는 예는 (1930년대 미국의 경제공황과 같은 등급의 상황인) 위기에 처한 현재의 미국 국민보건의료제도이다. 역사상 전례가 없는 부와 번영의 시기에는 수천만의 미국인들이 기본 의료혜택이 없이도 살 수 있었다. 루스벨트가 대공황과 관련하여 언급한 바와 비슷하게 '은행투자자' 들이 '문명의 전당'을 장악하고 있기 때문에 현재의 보건의료 위기를 극복할 수 없다.

루스벨트는 대공황에서 벗어나기 위해서는 은행의 문제점을 고치는 것보다는 미국 국민들이 개인적인 자신감을 되찾아야 한다는 점을 잘 알고 있었다. 마찬가지로 현재 미국 보건의료의 '공황상태'에 대한 해결책은 보험업계의 문제점을 고치려고 하기보다는 개인의 건강을 회복하는 조치를 취해야 할 것이다. 이렇게 모든 개인이 건강한 삶을 영위하는 것이 국민보건의료제도의 개혁을 추진하는 엔진이라고 할 수 있다.

그러면 여기서 프레임은? 사람이 건강하다는 것이지, 돈이 건강하다는 것은 아니다. 후보나 의원들이 이런 주제에 관하여 정책연설을 하면서 토론의 방향을 진보파 비전쪽으로 몰아가기 위해서는 루스벨트가 '행복'을 리프레이밍한 페이지에서 한 수 배워야 한다. 다음 문구들은 루스벨트 연설에서 따온 것으로 '행복' 개념을 '건강' 개념으로 바꾸었다. 요즘 진보주의자들이 연설에서 사용할 수 있는 예들이라고 할 수 있겠다 :

- 전 국민이 다시 건강한 삶을 누리게 되는 것은 단순하게 돈을 얼마나 버느냐보다는 얼마나 고상한 사회적 가치를 가지는가에 달려 있다.
- 건강은 결코 돈을 얼마나 소유하느냐에 있는 것이 아니라, 커뮤니티에서 얼마나 기쁨을 누릴 수 있으며 다른 사람을 돕는 환희를 얼마나 느끼느냐에 달려 있다.
- 맹목적으로 이윤을 좇아가다가 건강에 대한 도덕적인 자극

을 잃어서는 절대로 안 된다.

- 물질적 부만으로 건강할 수 없다는 것은 다시 말하면 개인적 혜택을 얻을 수 있느냐의 여부만으로 공직이나 정치지도자의 지위를 추구하지 않는 것과 같다.
- 국민건강의 회복은 윤리의식만 변한다고 이루어지지 않으며, 구체적인 행동이 뒤따라야 한다. 그것도 지금 당장 행동해야 한다.

루스벨트의 문구들을 복사해서 현재 토론에 붙이기만 한다고 되는 것이 아니라, 그가 사용한 프레이밍의 힘을 재발견해야 한다. 국민보건의료제도 문제에 대한 진보주의식 해결방법은 어느 계층에게 어느 정도 혜택을 부여한다든지, 보험회사의 이윤이 어떻다는 보고서 형식이어서는 안 된다. 자세한 정책사안이 장기적으로는 중요할 수 있으나 처음에 토론의 형식을 결정짓는 것은 프레이밍이다. 진보주의자들이 미국의 보건의료제도를 개혁하려는 전 국민적 토론을 선도하기 위해서는 '건강' 그 자체에 대한 개념이 현재와 같은 경제 개념을 벗어나 [사람]과 [보살핌]과 같은 [건강] 프레임으로 전환되어야 한다.

[선거운동원]-전쟁에 '참여하기'

진보주의 선거운동원의 마음을 짓누르는 가장 중요한 문제는 "내가 사람들에게 무엇을 하도록 독려하고자 할 때 내가 하는 말을 어떻게 프레임할 것인가?"이다. 선거운동원에게 있어 루스벨트 1차 취임사의 가장 주요한 프레이밍 교훈은 '공포'나 '행복', '회복'과 같은 것이 아니라 '전쟁' 비유법이다.

선거운동은 보통 이름도 없고 얼굴도 없는 수많은 '실전투병력(boots on the ground)'의 노고가 수반되나 그다지 고맙다는 말을 잘 못 듣는다. 또 선거운동원들은 돈으로도 별로 보상받지 못하며, 또 잘 잊혀진다. 그러나 선거운동원이 없으면 진보주의자들의 목표가 결코 실행에 옮겨질 수 없다. 운동원들은 동조자를 찾아내더라도 보상이 별로 없지만 새로운 동조자들에게 어필하는 방법을 찾아내야 한다.

루스벨트 연설에서 좋은 해결책을 찾아볼 수 있는데, 우리가 정치토론을 할 때 '전쟁'이라는 비유법을 사용하게 되면 이런 저런 사회적 병폐에 대해 폭력을 행사하려는 구실로써가 아니라 사람들에게 진보주의 운동에 동참하도록 할 수 있다. 예를 들면, 부시 대통령이 '테러에 대한 전쟁' 이야기를 할 때는 언제나 '살해자'나 '죽이기'에 대해 언급한다. 보수주의자들에게 전쟁 프레임은 폭력을 말하기 위한 핑계 형태의 레토릭에 불과하다. 이 사람들이 진보주의자들에게도 이런 프레임으로 오염시켰는데 그들을 다시 정화시켜야 한다.

정치권에서 사용되는 전쟁 은유법의 진정한 의미를 기억하기 위해서는 많은 미국인들에게 잘 알려진 1916년에 나온 제임스 플래그(James Flagg)의 "나는 미군을 위해 당신을 필요로 해"라는 캡션과 함께 중산모를 쓴 엉클 샘이 손가락으로 당신을 지적하는 미군 신병모집 포스터를 기억하면 좋다.[5] 그 유명한 포스터의 메시지는 루스벨트가 "우리의 과업을 전쟁위기 상황으로 보아야 한다"라고 말했던 그 메시지와 동일하다. 이 경우에 '전쟁'은 폭력을 행사하자는 것이 아니라 참여를 독려하기 위한 '위기상황'에 해당하는 은유법이다.

어떤 이슈를 진보주의식 프레임으로 프레이밍하기 위해서는 선거운동원들은 폭력이나 죽음과 같은 용어보다는 '위기상황'이나 '신병모집'을 떠오르게 하는 단어들을 사용할 수 있다. 예컨대 사람들에게 선거운동에 참여하도록 하는 이메일을 보낼 때 팀장은 다음과 같이 쓸 수 있다 :

- 선거 자원봉사자로 당신이 필요합니다.
- 기다리지 마시고 참여하세요!
- 이번 주말 현장요원 긴급 모집 :
  전화걸기
  주민방문
  홍보활동
  여론조사
- 최종 긴급 대모집. 여러분의 능력이 필요합니다. 오늘 여러분의 참여로 진보파 후보가 당선되도록 도와주세요!

이 프레임의 핵심은 전쟁에 국민을 참여시키는 힘은 지도자가 국민들을 독려하여 군복무를 하도록 하는 데 있지 폭력을 행사하도록 하는 데 있지 않다는 루스벨트의 연설을 제대로 이해하는 데 있다. '전쟁'이라는 용어로 토론을 프레임하게 되면 국가 위기시 미국 원칙을 지키면서 흘러온 역사의 숨결 속에 녹아 있는 '참여의 논리'를 이끌어낼 수 있다.

[시민]–창조성 대 돈

보수주의자들과 기업에 관해 토론을 하면 진보주의자들은 상당한 좌절감을 느낀다. 이 책에서 언급된 여러 상황과 비슷한데, 저녁 식탁 테이블에 앉으면 10대 비만에 관한 화제가 나오기도 한다. 보수적인 사촌은 이럴 때 “사람들이 그런 가당찮은 음식을 먹을 만큼 우둔하다면 당연히 살이 찌게 되어 있어”라고 말한다. 여러분은 이에 대해 “그것은 기업의 책임이야. 그 사람들이 돈을 벌기 위해 끼어든 것이지”라고 응수한다. 이런 식의 논쟁은 결론은 없고 좌절감만 남게 된다. 기업이 돈을 버는 데만 초점을 맞춘다는 진보주의자의 주장에 어떤 잘못이 있는가?

사실 진보주의자들이 대기업을 비난할 때 돈 문제는 별 것이 아니다. 루스벨트가 지적한 바와 같이 진짜 문제는 대기업들이 많은 미국 사람들의 생활과 크게 연루되어 있으면서 그들의 창조성과 비전을 고갈시킨다는 점이다. 문제는 기업이 돈을 버는 것이 아니라, 기업이 벌어들인 이윤으로 미국 생활을 지탱해 온 원칙을 더 강화시키거나 활력을 불어넣지 않는다는 점이다. 루스벨트의 용어를 빌리면 대기업들은 곧 ‘실패에 직면’하기 때문에 진보주의자들이 해야 할 일은 창조성과 같이 정말로 중요한 것에 다시 관심을 가지는 것이다.

루스벨트 연설의 시사점은 진보주의자들이 ‘창조성’이라는 관점에서 대기업에 관한 주장을 프레임한다면 기업이윤만 주장하다가 잃은 논쟁 점수를 다소 만회할 수 있다는 것이다. 이런 전략에 따라 10대 비만에 관한 대화는 다음과 같이 전개될 수 있다 :

문제는 사람들이 잘못된 선택을 한다는 것이 아니라, 맥도날드와 같은 회사가 더 커지고 자본이 더 많아질수록 맥도날드가 만들어내는 음식에 창조성을 덜 부여한다는 점이다. 맥도날드는 그간의 엄청난 이윤으로 고도 비만인 사람까지도 건강식을 하게끔 유도해야 할 것이다. 그런데 회사가 커질수록 이런 창조적인 마인드가 사라진다. 이것은 빈말이 아니다. 아주 큰 식당도 처음에는 조그만 식당의 단계에서 훌륭한 음식으로 시작한다. 그러다가 성공하면서 지점 몇 개를 개설하고 나면 음식이 쓰레기로 바뀐다. 사람들에게 식단 선택을 잘하라고 가르치는 것도 중요하다. 그런데 맛도 있고 영양가도 좋은 음식을 만들어내겠다는 창조성이 결핍된 기업도 문제의 주범이다.

진보주의자는 보수주의자와의 대화에서 기업이윤에 대한 공격을 하지만 결국 이기지 못하는데, 이런 수렁에 빠지지 않으면서도 기업의 관행을 공격함으로써 대화를 우세하게 진행시킬 수 있다. 기업이 창조성 면에서 실패하였다고 대화를 프레이밍함으로써 다음 단계의 대화는 기업관행을 보다 성숙한 국가목표에 부합하게끔 자극하고 활성화시키는 방향으로 진행할 수 있다.

기업이 창조성이 없다는 지적은 루스벨트 연설에서 별로 중요하지 않을 수도 있으나 기업운용과 관련된 수많은 주제에 관한 토론에서는 진보주의자의 토론방향을 완전히 바꿀 수 있는 가능성이 생긴다.

주

❶ 연설 전문과 오디오 기록은 다음 참조. "1차 취임사", 『밀러공공업무센터 프랭클린 루스벨트 : 대통령연설모음집(*Franklin D. Roosevelt Speech, The Miler Center of Public Affairs : Presidential Speech Collection*)』, http://millercenter.virginia.edu/scripps/diglibrary/prezspeeches/roosevelt/fdr_1933_0304.html

❷ "대의회 전쟁선포 연설" 참조. 『밀러공공업무센터 프랭클린 루스벨트 : 대통령연설모음집(*Franklin D. Roosevelt Speech, The Miler Center of Public Affairs : Presidential Speech Collection*)』, http://millercenter.virginia.edu/scripps/diglibrary/prezspeeches/roosevelt/fdr_1941_1208.html

❸ 프랭클린 루스벨트, "1차 취임사", 전게서.

❹ 전게서.

❺ 수잔 메이어(Susan E. Meyer), 『제임스 몽고메리 플래그(*James Montgomery Flagg*)』, New York : Watson–Guptill, 1974.

8. 우리와 그들

Us against Them

해리 트루먼, 취임사(1949)[1]

❖ **키워드** : 신념, 적, 반대, 대치, 위협

❖ **전략** : 방향설정—강력하고 신속하게—불타는 빌딩

인용

"모든 사람은 미래에 대해 큰 불확실성을 가지고 있으며 동시에 큰 희망과 공포를 가지고 있습니다. 따라서 이런 기회를 활용하여 우리는 전 세계에 대해 우리가 살아가는 신념의 큰 원칙과 목표를 선언하고자 합니다.

미국인은 건국 초부터 미국에 영감을 불어넣은 굳건한 신념을 가지고 있습니다. 우리는 모든 인간은 법 앞에 평등하며 공동의 선을 행하는 기회가 균등하다고 믿습니다. 우리는 모든 인간에게 생각과 표현의 자유가 있다고 믿습니다. 우리는 인간이 신의 형상을 본떠서 창조되었기 때문에 모든 인간이 평등하다고 믿습니다. 우리의 이런 신념은 조금도 흔들리지 않을 것입니다. 미국인은 모든 국가와 국민들이 자유스럽게 각자의 현실에 맞는 자치를 하며 상당한 수준의 만족할 만한 인생을 영위할 것을 희망하며 또 그런 세상을 위해 노력합니다. 이 외에도 미국인은 모든 사람들이 동등하게 참여하여 (공정하며 영속적인 평화인) 지구평화를 희망하며 또 그런 평화를 위해 노력합니다.
이런 목표를 추구함에 있어 미국 및 우리와 비슷하게 생각하는 국가들은 우리와 다른 목표 및 완전히 다른 개념의 인생을 가진 체제와 직접적으로 반목하고 있습니다. 그런 체제는 자유와 안전, 위대한 기회를 인류에게 제공한다는 거짓된 철학을 신봉하고 있습니다. 그런 철학에 호도된 많은 사람들이 자신들의 자유를 희생하고서는 결국 기만, 조롱, 가난과 압제만 남게 되었음을 알게 되었습니다. 그런 잘못된 철학이 공산주의입니다.
공산주의는 인간은 너무나 미약하고 부족한 것이 많아 스스로는 다스릴 수 없어 강력한 지도자가 다스려야 한다는 신념을 가지고 있습니다. 민주주의는 인간은 이성과 정의심이 충만하여 스스로 다스릴 수 있는 양도할 수 없는 권리를 가지고 있을 뿐만 아니라, 도덕적 · 지적 능력도 가지고 있다는 신념을 가지고 있습니다. 공산주의는 국민을 법률적 조치 없이 체포하며, 재판 없이 체벌을 가하고 국가의 노예처럼 노동을 강요합니다. 공산주의는 개인이 알아야 할 정보, 개인이 만들어내야 하는 예술작품, 받들어야 되는 지도자와 생각까지도 법령으로 포고합니다. 민주주의는 정부가 개인에게 혜택을 제공하기 위해 존재하며, 개인의 능력을 펼칠 때 개인의 권리와 자유를 보호할 의무가 있다고 믿습니다. 공산주의는 사회적 악의 일소는 오로지 폭력에 의해서만 가능하다고 믿습니다. 민주주의는 사회정의가 평화적 변화를 통해 가능함을 증명해 왔습니다. 공산주의는 세계가 극단의 두 계급으로 양분되어 있어 전쟁이 불가피하다고 주장합니다. 민주주의는 자유국가에서 개인의 차이점이 해소될 수 있으며, 평화의 영속이 가능하다고 주장합니다.
공산주의와 민주주의의 이런 차이점을 미국만이 고민하고 있는 것은 아닙니다. 세계 도처의 사람들은 물질적인 행복, 인간의 존엄성과 신을 믿고 예배할 수 있는 권리가 중요하다는 점을 점차 깨닫고 있습니다. 제가 이런 차이점을 말하는 것은 그와 같은 믿음의 문제를 말하려고 하는 것이 아니라, 공산주의 철학에서 비롯된 행위들이 자유국가들이 세계를 정상화시키고 영원한 평화를 실현하는 데 위협이 되기 때문입니다."

분석

대통령 프레이밍의 역사에서 가장 놀라운 순간은 (소련의 핵실험 수개월 후 있었던) 해리 트루먼의 연설이 전 세계를 (우리와 그들이라는) 두 개의 대치되는 진영으로 구분한 점이다. 즉 트루먼의 연설은 냉전 서명 문서의 하나로 남아 있다.❷

2001년 9월 11일 이후 두 개의 대립되는 입장이라는 점에서 외교를 프레이밍하는 유사한 전략이 부시 대통령과 공화당에 의해 추진되어 이라크 군사공격, 조약파괴 및 국내에서 불법적으로 전자 스파이 활동을 감행하고 있다.❸ 트루먼 당시의 환경이 요즘 미국의 그것과는 다르지만, 1949년의 취임사는 '적' 프레임이 왜, 어떻게 잘 구현될 수 있는가를 이해하는 훌륭한 사례연구가 된다.

트루먼의 취임사를 자세히 살펴보면 그 프레임의 힘은 (공산주의라고 하는) 적을 설명하는 데 있다. 사실 적에 대한 설명은 원칙, 대치와 적이라는 '적' 프레임으로 구성된 세 요소 중 하나에 불과하며, 다음과 같이 합쳐진다 :

[원칙] 〈 대치 〉 [적]

하나의 단순한 식으로 표현하니까 '적' 프레임을 이용하여 (두 세력이 서로 대치하고 있다는 말을 듣게 되면 이쪽이든 저쪽이든 선택을 해야 되는) 토론을 장악하는 방법을 알게 되는 것 같다. 즉 트루먼의 취임사가 강력한 연설인 이유는 그가 공산주의를 '잘못된 철학'이라고 선언하였기 때문이 아니라 공산주의를 '적'이라는 공식으로 프레임한 데 있다.

트루먼은 이를 위해 먼저 미국인이 신봉하는 '중요 원칙'을 정의하고 나서 건국 초부터 '미국에 영감'을 불어넣은 신념에 관한 세 문장을 말하였다 :

- 우리는 모든 인간은 법 앞에 평등하며 공동의 선을 행하는 기회가 균등하다고 믿습니다.
- 우리는 모든 인간에게 생각과 표현의 자유가 있다고 믿습니다.
- 우리는 인간이 신의 형상을 본떠서 창조되었기 때문에 모든 인간이 평등하다고 믿습니다.❹

전체적으로 보면 트루먼의 "우리는 믿습니다"라는 문구는 1949년 당시의 용어로 바꾸어서 표현되어 있지만 헌법에 나오는 '인생, 자유와 행복추구'라는 구절을 재해석한 것이다. 따라서 미국인들이 믿는 원칙을 정의하면서 트루먼은 프레임의 1차 원칙을 다음과 같이 표현하였다 :

[미국 민주주의] 〈 대치 〉 [적]

그 다음 트루먼은 미국인들의 민주주의에 대한 신념을 다른 신념과 대항하는 비유법으로 사용하였다 :

> 이런 목표를 추구함에 있어 미국 및 우리와 비슷하게 생각하는 국가들은 우리와 다른 목표 및 완전히 다른 개념의 인생을 가진 체제와 직접적으로 반목하고 있습니다.[5]

이 문장에서 '반목' 이라는 단어는 사람 (혹은 군대)처럼 사용되어 '다른 목표를 가진 체제' 와 직접적으로 대결하고 있는 것처럼 미국의 민주주의에 대한 신념을 설명하는 비유법으로 사용되고 있다. 트루먼이 사용한 "반목"이라는 단어는 미국 민주주의를 설명하는 수준을 넘어서 듣는 사람의 마음에 공간논리를 불러일으킨다.

1차 원칙을 정의하고 비유법으로 처리한 후 트루먼은 두 번째 요소를 다음과 같이 나타냈다 :

[미국 민주주의] 〈 반목 〉 [적]

트루먼 프레임의 마지막 부분은 공산주의라고 하는 '적' 이다. 연설문에서 공산주의는 단지 나쁜 어떤 것으로 묘사되어 있을 뿐만 아니라, 미국 민주주의의 신념과 완전히 반대 개념인 '거짓 철학' 으로 묘사되어 있다. 따라서 트루먼은 공산주의를 '강력한 지도자', '강요된 노동', 그리고 전지전능하고도 강권적인 국가를 통해 개인의 천부적인 권리를 거부한다고 묘사하였다.

공산주의를 민주주의의 적으로 인식시키기 위해 트루먼은 민주주의의 원칙과 공산주의의 거짓 철학의 원칙을 비교하는 일련의 성명을 발표하였다. 각각의 성명에서 공산주의의 주장은 미국 사람들이 아주 소중하게 생각하는 바와 완전히 상반되었는데, '적' 프레임의 세 번째 요소는 다음과 같이 표현된다 :

[미국 민주주의] 〈 반목 〉 [공산주의]

트루먼이 공산주의를 미국의 가치와 통치체제와는 대별되는 적이라고 강력하게 프레이밍하는 말을 듣고 나면 대통령 연설문 전문가조차도 수긍하지 않을 수 없었을 것이다. 트루먼에게 냉정한 비판자들도 "가만 … 공산주의가 우리의 '적'이 될 수는 없어. 생각들이 군대는 아니니까 … 이것은 하나의 비유에 불과해 … 우리의 진짜 적은 스탈린주의의 러시아인데 … 트루먼이 나에게 자신의 신정책을 지지하라고 프레임하고 있는거야"라고 생각할 수밖에 없었다.

트루먼의 연설에서 우리가 알 수 있는 바는 '적' 프레임이 연설 청취자들에게 적을 거명하는 수준이 아니라, 원칙과 어느 쪽을 택할 것인가 하는 대치성 방향이 설정된 비유법 및 반목이라는 전략적 사용을 통해 우리와 반대되는 적을 프레이밍한 것이다. 이런 논리구조는 1949년 그날 트루먼의 연설을 듣는 사람들의 마음에 단지 공산주의를 정의한 것이 아니라 냉전이 지속되는 기간 동안 전국을 사로잡았던 핵심 프레임으로 스며 있다.

트루먼 취임사 연설이 있은 지 반세기가 지난 후 부시 대통령이 ('테러에 대한 전쟁'을 프레임한 연설인) 그 유명한 '악의 축' 연두교서에서 '적' 프레임을 사용하였다.[6] 여전히 9 · 11사태의 충격에 빠진 상태에서 전국에 방영된 연설을 통해 부시는 (국가든 뭐든) 누구든지 자신의 외교정책을 지지하지 않으면 테러 동조자로 보고 적으로 간

주한다고 주장하였다. 과도하게 이념적인 지도자의 입장에서 보면 부시의 '적' 프레임은 남용의 가능성이 있다. 트루먼과는 달리 부시는 '적' 프레임을 새로운 세기 국가안보의 우려사항으로 규정한 것이 아니라 자신의 정적을 폄하하는 공격적인 전술로 이용하였다. 사실 '적' 프레임은 대중에게 새로운 위험물의 임박한 위협을 알리는 동시에 정치권의 상대 진영을 모호하게 하였으며, 극도로 단순한 (또 가장 심각한) 문제는 덫을 설치하여 명예에 먹칠을 하기도 하였다. 이런 현상이 2006년 중간선거가 끝날 때쯤에는 가장 극명하게 표출되었는데, 부시는 선거유세에서 민주당에게 투표하면 적에게 투표하는 것이라고 주장하기도 하였다.[7]

'테러에 대한 전쟁'을 리프레이밍하는 것은 단지 미국 진보주의자들의 주 관심사여서가 아니라 현 세대 전체의 중요한 정치적 위협이기 때문이다. 부시 대통령과 체니 부통령 치하의 공화당은 '테러에 대한 전쟁'을 '테러'에 반대하고 '자유'에 목숨 건 미국의 입장에서 프레이밍하기 위해 수십 억 달러를 사용하였다. 그러면 정치인과 선거운동원, 일반 시민들이 '테러에 대한 전쟁'을 어떻게 리프레이밍하여야 미국 국민들이 다른 차원의 논리로 미국 안보위협이라는 관점에서 생각하게 할 수 있는가? 답은 (1) 비유법 재설정, (2) 원칙 천명, (3) 우리가 직면한 위협 직시와 같은 트루먼 취임사의 '적' 프레임을 제대로 이해하는 데 있다.

전략

[정치인]-방향설정

트루먼 취임사의 주요 교훈은 정치토론은 (특히 방향성을 제시하는 비유라면) 하나의 비유를 계속 반복하라는 것이다. 부시 대통령이 미국 국가안보가 테러리스트들을 '반대'하는 우리들에게 달려 있다라는 말을 계속해서 반복하면 테러에 대한 해결책은 그 테두리를 벗어날 수 없다. 그 해결방안은 토론의 방향을 바꾸는 데 있다.

우리를 적에게 '반대'하는 논리에 함몰시키는 식으로 국가안보를 프레이밍하기보다는 진보주의자들이라면 다음과 같이 주장할 수 있다 :

- 미국은 미국을 궤멸시키려는 집단들 **앞**에 나서야 한다.
- 미국의 정책은 잠재위협을 **억제**하는 것이다.
- 미국은 동맹국들과 **협의**하여야 한다.
- 미국은 모든 위협을 **정복**할 때 안전하다.
- 우리가 알 카에다로부터 **한 걸음 뒤**로 물러서 있으면 언제나 테러가 우리를 위협할 것이다.

앞, 억제, 협의, 정복, 한 걸음 뒤 이런 비유들이 대중을 진보주의식 국가안보 시각을 선호하는 방향으로 유도하며 대결과 침략보다는 협력과 보호를 기본원칙으로 하는 접근방법이다.

예를 들면, 후보가 테러의 위협에 어떻게 대처할 것인가라는 질문을 받으면 다음과 같이 대화의 방향을 잡을 수 있다 :

> 미국이 출구를 막아버린 상태에서 전면전에 빠져버리는 것이 테러를 일삼는 소집단들이 진정으로 원하는 것입니다. 이들은 덩치만 큰 신출내기를 끌어들여 전면전을 벌임으로써 정당한 세력이 되기를 희망하며, 우리가 그들의 응석을 계속 받을수록 우리들의 미래는 더욱 더 불확실하고 불안전하게 됩니다. 우리의 위협은 테러리즘이 아니라 창조력의 결핍, 속도의 부족 그리고 전면에 나서지 못하는 것입니다. 테러집단으로부터 국가를 안전하게 지키기 위해서는 미군이 침해세력보다 앞서 나가야 합니다. 그것은 상대방과 충돌하는 방식으로가 아니라 동맹국 및 파트너와 협력하면서 모든 순간에 더 신속하게, 더 현명하게 행동할 때 가능합니다.

진보주의자들이 무모한 전면전술로는 상황을 더 악화시킬 뿐이라는 식으로 토론을 프레이밍하여야 국가안보 관련 토론을 장악할 수 있다. 다시 말하면, 이라크전과 이라크 주둔은 테러리스트를 체포하는 데 있어 불량전략일 뿐만 아니라, '적' 프레임을 잘못 설정함에 따라 국가안보를 근본적으로 잘못 인식한 결과이다.

[선거운동원]-강력하고 신속하게

리프레이밍이 효율적으로 되려면 진보주의 운동원들이 언제나 특정 토론에 진보주의 용어를 사용하여야 한다. 국가안보 면에서 9 · 11테러 이후 공화당이 처음 사용한 이래로 계속 사용하고 있는 구절이 '테러에 대한 전쟁'이다. 진보주의 운동원들이 이런 문구를 초월하는 방법은 무엇인가?

'테러에 대한 전쟁'이라는 틀에서 벗어나기 위해서는 선거운동원들이 새로운 프레임으로 전환하여야 한다. 트루먼의 연설을 통해 우리는 '테러에 대한 전쟁'이 기본적으로 '적' 프레임 논리의 확대판임을 알 수 있다. 우리가 '테러에 대한 전쟁'이라고 말하면 아래와 같은 어색한 문장을 축약하여 계속 표현하게 되는 것이다 :

> 민주주의를 신봉하는 미국인이 민주주의를 훼손하고 파괴하는 급진주의 집단에 대항하는 전쟁에 참여한다.

전체적으로 표현하고 보니 '테러에 대한 전쟁' 뒤에 깔린 전체 문구가 트루먼 취임사에 있는 프레임과 비슷하다 :

[미국인] 〈 반목 〉 [공산주의]
[미국인] 〈 반목 〉 [테러주의]

비록 트루먼이 '공산주의에 대한 전쟁'이라는 구절을 사용한 적이 없지만 이 프레임은 '테러에 대한 전쟁'에서 볼 수 있는 프레임과 유사하다. 다시 말하면 '공산주의'와 '테러주의'를 살짝 바꾼 것에 불과하다.

국가안보를 리프레이밍하는 과정의 현 시점에서 진보주의 선거운동원들은 자신이 테러주의에 반대한다는 점을 명심해야 한다. 프레임을 바꾸는 목적은 진보주의자들이 국가를 지키고 싶어하며, 현재 부시(Bush)식 접근에는 심각한 문제가 있다는 점을 잘 알고 있기 때문이다. 그러나 우리가 '테러에 대한 전쟁'이라는 구절을 떼놓지 않으면 진보주의 운동원들도 계속해서 국가안보에 대해 파괴적이고 비효율적인 시각에 함몰하게끔 하는 테러주의 프레임을 강화해 버리게 된다.

그래서 새로운 프레임을 찾아야 한다. 예를 들면, 선거운동원이 어떤 후보를 위해 전화유세를 하게 될 때 다음과 같은 프레임으로 후보의 국가안보관을 설명할 수 있다:

스마트(smart) 안보

안보가 '스마트하다'라고 말하는 것은 다음과 같은 비유를 하는 것이 된다:

[국가안보]는 [스마트한 사람]이다.

이런 프레임에 대해 현 공화당 정부가 별다른 생각 없이 하는 비난은 제쳐두고 유권자들에게 전화할 때 '스마트한 안보'의 일반적인 의미를 전달할 수 있다:

- 우리는 **스마트 안보**로 미국을 가장 잘 지킨다.
- 위협이 닥치기 전에 안전을 위해서는 먼저 위협을 **찾아내고, 분석하고, 이해**해야 한다.
- 적들보다 먼저 그들의 조치를 **예상**해야 한다.

- 21세기 국가안보는 지속적으로 **혁신**되어야 한다.
- 동맹국과의 공동 노력은 미래의 위험에 대처하기 위해 **만들**어지는 신기술만큼이나 **선구자**적이어야 한다.

굵게 처리된 용어들이 '스마트 안보' 프레임의 실체이며 새로운 논리가 된다. 이런 식으로 후보의 국가안보에 관한 입장을 프레이밍하면서 선거운동원들은 유권자들과 신국방기술, 정보획득 전략 및 국제협력 유지방법에 관해 이야기할 수 있다. 물론 더 중요한 것은 '스마트 안보' 프레임이 '테러에 대한 전쟁'에서 국가안보 논쟁을 해방시켜 주며, 더 강하고 더 안전한 국가에 대한 진보주의적 시각을 표출하게 된다.

[시민]-불타는 빌딩

진보주의자들은 저녁을 먹으면서 이라크에 대해 이야기하는 것에 대해 두려움을 가지는데, 왜냐하면 공화당 사람 누군가는 반드시 "민주당은 결국 이라크와 관계를 끊고 도망가기를 원하지. 우리는 거기서 끝까지 싸울거야. 안 그러면 그 사람들이 우리를 이 미국 땅까지 공격할거야"라고 끝맺기 때문이다. 이런 논리가 틀리다는 것을 알고 있는데도 왜 "거기서 끝까지 싸울거야"라는 논리가 그렇게 효과적으로 들리는가? 그에 대한 정답은 '적' 프레임의 다이내믹성에서 기인한다.

트루먼 연설의 교훈처럼 '적' 프레임은 우리와 그들이라는 정확한 대치세력의 관점에서 국가안보를 규정한다. 그에 따르면, 안전이란 우리가 추구하는 그 모든 것의 반대 개념을 구현하는 적과 전면 충돌양상에 빠진 원칙의 결과물이다. (이념 노선이 서로 다른 거인이 서로 움켜지고 싸우는 것처럼) 서로 원칙과 반(反)원칙을 추구하는 꼴이다. 이런 논리에서 "거기서 끝까지 싸울거야"라는 논리는 전략이기도 하지만 동시에 미군을 방어군으로 비유하게 된다. 진보주의자들이 국방정책의 변화를 제시할 때, 공화당은 진보주의자들에게 갑자기 방어활동을 중지한다고 비난하면서 상대방 '악'의 진영이 우리를 무저항 상태로 공격하게 된다고 말하는 것이다.

"거기서 끝까지 싸울거야"에 대항하기 위해서 진보주의자들은 "아니 거기서 싸우지 않을거야"라는 표현 외에도 다른 말을 해야 한다. 우리는 "거기서 끝까지 싸울거야"가 특정 상황에서는 가장 위험한 군사적 선택이 될 수 있다는 새로운 비유법으로 대화를 옮겨갈 필요가 있다. 그 예로써 다음은 소방관으로 비유된 문장이다 :

[미군]은 [소방관]이다.

이 논리에서 우리 군은 상대방과 전면 충돌하는 데 빠져 있지 않고 '화재'에 신속하고 현명하게 대처하는 진압군이 된다. 이때 가장 위험한 상황은 '불타는 빌딩'이며, 이때의 목표는 위험에 처한 사람들을 구조하고 최대한도로 화재위험을 빨리 진압하여 현장에서 벗어난다는 시나리오에 따라 빌딩 속으로 뛰어들어 가는 것이다. 이런 논리에서 소방관이 내릴 수 있는 최악의 판단은 불타는 빌딩에 들어가서는 (여전히 불이 타오르고 있는데도) 그 안에 머무는 것이다.

'불타는 빌딩' 논리는 처음에는 좀 추상적으로 들릴지 몰라도

저녁 식사 대화 자리에서 이라크 주제가 나오면 다음과 같이 사용될 수 있다 :

- 이라크가 화염에 싸여 있다.
- 화염에 싸여 있는 동안에 우리 군을 그 안에 머물게 해서는 안 된다.
- 불타는 천장이 우리 군의 머리에 떨어지기 전에 정책변화를 추진해야 한다.
- 지금 당장 실행에 옮기지 않으면 병사 구출이 어려울지도 모른다.

여기서 명시적인 국방정책을 제시할 필요는 없지만 토론의 조건은 제시해야 한다. 누군가가 "거기서 끝까지 싸울거야"라고 식사 자리에서 말하면 이런 새로운 프레임을 이용하여 다음과 같이 응수할 수 있다 :

> 문제는 거기서 싸운다거나 여기서 싸운다가 아니라 건물이 붕괴되어 모두가 죽기 전에 건물을 빠져나오는 것입니다. 그러고 나서 군대를 재조직하고 장비도 새로 갖추어서 할 일을 찾는 것입니다. 건물 밖으로 걸어서 나오는 두려움 때문에 주저앉아 버리면 장래가 촉망되고 조국에 헌신적인 젊은 군인들을 사실은 쉽게 피할 수 있는 지옥과 같은 재난에 방치시켜 버리게 됩니다.

'불타는 빌딩' 프레임이 가동되고 나면 "거기서 끝까지 싸울거야"라는 주장은 더 이상 먹혀들지 않는다. 그러고 나면 진짜 대화가 시작되는데, (기타 지역을 포함하여) 대(對)이라크 정책을 점검하고 현실 위험에 대한 신속하고 스마트한 대응을 하게 된다.

주

❶ 연설 전문 및 오디오 기록은 다음 참조. "취임사(Inaugural Address)", 『밀러공공업무센터 해리 트루먼 연설(*Harry Truman Speeches, The Miler Center of Public Affairs : Presidential Speech Collection*)』, http://millercenter.virginia.edu/scripps/diglibrary/prezspeeches/truman/ hst_1949_0120.html

❷ 월터 라페버(Walter Lafeber), 『미국, 러시아 그리고 냉전, 1945-1980, 7편(*America, Russia and the Cold War, 1945-1980, 7th edition*)』, New York : McGraw-Hill, 1993.

❸ 부시는 UN연설(2001년 11월 10일)을 앞두고 며칠 동안 '우리' 와 '그들' 이라는 공식을 연설에서 사용하기 시작. 예컨대 작크 시락 프랑스 대통령과의 기자회견 중 부시는 "테러와의 전쟁에서 당신은 우리 편과 저쪽 중 하나를 선택해야 한다" 라고 말하면서 전국적인 토론을 '적' 프레임의 논리로 몰아갔다. "대통령, 백악관에서 시락 대통령 환영(President Welcomes President Chirac to the White House)", 백악관 홈페이지, 2001년 11월 6일, http://www.whitehouse.gov/news/releases/2001/11/20011106-4.html

❹ 트루먼, "취임사", 전게서.

❺ 전게서.

❻ "대통령 연두교서 발표(President Delivers State of the Union Address)", 백악관 홈페이지, 2002년 1월 19일, http://www. whitehouse.gov/news/releases/2002/01/20020129-11.html

❼ "2006년 미주리 선거 승리장에서의 대통령 발언(Remarks by the President at the Missouri Victory 2006 Rally)", 백악관 홈페이지, 2006년 11월 3일, http://www.whitehouse.gov/news/releases/2006/11/20061103-2.html

9. 균형 있는 발전

Balance in Progress

드와이트 아이젠하워, 고별사(1961)[1]

❖ **키워드** : 기업, 외교, 국방, 연구, 판단

❖ **전략** : 불균형을 초래하는 부패—현관문—저녁 식사 자리에서의 독불장군

인용

"위기는 계속될 것입니다. 국내위기든 국제위기든, 크든 작든 위기에 직면할 때 좀 더 특별하고 과감한 투자를 하는 조치를 취하면 현재의 어려움을 기적적으로 해결할 것이라는 유혹을 받기 쉽습니다. 국방문제에 새로운 현상의 증가, 농업부문의 모든 악을 일소하는 비현실적인 프로그램의 증가, 기초 및 응용연구의 폭발적인 증가 등 이런 저런 모든 현상들이 그 자체로는 어떤 해결책을 제시한다고 하면서 향후 진로에 유일한 등불로 제시되어질 것입니다. 그러나 각각의 제안들은 (공사경제 간 균형, 투자와 이윤 간 균형, 반드시 필요한 부문과 희망사항 간 균형, 국가가 해야 할 일과 개인이 해야 할 일 간의 균형, 현재 조치와 미래 행복 간의 균형처럼) 국가적 프로그램 그 자체 및 여러 프로그램들 간의 보다 폭넓은 시각에서 균

형 있게 고려되어야 합니다. 훌륭한 판단은 균형과 발전을 추구하는데, 그렇지 않으면 결국 불균형과 좌절만 남게 됩니다. 지난 수십 년에 걸친 역사에서 우리 국민과 정부는 스트레스와 위협을 받았지만 대체로 이런 진실을 잘 이해하고 훌륭하게 대처하였습니다. 그러나 그 종류와 수준 면에서 새로운 위협이 계속해서 나타나고 있습니다. 여기서 두 가지만 언급하고자 합니다. 평화유지의 핵심은 우리 군에 달려 있습니다. 군사무기는 강력해야 하고, 상시 즉각 조치가 가능해야만 어떤 침략자도 자기 공멸을 야기할 유혹을 느끼지 않게 됩니다. 현 군조직은 평화시기의 저의 전임자나 제2차 세계대전이나 한국전 참전 용사의 입장에서도 전례가 없습니다. 제1 · 2차 세계대전까지 미국에는 군사산업이 없었습니다. 쟁기 만드는 공장의 상황이 바뀌어 시대의 요구에 따라 칼도 만듭니다. 그러나 지금은 국방을 임기응변식으로 모험할 수 없습니다. 우리는 엄청난 양의 무궁무진한 군대산업을 설립하지 않을 수 없었습니다. 여기에 350만 명의 남녀 군인이 직접적으로 국방부문에 참여하고 있습니다. 연간 군사비는 미국 기업의 순이윤보다 더 많습니다. 엄청난 크기의 군과 대규모 무기산업의 복합은 미국으로서는 새로운 현상입니다. 경제적 · 정치적 · 정신적인 총 영향력은 모든 도시, 모든 주의회, 연방정부의 모든 부처에서 느껴지고 있습니다. 우리는 이런 개발의 불가피한 필요성을 인정하고 있습니다. 그러나 그에 따른 심각한 문제점도 제대로 파악해야 합니다. 우리들의 노력, 자원, 생명 그리고 사회구조 그 자체에 모든 것이 결부되어 있습니다. 군산복합체에 의해 의도적이든 비의도적이든 정당하지 않은 영향력이 정부위원회에 포함되는데 대해 경계해야 합니다. 잘못된 권력이 파괴성을 가지고 부상할 가능성이 존재하며, 향후에도 지속될 것입니다. 우리는 이런 결합이 엄청난 중량으로 자유와 민주주의를 위협하게 해서도 안 됩니다. 그런 것이 당연하다고 간주해서도 안 됩니다. 이런 일이 생겨날 가능성에 대해 경계심을 가져야 하며, 정보가 풍부한 시민이 많아야 군산복합체가 평화적 수단 및 목적을 조화롭게 달성하게 됩니다. 이에 따라서 국가안보와 자유가 상호 동반 번영할 것입니다."

분석

역사상 드와이트 아이젠하워 대통령의 1961년도 고별사보다 현재 진보파 정치에 더 잘 들어맞는 연설은 거의 없다. 고별사는 거의 모든 점에서 예언자적이며, 현재 우리들의 문제에 대한 도덕적 · 시민적 청사진 또는 해결책으로서의 기능을 톡톡히 하고 있다.

아이젠하워의 2차 임기가 막 끝날 때쯤 발표된 연설문은 미국 사회의 새롭고 강력한 위협을 다루었으며, 이런 문제를 다루지 않았더라면 미국의 도덕적 · 시민적 근간을 위태롭게 하였을 것이다. 아이젠하워가 예견하였던 심각한 위협이라는 것은 군사적 · 경제적 · 과학적 세력들이 연방정부의 상상력과 실제 정책에 새로운 발판을 구축함에 따라 미국이 균형감각을 잃게 된다는 것이다.

그가 말한 '균형'이란 무엇인가? 간단히 말하면 '균형'이란 하나의 방정식으로 볼 수도 있고, 양쪽에 동일한 가치를 가지고 있는 저울이라고도 할 수 있다. [x]쪽의 가격이나 무게, 가치가 [y]쪽의 그것과 동일하다면 다음과 같이 균형을 이루게 된다 :

[x] = [y]

아이젠하워의 고별사를 읽을 때 똑같은 척도, 똑같은 세력, 똑같은 영향력으로 훌륭한 판단을 내리고 좋은 정부를 유지하는 것으로 생각하는 지도자의 마음을 보게 된다. 균형을 유지해야 한다고 아이젠하워가 주장한 것들은 다음과 같다 :

- 사경제 = 공경제
- 혜택을 얻는 데 소요되는 실제 가격 = 혜택을 가졌으면 하는 마음
- 반드시 필요한 것 = 없어도 되지만 있으면 좋은 것
- 임무를 완수하는 데 반드시 필요한 조건 = 완수해야 할 임무
- 현재 이루어지는 조치 = 미래의 행복

그러나 아이젠하워는 정부의 균형을 상실하게 하는 새로운 세력들이 미국 사회에 부상하고 있음을 예상하였다.

자신이 뜻하는 바를 증명하기 위해 그는 (1) 정부가 냉전을 수행하는 데 필요한 무기를 열심히 공급하는 기업의 출현, (2) 과학연구에 미치는 정부자금 영향력의 증대 및 정부정책에 미치는 과학연구 영향력의 증대, (3) 재정적자의 증가와 같은 세 가지 구체적인 예를 제시하였다. 아이젠하워에 따르면 이 세 가지 요소들은 미국 지도자들의 판단력을 흐리게 할 수 있어 대재앙을 야기할 수도 있을 것이라고 한다.

이런 예언이 얼마나 적중할 수 있을까? 그의 연설은 베트남 전쟁, 이라크 침공, 로버트 맥나마라(Robert McNamara)[1]와 도날드 럼스펠드, 핼리버튼(Halliburton)[2] 같은 기업의 부상, 그리고 로날드 레이건과 조지 부시 행정부의 천문학적인 정부지출을 예견할 정도로 뛰

1 역자 주 : 맥나라마(1916-)는 케네디 대통령 당시 국방부장관을 역임하면서 베

어나다.

그러나 아이젠하워 연설에 나오는 문구와 프레임은 분명히 구분해야 한다. 아래와 같이 아이젠하워의 가장 유명한 문구가 나오는 문장을 보자(굵게 처리된 부분) :

> **군산복합체**에 의해 의도적이든 비의도적이든 정당하지 않은 영향력이 정부위원회에 포함되는 데 대해 경계해야 합니다.

(공화당원이 말한 바와 같이) 얼마나 진보주의적인 프레임인가! 그러나 이 부분 연설의 힘은 "군산복합체"라는 문구가 아니고 군산복합체를 '균형'이라는 논리로 프레임한 방식에 있다.

이 문구 바로 앞에서 아이젠하워는 미국이 전쟁을 준비하기 위한 조건들이 극적으로 변화하였음을 설명하였다. 이전에 대통령이 전쟁을 선언하게 되면 국가경제는 일정 기간 동안 인적 · 물적 자원을 전쟁에 대비하도록 전시체제로 전환되었다. 그러나 전쟁이 당장이라도 발생할 수 있는 냉전 기간 동안에는 인적 · 물적 자원이 즉각 준비태세를 갖추어야 하기 때문에 전쟁목적을 달성하는 (이들의 부는 미국 다른 산업 전부를 다 합친 것보다 더 많은) 산업들이 생겨나게 되었

트남 전쟁을 지휘하였음.

2 **역자 주** : 세계 12개 국가에서 활동하는 석유 · 천연가스 등 에너지 관련 다국적 회사. 미국 남부 휴스턴과 중동의 두바이 두 곳에 동시 본사를 두고 있으며, 딕 체니 부통령이 한때 CEO로 재직하였음. 핼리버튼은 미국의 이라크 공격 후 이라크 원유 생산시설 복구 주계약자이자 미군 시설에 대한 전반적인 서비스를 제공하면서 많은 정치적 물의를 일으키고 있음.

다. 아이젠하워가 느끼기에는 전쟁 관련 산업의 존재 그 자체가 정부 관계자의 판단력이 별로 중요하지 않게 만들었다는 것이다.

사실 '균형'이라는 비유법은 아이젠하워가 사용하는 군수산업이라는 용어 전반에 걸쳐 퍼져 있다. 그는 권력의 '부상'을 말하고 또 군대의 엄청난 재정적 · 산업적 · 인적 자원을 말하고 있다. 이런 모든 자원이 준비태세를 갖춘 미국의 힘을 나타내기도 하지만 아이젠하워가 볼 때는 심각한 불균형이며, 국가를 위험으로 빠뜨려 제국주의로 몰아가게 된다는 것이다.❷

그리고 불균형의 근본 원인은 군사 관련 산업만이 아니다. 아이젠하워는 연설의 다른 부분에서—과학이 우리의 모든 문제에 대한 유일한 해결책을 제시할 수 있다는 1960년대의 믿음을 반영하는—과학연구의 폭발적인 비합리성에 대해 말하였다. 여기서도 아이젠하워는 '균형' 프레임을 강조하면서 미국인들에게—판단력의 저울이 훌륭한 정부의 열쇠라는 그 오래된 이미지를 생각나게 하는—좋은 판단은 여러 가지 선택이 상호 정확하게 저울질될 때 가능하다고 경고하였다.

아이젠하워는 사실상 1960년대로 접어들면서 미국 사회의 모든 일각에서 나타나고 있는 불균형의 문제점을 지적하면서 연설의 대부분을 균형이 상실되면서 나타나는 수많은 미래의 위기를 예시하였다 :

학계 : 아이디어보다는 정부 지원에 더 관심을 가짐

외교 : 약소국과 대화의 장을 유도하기보다는 지나치게 군사적으로 해결하고자 함

지출 : 장기 해결 방안보다는 지나치게 단기 해결 방안 위주로 과다지출

산업 : 중소기업보다는 지나치게 대기업 위주의 투자

생산성 : 사람에 대한 투자보다는 지나치게 기술에 대한 투자 집중

정치 : 무조건 옛 것은 버리려고 하면서 신구의 조화에는 신경 안 씀

정책 : 경험이 풍부한 노련한 정책입안가보다는 테크노크라트에 지나치게 의존

이런 예들이 보여주는 것처럼 아이젠하워의 '균형' 프레임의 힘은 지금도 유효한데, 비단 그가 50년 전에 경고한 위험이 현존하기 때문만이 아니라 그의 프레임이 여전히 유효하기 때문이다. 이것은 어떤 대통령이 일반 대중에게 현 정부의 정책결정 과정에 극단주의가 존재한다는 위협을 경고할 때 사용할 수 있는 좋은 프레임이다.

미국인의 정신세계에 깊이 뿌리박힌 생각은 미국 정부는 건국의 아버지들의 3권분립 정신에 따라 확고하게 '균형'을 이루고 있다는 점이다. 또한 미국은 주와 연방정부 간 균형을 이루고 있다. 이런 점들은 우리가 어릴 때부터 우리나라에 대한 독립과 자유에 관한 원칙을 들을 때부터 알게 되었다.

아이젠하워 고별사의 '균형' 프레임은 중요 현안들을 처리하기 위해 새롭게 만들어진 것은 아니다. 세상을 살면서 느끼는 이런 저런 걱정하는 마음이 아이젠하워의 단어와 오늘날 진보파 논리의 가치를 말해준다. '좋은 판단력'이나 '정치적 수완(statesmanship)'과 같은

추상적인 단어를 프레이밍하는 작업은 진보주의자들이 정책대화에서 흔히 간과하기 쉬운 작업이다. 정부 작동원리를 설명하는 대(大)개념을 프레임하지 않고서는 진보파의 정책제안은 대중의 지지를 결코 얻을 수 없다. 그래서 아이젠하워의 고별사는 진보주의자들이 대개념을 효율적으로 프레임하는 방법을 보여주는 시의적절하고 훌륭한 모델이다.

전략

[정치인]-불균형을 초래하는 부패

진보파 정치인이나 후보들이 당선되고 나서 연설을 좀 설득력 있게 하려면 법과 정책을 정확하게 말해야 하며, 또 그런 법과 정책이 훌륭하고 효율성 있는 정부에 어떤 의미를 가지는지 명확하게 말해야 한다. 위원회의 위원처럼 말하는 것과 지도자같이 말하는 것에는 차이가 있다.

전국 단위에서 주와 연방정부의 부패문제를 논의할 때 더욱 더 그러하다. 잭 아브라모프(Jack Abramoff)[3]의 "K-스트리트 프로젝트"[4] 스캔들이 한창일 때 우리는 부시 대통령과 공화당 의회 지도부가 긴

---

3 **역자 주** : 인디언 보호구역에 카지노 개설을 해준다는 명목으로 고위 공직자들을 대상으로 불법 로비를 벌이는 등 10여 년간 로비활동을 하면서 여야 정치인 20여 명과 부적절한 관계를 유지하다가 결국 2007년 말 실형을 선고받음.

밀한 연관을 가지고 있는 핵심 공화당 고문이 정부에 영향력을 행사하기 위해 자기 개인 돈을 사용한 사실을 잘 알고 있다.[3] 이라크 침공과 점령 과정에서 딕 체니 부통령이 이사로 있었고 지금도 그 주식을 소유하고 있는 핼리버튼사는 공화당 정부와 일종의 수의계약을 맺어 막대한 이익을 챙겼다.[4]

이런 문제를 다루면서 진보주의 정치인들은 대개 "감독", "돈", "부패"와 같은 말을 주로 사용한다. 그런데 이것은 매우 중요한 주제로, 국민을 좀 더 잘 설득하려면 '좋은 정부'라는 대개념으로 프레이밍시켜야 한다. 예를 들면, 2006년 중간선거 과정에서 캘리포니아 출신의 민주당 의원인 낸시 펠로시(Nancy Pelosi)는 하원의 로비규칙을 쇄신하기 위한 자신의 노력을 '늪에서 물빼기(drain the swamp)'라고 프레이밍시켰다.[5] 펠로시의 이런 멋진 은유법은 하원의 규칙과 제도에 대한 기계적인 대화보다는 훨씬 효과적이었다. 이런 효과적인 프레이밍 전략으로 대중의 관심을 개인 몇 명의 문제에서 공화당이 장악한 정부에서 야기된 방대한 규모와 구조적인 문제로 전환시킬 수 있게 되었다. 이런 전략 덕분에 민주당이 2006년 선거에서 의회를 다시 장악하게 되었다.

---

4 **역자 주** : 백악관에서 세 블록 떨어진 거리 이름이 K-스트리트인데, 많은 로비스트회사들이 몰려 있으며, 워싱턴에서 벌어지는 온갖 로비를 나타내는 상징어가 되고 있음. 공화당은 당 지도부가 원하는 방향으로 입법이 이루어지도록 소속 의원들에게 막대한 선거자금을 제공하였는데, 이런 일을 공화당원 출신 로비스트들이 주로 담당하였음. 공화당 원내 대표인 톰 딜레이 의원이 2000년 공화당 집권 이후 이들을 로비스트 회사에 진출(취직)시켰는데, 이런 계획을 통틀어 K-스트리트 프로젝트라고 함.

아이젠하워의 '균형' 프레임과 '위기' 프레임 역시 부패문제를 프레이밍하는 좋은 본보기가 된다. 예컨대 아브라모프 스캔들이나 핼리버튼의 이익 챙기기와 유사한 스캔들을 다루는 토론에서 진보파 후보는 다음처럼 말할 수 있다 :

> 정부 공직자의 부패는 범죄를 저지른 몇몇 사람들의 문제가 아니라 정부 그 자체의 위기입니다. 왜냐하면, 좋은 판단이 정부 존립 그 자체이기 때문이며, 좋은 판단은 정부가 공과 사를 구분할 때에만 가능합니다. 개인이 자신을 위해서든 어떤 산업을 위해서든 공무원에 대한 영향력을 돈으로 살 수 있거나 가능하게 하면 공사 구분에 대한 균형 있는 판단을 할 수 없게 됩니다. 이런 균형이 없으면 좋은 정부의 기초가 무너지게 됩니다. 훌륭한 정부를 회복하기 위해서는 공사 구분을 못 하는 그런 사람들을 비난해야 하겠지만 그보다는 좋은 판단의 기초인 공사의 균형부터 회복하여야 합니다. 우리는 국민들의 다양한 이해관계를 아우를 수 있는 능력을 회복하여야 합니다.

이런 '균형' 프레임은 단순히 국가가 나아갈 도덕적 나침반이나 원칙에 대한 정의를 제시할 뿐만 아니라, (좋다거나 나쁘다고 하는) 가장 추상적인 개념 형식을 취하는 논리의 뼈대를 제공하며, 그런 개념들의 형평성을 추구하면서 정의를 내리게 된다. 궁극적으로 대부분의 미국인들의 마음 속에 '좋다'라고 생각되는 것에는 '형평성'이 있다. 그러나 진보파 정치인이 이런 대개념 시각에서 부패 스캔들을 프레임하게 되면 많은 혼란을 일소할 수 있게 된다.

[선거운동원] – 현관문

모든 진보파 선거운동원들의 가장 기본적인 관심은 'GOTV'[5]로 알려진 바와 같이 유권자들을 투표장으로 끌어내는 것이다. 우리가 진보파의 프레이밍을 말로는 언제나 할 수 있지만, 실제 유권자들이 투표장에 가지 않거나 진보파 후보들에게 표를 던지지 않으면 진보파의 비전을 달성할 수 없게 된다.

우리가 유권자들과 실제로 대면할 때 우리 생각을 어떻게 전달하는가? 현관문의 초인종이 울리고, 유권자인 듯한 사람이 누구냐고 묻고, 그리고 그곳에는 (노트북을 들고서) 머리 속에 암기한 원고들이 맴돌고, 입으로는 할 말이 준비된 듯한 우리 같은 사람이 서 있다.

진보수의자들은 잘 하던 대로 본능적으로 이슈와 정책들에 대해 유권자들과 이야기한다. 물론 이런 것이 항상 중요하기는 하나 이슈를 이야기하는 것은 현관문에서 마주치는 유권자들이 반드시 좋아하는 타입은 아니다. 이슈들은 사람들이 클릭하고, 훑어보고, 자기 능력대로 읽어보고 자료를 찾아나갈 수 있는 웹사이트상에 잘 정리되어 있다. 그러니까 현관문에서는 진보파들이 느끼는 우리 자신의 이야기를 해야 하며, 우리 자신의 경험을 공유해야 한다. 진보파 선거운동원들이 좀 점잖은 면이 있어 잘 모르지만, 새로운 유권자와 얼굴을 마주 할 때 우리의 가장 큰 장점은 바로 우리 자신의 이야기이다.

---

5 Getting Out The Vote의 약자

아이젠하워의 고별사에서 얻을 수 있는 중요한 프레이밍 교훈을 이용하면 현관문에서 보게 되는 유권자를 실제로 투표하게 할 수 있다. 열쇠는 아이젠하워가 좋은 정부를 '균형'이라는 점에서 프레이밍한 점을 알아채는 것이다. 균형이 없어지면 훌륭한 판단이 '강한 자'의 이해관계에 더 치중하게 된다. 유권자가 특정 진보주의 이슈에 어떤 입장을 취하고 있다 하더라도 자신들의 투표참여가 좋은 정부의 균형을 유지하는 데 매우 중요하다는 점은 인정할 것이다. 이런 점을 이야기해 줘야 한다.

그래서 다음 기회에 선거나 정책 때문에 가가호호 방문하게 되면 아이젠하워의 균형감각을 상기시키며 다음과 같이 이야기할 수 있다 :

> 저와 잠시라도 이야기해 주셔서 대단히 감사합니다. 선생님과 [어떤 이슈, 후보 등등에 관해] 몇 마디 나누고자 방문하게 되었습니다. 먼저 제가 왜 유권자들을 찾아다니는 자원봉사를 하게 되었는지 말씀드리겠습니다. 요즈음 저는 균형감각이 좋은 정부가 핵심이라고 더욱 더 믿게 되었으며, 균형감각이란 우리 모두의 선거참여를 의미합니다. 제가 여기에 온 것은 제가 [어떤 이슈, 후보 등등이] 매우 중요하다고 믿기 때문입니다. 또 사실 제가 여기에 온 진짜 이유는 좋은 정부는 제가 선거에 참여하는지의 여부에 달려 있으며, 또 선생님께서 선거에 참여하는지의 여부에도 달려 있기 때문에 결국은 우리들의 선거참여 여부에 달려 있다고 믿기 때문입니다. 우리가 선거에 참여하지 않으면 정부체계가 균형을 상실하게 됩니다. 우리가 선거에 참여하지 않으면 정부체계가 일부 몇 사람의 수중에 장악됩니다. 그 사람들이 우리가 지지하지 않는 어떤 결정을 내리게 되면 그들이 꼭 잘못된 결정을 하게 된다는 것이 아니라, 우리가 투표장에 가지 않고 집에 있었기

때문에 우리가 정부체계의 일원이 될 수 없게 됩니다. 저는 [어떤 이슈, 후보 등등에] 대해 공유할 수 있는 좋은 자료와 이야깃거리를 가지고 있지만, 선생님께서 투표장에 가셔서 투표에 참여함으로써 정부체계가 균형을 유지하고 훌륭한 판단을 내리도록 하는 역할에 관해 먼저 이야기드리고 싶습니다.

물론 이런 식으로 말하는 것이 사람에 따라 편할 수도 있고 그렇지 않을 수도 있다. 그러나 핵심은 특정한 이슈나 후보를 거론하기 전에 가정집을 방문하는 선거운동원은 대화를 좋은 정부, 균형의 원칙이라는 점에서 프레임해야 한다는 것이다. 아이젠하워 대통령을 직접 거명할 필요는 없으며, 우리가 믿는 바 개인적이고 진솔한 경험에 초점을 맞추어야 한다. 가정집 방문이 이런 식으로 이루어지면 우리의 진실이 전달되고 또 어떤 식으로든 응답이 있게 된다.

물론 문간에 선 사람이 "이런 거는 이미 알고 있어요"라고 소리치며 문을 쾅 닫고 들어가 버릴 수도 있다. 그러나 이런 실패보다는 성공 가능성이 더 높다.

[시민]-저녁 식사 자리에서의 독불장군

외교를 통해 평화가 가능하다고 믿는 진보주의자가 독불장군과 자리를 같이 하기는 정말 어렵다. 그런 사람과 같이 있으면 국제관계의 대화는 언제나 "핵무기를 사용할거요, 아니오?" 식으로 진행된다.

이런 독불장군들을 어떻게 무장해제할 수 있는가? (이라크나 기

타) 특정 군사작전을 '종료' 시키는 식으로 말하면 '나약하다거나' '중간에 끊고 도망가는' 민주당원이라는 엄청난 비난을 야기할 뿐만 아니라, 군사작전에 관한 진보주의자들의 시각을 실제로 오해하게 한다.

국가안보가 위기에 처하였을 때 국방에 관한 진보주의자들의 접근방식은 (1) 스마트하고 강하며, (2) 약소국까지도 협상 테이블에 불러들이는 두 개의 균형 잡히고 연관된 전략에 기초한다. 이 두 개의 원칙은 아이젠하워의 '균형' 외교정책 원칙에 근거한다.

식사 자리에서 이런 전략이 먹히게 하기 위해서 진보파는 다음과 같이 말할 수 있다 :

- 미국 외교정책이—국가를 실제로 방어하려면—정말로 효과를 발휘하려면 안보전략과 정책이 균형을 갖추어야 한다.
- 우리는 한 개 전투에 모든 것을 거는 식으로 해서는 미국인을 보호할 수 없다. 우리는 스마트하며 동시에 강해야 한다.
- '스마트하다' 는 것과 '강하다' 는 것이 균형을 이루어야 한다. 협상 테이블에서는 강한 것과 덜 강한 것이 균형을 이루어야 한다.
- (미국의 다른 분야들처럼) 국가안보는 균형을 이룬 가운데 유지되어야 한다.

아이젠하워의 '균형' 프레임은 식사 자리에서는 딱딱하게 들릴 수도 있다. 그러나 국가안보에 관한 생산성 있는 대화를 위해서는 강력한 방법이다. 일단 이런 프레임이 세팅되고 나면 독불장군이 여러 개의 군사정책을 제시하더라도 결국 처리해야 하는 질문은 한결같이 "자, 그런데 그 정책이 스마트하면서 동시에 강력합니까?"가 된다. 이렇게 되면 이라크 외에 다른 형태의 전선이 생기지 않을까? 현재 이라크군을 철수하여 재조직하면 아마 더 스마트하고 더 교묘한 전술로 무장한 상태에서 여러 전선을 동시에 맞닥뜨리지 않을까? 이처럼 '균형' 프레임이 독불장군의 철옹성을 완화하여 대화의 방향을 진보주의로 재조정함으로써 다양한 새로운 가능성을 만들게 된다.

주

❶ 연설의 전문 및 오디오 기록은 다음 참조. "고별사", 『밀러공공업무센터 드와이트 아이젠하워 연설 : 대통령연설모음집(*Dwight D. Eisenhower Speeches, The Miler Center of Public Affairs : Presidential Speech Collection*)』, http://millercenter.virginia.edu/scripps/diglibrary/prezspeeches/eisenhower/dde_1961_0116.html

❷ 군산복합체 부흥과 미 제국주의 부상 간 연관관계에 대한 논의는 다음 참조. 칼머스 존슨(Chalmers A. Johnson), 『제국의 비애 : 군국주의, 공화국의 비밀과 종말(*The Sorrows of Empire : Militarism, Secrecy and the End of the Republic*)』, New York : Metropolitan Books, 2004.

❸ 게오브 패리쉬(Geov Parrish), "아브라모프 스캔들의 이해(Making Sense of the Abramoff Scandal)", *Alternet*, 2005년 12월 20일, http://www.alternet.org/story/29827

❹ "용병(Private Warriors)", *Frontline*, 2005년 6월 21일, 마틴 스미스(Martin Smith) 제작, PBS, 전문은 아래주소에 탑재. http://www.pbs.org/wgbh/pages/frontline/shows/warriors/view

❺ 데이비드 에스포(David Espo), "펠로시가 늪에 빠진 공화당의 물을 뺄 것이라고 말하다(Pelosi Said She Would Drain GOP Swamp)", *Washington Post*, 2006년 10월 6일, http://washingtonpost.com/wpdyn/content/article/2006/10/06/AR2006100656.html

10. 묻고 답하기

Ask and Answer

존 F. 케네디, 취임사(1961)[1]

❖ **키워드** : 국가의 부름, 비교, 국가, 의인화, 봉사

❖ **전략** : 시계 재설정—선거운동은 묻는 것—우주탐험

인용

"국민 여러분, 제 손보다는 여러분의 손에 향후 진로가 성공하느냐 실패하느냐가 달려 있습니다. 미국 건국 이후로 모든 세대가 충성을 맹세하였습니다. 국가의 부름을 받은 젊은 미국인들의 무덤이 전 세계에 널려 있습니다. 지금 나팔소리가 (우리에게 무기가 필요하지만 무기를 들라는 소리는 아닙니다만) 다시 한 번 우리를 부릅니다. 물론 우리가 전투준비 태세를 갖추고 있습니다만, 전투를 위한 부름이 아니라 해마다 길고도 불확실한 투쟁을 감내해야 하는 부름이며, 이러한 투쟁은 '희망에 웃고 고난을 이겨내면서' 폭압, 가난, 질병과 전쟁 그 자체와 같은 인류 공공의 적에 대한 투쟁입니다. 이런 인류의 적들을 극복하여 전 세계 동서남북을 포괄하는 웅장한 지구촌 연합을 만들어 전 인류에게 풍요로운 삶을 보장해 줄 수 있겠습니까? 그런 역사적인 노력에 동참하실 의향이 있습니까? 세계사의

> 긴 여정 속에 일부 몇 세대만이 극도의 위험 한가운데서 자유를 수호하는 임무를 수행하였습니다. 저는 이러한 책임을 회피하지 않고 적극 수행할 것입니다. 우리들 중 아무도 다른 어떤 사람 또는 다른 세대가 이런 역할을 수행할 수 있는 위치를 바꾸지 않을 것이라고 믿습니다. 이런 노력에 우리들의 힘, 믿음 그리고 봉사를 더하게 되면 이 나라와 그런 노력을 기울이는 우리들에게 등불이 되고 그 불은 다시 전 세계를 밝게 비추게 될 것입니다. 그러니 국민 여러분, 조국이 여러분을 위해 무엇을 할 수 있을 것인가를 묻지 말고 여러분이 조국을 위해 무엇을 할 수 있을 것인가를 물어보십시오. 전 세계 시민 여러분, 미국이 여러분을 위해 무엇을 할 수 있을 것인가를 묻지 말고 우리 모두가 인류의 자유를 위해 무엇을 할 수 있을 것인가를 물어보십시오."

분석

케네디의 1961년 취임사보다 더 상징성을 가진 연설은 거의 없다. 대통령 연설 중 가장 유명한 문구(조국이 여러분을 위해 무엇을 할 수 있을 것인가를 묻지 말고 여러분이 조국을 위해 무엇을 할 수 있을 것인가를 물어보십시오) 외에도 케네디는 약 반세기 뒤에도 메아리칠 정도의 (미국에 대한) 진보주의 비전을 프레임하였다.

그런데 케네디 연설의 어떠한 논리가 진보주의 세계관과 분명하게 연결되어 있는가? 이 질문에 대답하기 위해서는 케네디 연설의— 그가 무엇을 어떻게 말하였는가와 같은—무엇과 어떻게를 고려해야 한다.

연설의 주제는 봉사이다. 요즘 모든 사람들은 '봉사'가 정부 관공서에서 일하거나 군에서의 복무라고 알고 있다. "여러분의 봉사에

감사드립니다"는 대통령과 정치인들이 정부 공직자와 군인들에게 흔히 하는 인사말이다.

그러나 케네디는 정부를 위한 임무 차원을 넘어서는 완전히 다른 개념으로 이 용어를 사용하였다. 그는 봉사라는 말을 기억에서 떠나지 않을 정도로 반복하면서 노골적이고 극적인 은유법을 사용하여 정의하였다 :

[봉사]는 [부름에 답하는 것]이다.

케네디가 군복무와 같은 가장 전형적인 방법으로 정의하였지만, 그 방법은 봉사가 의향을 물어보고 부름을 받는다는 완전히 새로우면서 미래를 향한 비전을 제시하는 개념의 실마리였다 :

> **지금 나팔소리가** (우리가 무기가 필요하지만 무기를 들라는 소리는 아닙니다만) **다시 한 번 우리를 부릅니다. 물론 우리가 전투준비 태세를 갖추고 있습니다만, 전투를 위한 부름이 아니라 해마다**(year in and year out) **길고도 불확실한 투쟁을 감내해야 하는 부름으로, 이러한 투쟁은 '희망에 웃고 고난을 이겨내면서' 폭압, 가난, 질병과 전쟁 그 자체와 같은 인류 공공의 적에 대한 투쟁입니다.❷**

이 인용 문장을 자세히 들여다 보면 케네디가 이중반복과 '부름'이라는 핵심 은유를 사용하여 프레임하였음을 분명히 알 수 있다. 그의 연설은 문자 그대로 매우 특별한 종류의 반복으로 이루어져 있다. 현 부시 대통령처럼 동일 단어나 문구를 수차례 반복하기보다는 동일 단어나 문구도 도치문구의 쌍으로 반복한다. 위 문단에서도 다

음과 같은 쌍의 반복이 있다 :

무기를 들라는 소리 〈〉 [오랜 투쟁을] 감내하라는 부름
(call to bear arms) 〈〉 (call to bear the burden)

길고도 불확실한 투쟁 〈〉 인류 공공의 적에 대한 투쟁
(long twilight struggle) 〈〉 (struggle against common enemies of man)

오는 해 〈〉 가는 해
(year in) 〈〉 (year out)

전투를 위한 부름 〈〉 전투준비를 갖추고
(call to battle) 〈〉 (embattled we are)

케네디 연설문은 동일 문구와 도치문구의 반복으로 이루어져 있다. 케네디 연설문을 잘 들여다 보면 취임사를 한 그날 아침에 사용한 다른 반복어구도 찾아볼 수 있다 :

모든 종류의 가난 〈〉 모든 종류의 인생
(all forms of poverty) 〈〉 (all forms of human life)

항상 기여해 온 〈〉 오늘날 우리가 기여하는
(always been committed) 〈〉 (to which we are committed today)

모든 비용을 지불하다 〈〉 모든 책임을 지다
(pay any price) 〈〉 (bear any burden)

어떤 어려움도 직면하다 〈〉 모든 친구를 지원하다〈〉 모든 적을 반대하다

(meet any hardship) 〈〉 (support any friend) 〈〉 (oppose any foe)

언제나 기대하지는 않을 것입니다 〈〉 언제나 찾아내기를 희망할 것입니다

(we shall not always expect) 〈〉 (we shall always hope to find)

그들을 돕는다 〈〉 그들 스스로를 돕는다

(help them) 〈〉 (help themselves)

케네디 연설문의 모든 문장에 이런 반복 테크닉 프레이밍이 사용되고 있어 그 예는 끝이 없다. 그렇게 함으로써 케네디는 청중들에게 (미국인들이 반드시 '새롭게 시작' 해야 하며, 봉사에 대한 새로운 개념을 받아들이기 위해) 구태의연한 낡은 개념을 버려야 한다는 원칙을 주입시켰다.

이런 새로운 사고는 전적으로 케네디의 창조물은 아니다. 봉사정신의 의인화는 제1차 세계대전의 강연에서 시작되었는데, 당시 미국 국기 모습을 본떠서 신병모집을 촉구하는 노인네가 미국을 가리키면서 "나는 당신을 원해(I Want YOU)"라고 말하는 엉클 샘(Uncle Sam)이 오히려 원조이다. 이런 방식에 따라 케네디가 "여러분이 조국을 위해 무엇을 할 수 있을 것인가를 물어보십시오"라고 말하였을 때는 청중들의 마음 속에 어떤 개인이 일어서서 국가에게 질문을 던지는 새로운 이미지를 그려냈다. 지금은 그가 처음 사용한 문구에 사

람들이 익숙하지만 처음 들을 때는 의미 파악이 좀 어려운데, 이 문구에서 그는 '봉사'를 시민이라는 추상적인 개념과 의인화된 '국가'라는 두 '사람' 간 대화로 규정하고 있다. 즉 케네디 연설에서 국가는 하나의 사람이다. 다시 말하면, 케네디 연설에서 풍기는 인간적인 감정은 그 특유의 보스턴 억양이나 마지막에 총잡이의 손에 죽게 되었다는 사실 때문만은 아니다. 케네디는 봉사라는 추상적인 생각을 고도의 인간적인 용어로 프레이밍함으로써 청중들의 심금을 울렸다.

그런데 미국인들은 "여러분이 조국을 위해 무엇을 할 수 있을 것인가를 물어보십시오"라는 구절을 잘 알고 있지만, 케네디는 사실 (전체 연설문의 절정으로 사용된 반복 테크닉인) "묻는다"라는 말을 세 가지 경우로 반복하여 사용함으로써 봉사를 의인화하여 청중들을 납득시키고자 하였다 :

> 조국이 여러분을 위해 무엇을 할 수 있을 것인가를 묻지 말고 〈〉
> 여러분이 조국을 위해 무엇을 할 수 있을 것인가를 물어보십시오
> (ask not what your country can do for you) 〈〉 (ask what you can do for your country)

> 미국이 여러분을 위해 무엇을 할 수 있을 것인가를 묻지 말고 〈〉
> 우리 모두가 인류의 자유를 위해 무엇을 할 수 있을 것인가를 물어보십시오
> (ask not what America will do for you) 〈〉 ([ask] what together we can do for the freedom of man)

> 이 자리에 모인 우리 모두에게 그와 같이 수준 높은 역량과 희생정신을 요구합시다 〈〉 우리가 여러분에게 요구하는 그 높은 수준

(ask of us here the same high standards of strength and sacrifice) 〈 〉
([the high standards that] we ask of you)

다시 말하면, 봉사는 국가에 묻는 세 개의 상호 연관된 행위이다. 첫째, 우리가 미국인으로서 다른 미국인들을 위하여 무엇을 할 수 있는지를 묻는다. 둘째, 우리가 전 세계의 자유시민으로서 인류의 보편타당한 자유를 위해 무엇을 할 수 있는지를 묻는다. 셋째, 정치지도자들도 이런 높은 수준의 봉사 대열에 합류할 수 있는지 묻는다. 그날 청중들에게 "~이라고 묻지 않고 ~이라고 묻는, ~이라고 묻지 않고 ~이라고 묻는" 케네디 연설의 마지막 구절로 인하여 케네디가 영감을 불어넣기 위해 그렇게 애썼던, 또 오늘날에도 여전히 영감을 불어넣고 있는 봉사정신에 헌신하는 '신세대' 미국인들의 가슴이 용솟음쳤을 것이다.

전략

[정치인]-시계 재설정

2000-2006년까지 극단적으로 분열적인 공화당이 입법부 · 행정부 · 사법부를 지속적으로 장악함으로써 국내외 정책에서 모든 형태의 좋은 신뢰관계에 기초를 둔 협상의 여지를 없애버렸으며, 이 빈자리에는 대결과 협박으로 뭉쳐진 불신의 정치가 자리 잡고 있다. 그래서 현 민주당 의회 지도부의 당면과업은 미국이 전반적으로 일련

의 새로운 정책을 지지하도록 영감을 불어넣어야 할 뿐만 아니라, 새로운 스타일의 지도체제를 갖추도록 자극하는 일이다.

2006년 선거가 끝난 그 다음 주 부시 대통령은 다수당이 된 민주당에 대한 화해 표시의 일환으로 민주당 지도부와 몇 차례 긴급회동을 가졌다. 회담 후 일리노이 주 출신의 민주당 상원의원인 리처드 더빈(Richard Durbin)은 새로운 바람을 기대하면서 다음과 같이 말했다 :

> 우리는 공통 관심사에 관해 이야기하였고, 그것을 진전시켰으며, 올바른 방향으로 나아가기 위해 동의할 수 있는 방안을 찾았습니다. 이 점이 중요하다고 봅니다. 과거의 전투와 과거의 선거를 되돌아보는 것 대신에 앞으로 발전하기 위한 날이었습니다.[3]

이와 같이 더빈은 사람들이 다 함께 앞으로 '나아갈 수 있는' 새 길인 새로운 스타일과 바람의 정치를 민주당이 제시할 것이라는 희망을 주고자 하였다. 단 몇 초만 말할 수 있는 틈만 생겨도 더빈은 새로운 '시작'이라는 관점에서 대화를 프레임하는 기회로 활용하였다.

이런 점을 명심하면 케네디의 취임사에 나오는 "새롭게 시작하기"라는 잊을 수 없는 부름보다 더 새로운 바람을 불러일으키는 예는 없다 :

> 그래서 정중함은 나약함을 나타내는 것이 아니며, 성실함은 항상 정말로 그러한지 아닌지 증거가 필요하다는 점을 함께 명심하면서

이제 다시 시작합시다. 두려운 마음으로 협상에 나서지 맙시다. 그리고 결코 협상하는 것을 두려워하지도 맙시다.❹

물론 케네디는—자신이 미국의 힘과 대화하고자 하는 의지를 동일시하였는데—냉전이 최고조일 당시 소련과의 새로운 협상의 시대를 강조하였다. 케네디의 정중함의 요구는 '새롭게' 시작하자고 하면서 시계를 영(0)에 다시 맞추면서 시작했다. 여기에 국내외적 상호협력을 기반으로 진실한 대화를 통하여 진보주의자들이 갈망하는 강력한 정부를 구현하고자 했다. 이것이 바로 진보 프레임이다. 그런데 이런 비전이 어떻게 표현될 수 있는가?

케네디 연설이 좋은 모델이 되는데, 중요한 점은 현란한 수사력과 그의 진보주의 프레임을 섞지는 말아야 한다. 반복도치는 뭔가 틀리게 들릴 수도 있고 강요하는 듯 들릴 수도 있다. 그러나 '새롭게 시작한다' 라는 프레임은 (약육강식의 논리에 빠진 정부에 진실한 대화를 통해 새로운 바람, 새로운 스타일, 새로운 비전을 제시할 수 있는) 진보주의자들의 '0시로의 시계 재설정' 노력처럼 반드시 본받아야 한다.

케네디의 신뢰와 협력의 시대에서 "새롭게 시작하자"라는 요구는 분명히 소련과의 대화를 지칭하는 말인데, 진보주의자들은 그의 프레임에서 오늘날 분열된 정부의 골칫거리들을 처리하기 위해 새로운 비전을 갖춘 국내외 정책을 제시할 수 있어야 한다. 예컨대 선거유세장에서 진보파 후보는 '0시로 시계를 재설정' 한 후 정부에 대한 새로운 비전을 가지고 '앞으로 나아가자' 라는 자신의 특정 정책을 제안할 수 있다 :

너무나 오랫동안 우리 정부는 (국내외적으로) 힘으로 협박, 분열 그리고 대결이라는 허황된 약속으로 오도하는 지도자들 때문에 엄청난 압박을 받아왔습니다. 그러나 그런 지도자들의 힘을 생각할 때 일반 대중은 나약함만을 생각하였습니다. 미국 사람들에게, 우리들의 지도자들에게, 또 우리 정부에게 나약함보다 더 해로운 것이 없는 것처럼 마치 말하기를 두려워하고, 협상하기를 두려워하고, 협상 테이블에 앉기를 두려워하는 것도 매우 해롭습니다.

새롭게 시작하면서 시계를 재설정합시다. 대화하는 데서 힘을 찾고, 성실함에서 힘을 찾고, 정중함에서 힘을 찾는 새로운 지도자와 앞으로 나갑시다.

우리 사이를 분열시키는 문제가 아니라 우리를 단결시키는 문제를 취급하는 새로운 지도자를 선출하여 앞으로 나갑시다.

시계를 0시에서 다시 시작한다는 표현으로 새로운 정부에 대한 비전을 프레임함으로써 진보주의자들은 과거의 분열을 나약하다고 규정하고 동시에 미래를 향해 나아갈 수 있다.

[선거운동원]–선거운동은 묻는 것

지방후보의 조직강화를 위해 노력하는 선거운동원들에게 있어 인간적으로 보이는 것은 성공과 실패의 갈림길이 된다. (자원봉사원으로 나와달라거나, 선거자금을 지원해 달라거나, 선거일에 꼭 투표해 달라고)

유권자들에게 부탁하는 것은 정책을 제대로 이해시키는 일일 뿐만 아니라, 운동원과 유권자 간 개인적인 인간관계를 형성하는 일이기도 하다. 그런데 이런 일을 실제로 어떻게 할 것인가?

케네디 대통령의 취임사는 모든 운동원들이 적용해 볼 수 있는 (의인화라고 하는) 중요한 프레이밍 전략의 실례가 된다. 선거운동원들은 절대로 남의 집 문에 서서 "좋은 아침입니다, 로빈슨 부인. 조국이 여러분을 위해 무엇을 할 수 있을 것인가를 묻지 말고 여러분이 조국을 위해 무엇을 할 수 있을 것인가를 물어보십시오"라고 말해서는 안 된다. 이런 말은 비웃음과 함께 매몰차게 문만 닫게 할 것이다.

그러나 진보파 운동원들은 보통 [봉사]는 [묻고 답하기]라는 케네디의 은유법을 선거과정에서 잘 적용하지 않는다. 이에 따라 진보파들의 참여요구가 너무나 비인간적으로 진행되어 효과가 없다. 케네디가 프레임한 바와 같이 선거운동은 무엇보다도 봉사의 형태를 띠어야 하며, 그런 식으로 표현되어야 한다.

예컨대 2006년 뉴욕 주지사 선거를 성공시킨 엘리엇 스피처(Eliot Spitzer)의 광고 원고를 한번 보자(중요 문구는 굵게 처리) :

> 우리가 진정으로 알버니(Albany)[1]를 개혁하고자 한다면 그것은 래커워너와 사라토가 스프링스, 그리고 버펄로 같은 [작은 도시]에서부터 시작해야 합니다. 왜냐하면, 어떤 사람이 거인과 **맞붙을** 수 있다면 당신도 충분히 그럴 수 있습니다. **거인이 당신에게 묻고 당신이 대답하면서** 한번 단결하여 힘을 내어 이 주정부를 긴 잠에서 깨어나게

1 역자 주 : 10만 명의 인구를 가진 뉴욕 주의 주도로 뉴욕 주의 상징 도시.

할 것입니다. 그날이 오면 정부는 우리가 불평하는 것들을 그만둘 것이며, 우리가 할 수 있는 어떤 일들을 하게 될 것입니다.⑤

주지사 선거를 돕는 어떤 선거운동원도 후보의 TV광고를 이용하여 자원봉사자를 더 끌어들이는 프레임을 한다고 생각하지 않지만 스피처의 선거방법은 그것이 틀렸음을 증명하였다. 이 광고에서 사람들이 잘 알고 있는 바와 같이 '후보를 돕는다고 하는' 진보파 자원봉사자의 선거운동 논리가 맞붙어서 묻고 답하는 케네디의 봉사 은유법의 형태로 프레임되어 있다. "알버니가 여러분을 위해 무엇을 할 수 있을 것인가를 묻지 말고 여러분이 알버니를 위해 무엇을 할 수 있을 것인가를 물어보십시오." 단어들이 문맥에 맞게 조정되었지만 논리는 같다.

후보가 선거운동을 하면서 묻고 답하는 식으로 프레이밍하면 가가호호를 방문하거나 전화를 걸 때, 선거운동원은 사람들에게 '대화를 같이 해보자'와 후보와 '같이 가보자'라고 권유함으로써 이런 프레임을 더욱 더 강조할 수 있다.

[시민]-**우주탐험**

케네디 대통령 연설의 가장 위대한 순간은 당시 기술적·사회적·지적으로 가장 큰 난제들을 처리하는 데 목표의식과 상상력을 다 함께 동원하자는 데 있다 :

우리 함께 우주를 탐험하고, 사막을 극복하고, 질병을 뿌리뽑고,

바다 속을 개발하고, 예술과 무역을 권장합시다.❻

케네디는 자신의 연설을 청중들이 다 함께 일어서서 들으며 어쩌면 불가능하게 보이는 일들을 가능하게 하지 않을까라는 시선으로 바라보게 하는 논리로 프레이밍하는 능력이 있었다. 그 당시 케네디의 낙관론으로 미국인들은 위로 쳐다보았으며, 우주와 맞붙어 보게 되었다.❼ 이런 방식이라면 오늘날 우리도 새로운 도전을 극복할 수 있다. 예를 들면, 10년 후 미국의 에너지 독립을 쟁취하자는 비영리단체인 아폴로연맹(Apollo Alliance)[2]도 케네디의 낙관론에서 감화를 받았다. 아폴로연맹은 달성과업을 발표하는 자리에서 에너지 독립을 달착륙 과업과 동일시하였으며, 이는 위대한 도전을 극복하고자 하는 케네디의 부름을 계속하고자 하는 프레임이었다.

우주여행과 에너지 독립 외에 일반 시민이 케네디의 프레임을 어떻게 적용할 수 있겠는가? 진보파 시민들이 케네디의 낙관론을 저녁 식사 자리에 끌어들일 수 있는 방법은 가난, 기아, 환경오염 그리고 질병과 같은 난제들을 처리하는 대화를 시작하는 것이다. 진보주의자들이 이렇게 큰 문제를 논의하고 싶은 때가 있는데, 공화당이 지난 10년 동안 '트리클 다운 이론'과 '자유시장'을 이야기하면서 진

---

2 **역자 주** : 9 · 11테러 이후 미국의 에너지 독자성을 갖추어야 한다는 각계의 주장이 결실을 맺어 재계, 환경단체, 30여 개의 노조 등이 자발적으로 참여하여 친환경적이며 더 효율적인 대체 에너지 개발에 몰두하고 있음. 아폴로라는 이름은 케네디 대통령이 달탐사 계획인 아폴로 계획을 발표하면서 10년 안에 인간을 달에 착륙시킨다는 목표를 제시한 예에 따라 친환경 에너지도 10년 안에 개발 · 완료한다는 포부와 자신감에서 비롯됨.

보파식 창조성이 위축되었다. 그런데 사실 그럴 필요가 없다.

예를 들면, 진보주의자 시민이 다음 식사 자리에서 유가논쟁을 하게 되면 케네디의 '우주탐사' 논리를 이용하여 다음과 같이 대화를 프레임할 수 있다 :

> 요즘 유가가 우리를 괴롭히고 있습니다. 그런데 나는 단순히 저유가 말고 다른 것을 원합니다. 나는 에너지 독립을 위해 노력하는 미국에서 살고 싶습니다. 친환경적면서 안전한 자동차를 만들어 경제를 활성화시키는 미국에서 살고 싶습니다. 나는 미국이 신속하고 스마트하게 노력하여 고유가를 옛날에 있었던 일로 만들어 버리기를 바랍니다. 그러나 이것이 외국에서 석유 수입을 더 많이 함으로써가 아니라 과거의 기술을 뛰어넘어 미래의 기술로 진전함으로써 이루어지기를 바랍니다.

케네디 연설에 나오는 시를 이용하면 저녁 식사 자리에 있는 모든 사람들이 웅변가가 될 수 있다. 그런데 핵심은 '우주탐험'이라는 프레임이 단지 생각이 잘 표현된 문구 그 이상이라는 점을 알아야 한다. 그래야만 이 프레임이 에너지와 미국 국민성 간의 관계라는 새로운 주제로 나아갈 수 있다. 대화가 '기름가격'이라는 진부한 문제에서 출발하더라도 미국인의 창의성, 결연함 그리고 단결로 대화를 풀어갈 수 있다. 케네디가 취임사 1년 후 달 착륙을 성공시킨 작품인 아폴로 계획을 발표한 예에서 보듯이 진보주의자들은 우리들의 난제에 대해서도 이야기해야 하지만, 동시에 그런 난제가 너무나 어렵고 방대하게 보이기 때문에 그런 문제를 해결하고자 하는 미국인들의 의지도 같이 이야기해야 한다.

주

❶ 연설 전문과 오디오 기록은 다음 참조. "취임사(Inaugural Address)", 『밀러공공업무센터 존 F. 케네디 연설(*John F. Kennedy Speeches, The Miler Center of Public Affairs : Presidential Speech Collection*)』, http://millercenter.virginia.edu/scripps/diglibrary/prezspeeches/kennedy/jfk_1961_0120.html

❷ 전게서.

❸ "부시 대통령, 백악관에서 레이드 상원의원과 더빈 상원의원을 만나다(President Bush Meets with Senator Reid and Senator Durbin at the White House)", 백악관 홈페이지, 2006년 11월 10일, http://www.whitehouse.gov/new/releases/2006/11/20061110.html

❹ 전게서.

❺ "출발점(Where It Starts)", 스피처 패터슨, 2006년, 선거광고(Spitzer－Patterson 2006, Campaign ad), http://www.spitzerpaterson.com

❻ 케네디, "취임사", 전게서.

❼ "아폴로연맹은 낙관론과 희망의 메시지를 제시하였다. 이는 다음 세대를 위한 산업을 창출하며, 청정 에너지를 미국 재건을 위한 경제 및 안보의 지상명령이라는 프레임으로 이루어져 있다. 미국은 역사 속에 뿌리박힌 낙관론과 나도 할 수 있다는 정신을 고양하여 다시 한 번 희망과 꿈을 가져야 하며 더 크게 생각하여 가능성을 실현해야 한다. 1961년 존 F. 케네디는 10년 내에 인간을 달에 보내고 안전하게 귀환하는 과업을 제시하였다. 당시 그 계획은 다소 무모하였다. … 그러나 지금 미국에는 21세기를 위한 아폴로 프로젝트가 있다." "우리에 관하여(About Us)" 참조. 아폴로연맹(Apollo Alliance), http://www.apolloalliance.org/adout_the_alliance

11. 사회를 건설하다

Build a Society

린든 존슨 대통령, 미시간 대학교 졸업식 연설(1964)[1]

❖ **키워드** : 도시, 교실, 부패, 환경, 기회, 빈곤

❖ **전략** : 청사진이 아니라 최종 건물 — 진보적 가치 — 영혼이 없는 부(富)

인용

"여러분의 상상력, 여러분의 진취적 기상, 그리고 여러분의 분노가 우리들의 필요에 의해 우리 사회의 발전이 이루어지는 [순기능적인] 사회로 나아갈지, 혹은 구(舊)가치와 신(新)비전이 무자비한 성장에 매몰되는 [역기능적인] 사회로 나아갈지를 결정할 것입니다. 여러분이 살아가는 동안 우리에게는 부유한 사회, 강력한 사회 그리고 위대한 사회를 향해 나아갈 기회가 있을 것입니다. 이 위대한 사회는 국민 모두의 풍요와 자유의 정도에 따라 결정됩니다. 우리들이 전념해야 할 과제이기도 합니다만, 빈곤과 인종 차별을 끝내야 합니다. 그렇지만 그것은 시작에 불과합니다. 위대한 사회란 모든 아이들이 자신의 정신을 풍요롭게 하고 자신의 재능을 발전시켜 나갈 지식을 찾을 수 있는 곳입니다. 여가란 지루함과 불안을 유발하는 공포의 대상이 아니라 무언가를 창조하고 반추하기 위한 기회입니다. 우리

> 가 살고 있는 도시는 육체의 필요성과 상업의 필요성을 충족시키는 동시에 아름다움에 대한 욕구와 공동체(community)를 향한 갈망을 모두 충족시켜 줄 수 있는 곳이며, 인간이 자연과의 접촉을 재개할 수 있는 곳입니다. 도시는 창조 그 자체를 소중히 생각하며 인종에 대한 이해를 높여주는 것들을 영광스럽게 생각하는 곳입니다. 도시는 재산의 양보다는 목표의 질을 중요시하는 곳입니다. 그렇지만 무엇보다도 위대한 사회는 안전한 항구나 휴식처, 최종 목표 혹은 완성품이 아닙니다. 위대한 사회는 끊임없이 추진하는 새로운 도전이며, 노동 후에 생기는 경이로운 결과를 인생의 의미라고 생각하는 운명을 향해 나아갑니다. 그렇기 때문에 저는 오늘 여러분에게 우리들이 위대한 사회의 건설을 시작할 세 가지 장소(우리들의 도시, 시골, 그리고 교실)에 대해 말하고 싶습니다."

분석

이 시대 대통령 중 재직 기간을 가장 힘들게 보냈던 한 사람인 린든 존슨은 존 F. 케네디 암살 직후에 취임식을 가졌고, 공민권법이 발효되기까지 국민들을 이끌었으며, 선거에서 다시 당선도 되었지만 결국은 임기 동안 베트남 전쟁의 늪 속에서 허우적거려야 했다. 임기 중의 혼란에도 불구하고 미국을 이끌 비전이 부족한 가운데 존슨 대통령은 민주당과 공화당을 통틀어 미국의 마지막 위대한 비전 중 하나를 제시한 대통령이었다.

1964년 미시간대학교 졸업식에서 행한 존슨 대통령의 기조연설(정책보다는 비전과 가치를 뚜렷하게 표현한) '위대한 사회'는 하나의 간단한 이유 때문에 진보적 프레이밍의 걸작이 되었다. [미국의 졸업식이 있는 달] 5월의 그날, 졸업생들은 존슨 대통령이 미국의 '장소'들

을 '건설' 하고 재건설하는 것의 중요성에 대해 이야기하는 것을 들었다 :

> 저는 오늘 여러분에게 우리들이 위대한 사회의 건설을 시작할 세 가지 장소(우리들의 도시, 시골, 그리고 교실)에 대해 말하고 싶습니다.❷

처음 읽을 때는 이 모두가 꽤 일리 있어 보일 것이다. 도시란 실제로 '건설' 되는 '장소' 이니 말이다. 그런데 시골을 '건설' 한다거나 교실을 '건설' 한다는 것은 무슨 말일까? 사실 이 '건설' 과 '장소' 에 관한 이야기는 존슨의 '위대한 사회' 프레임의 핵심이다. 프레임의 실마리는 정부 프로그램과 입법, 그리고 관료정치에 관해 지루할 것이 뻔한 이야기를 시적이고 도덕적인 이미지로 바꾼 서로 연결돼 있는 은유적 표현들에 있다 :

[정부 프로그램]은 [건물]이다.
[사회정책]은 [건물]이다.
[문화정책]은 [건물]이다.
[도덕가치]는 [건물]이다.

뉴딜이 공황에 빠진 나라를 구제하기 위한 정책과 법률을 달성하기 위한 프레임이었듯이 '위대한 사회' 는 도시의 황폐함을 뿌리 뽑고, 환경을 살리고, 교육의 질을 개선하기 위한 정책과 법률을 전달하기 위해 존슨이 구축한 프레임이었다.❸ 하지만 존슨은 실제 정책에 대해서 구체적으로 말하기보다는 '건물' 이라는 은유를 통해 나라를 위한 자신의 전체적인 비전을 제시하였다. 교육과 환경, 도시계획에 있어서의 원대한 변화는 사실상 대규모의 투자와 정부 프로그램 혁신의 산물이지만, 존슨은 정부의 이러한 부분들을 실제 '장소'를 건설한다는 표현으로 나타냈다.

따라서 존슨의 연설에서 배울 점은 몇 개의 중심적인 은유구들을 이용해 여러 개의 아이디어들에 일관성을 부여하는 것이었다. 존슨은 넓은 범위의 사회문제들을 언급하는 데 '건설'이라는 하나의 일관성 있는 은유를 사용하였다. 존슨에게 있어서 핵심 사항은 자신이 위대한 사회를 "건설"하기로 제안한 "세 장소"를 제시하는 것이었다. 이 발판을 통해서 다음으로 '건물'이라는 일관성 있는 은유를 사용해 '가치'나 '공동체'와 같은 추상적인 개념들에 관한 이야기를 할 수 있었다. 즉 도시의 '부패'는 존슨의 연설 속에서 가치의 쇠퇴를 나타내는 이미지가 되었다. 마찬가지로 점차 심해지는 미국 '시골'의 오염과 남벌은 미 국민 개개인의 시들어 버린 '영혼'을 나타내는 이미지가 되었다. 그리고 미국 교육의 저조한 성장은 존슨의 연설 속에서 미국 공교육의 뒤처지는 수준을 설명하는 방법이 되었다. 이 "세 장소"에서 각각 "위대한 사회"가 극복해야 할 도덕적 과제들은 '장소를 건설'한다는 말로써 프레이밍되었다.

그날 존슨의 말을 들으며 관중들은 모두 '위대한 사회를 건설하기 위한 전쟁에 동참하기'의 의미가 보호와 참여라는 핵심 진보파 원리들에 헌신하는 시민이 되라는 것임을 기꺼이 알아들었을 것이다. 시민은 그저 투표권만 행사하는 사람이 아니라 건설자였다! 그리고 존슨이 그들을 초청해 건설하도록 한 프로젝트는 다름 아닌 미국 사회의 3C인 도시, 시골, 교실(city, countryside, classroom)을 재건축하는 야심찬 프로젝트였다. 이에 따라 시민참여에 관한 추상적인 아이디어들은 모두 존슨의 프레임에 의해 구체적인 이미지로 정의되었다:

[시민]은 [건설자]이다.
[사회]는 [건물]이다.
[사회 프로그램]은 [건설물]이다.
[도덕가치]는 [좋은 건설물]이다.
[도덕가치의 부재]는 [부패]이다.
[물질적 발전]은 [건설의 밑바탕]이다.
[정신과 영혼의 생명]은 [건설물의 내부]이다.

다른 말로 하자면, 존슨의 '위대한 사회'의 지속적인 진보적 가치는 위대한 사회에서 돌출된 법안에만 존재하는 것이 아니다. 존슨의 진정한 업적은 진보주의를 근면한 노동을 통해 사회의 여기 저기에 건설하고 그에 따라 나라를 강하게 하는 것으로 정의한 데 있다. 건설을 하고 동시에 '위대한 사회' 속에서 살아감으로써 미국은 존슨에 의하면 "영혼이 없는 부를 누리는, 벌을 받은 사회"에서 살아가는 삶을 피할 수 있는 것이었다. 대신 모든 사람이 자신의 인격과 목적 모두가 가치 있고 풍요로운 삶을 살 수 있는 문명으로 향하는 것이었다. 이것은 너무나도 강력한 비전이었기에 오늘날까지도 많은 진보주의자들은 자신을 '위대한 사회'의 '건설자'로 본다.

분석

[정치인]-청사진이 아니라 최종 건물

요즘처럼 여야 대치가 심각한 정치에서 진보주의자들은 끊임없이 "당신들의 '진보주의적 계획'은 뭐죠?"와 같은 식으로 자신들의 '계획'을 말해보라는 강요를 받는다. 하지만 이러한 질문들은 사실 후보들과 당선자들을 겨냥한 전략적 함정이지 그들의 지도력을 보여주기 위한 기회가 아니다.

건설현장의 청사진과 마찬가지로 정부 프로젝트 '계획'은 대중을 겨냥한 프레젠테이션이나 대화에서 사람들의 이목을 집중시킬 수 있을 만한 주제가 아니다. 계획은 청사진처럼 엔지니어들을 위한 것이다. 대중이 관심을 가지는 것은 그 계획이 완성된 상태의 모델이다. 즉 건물 그 자체의 입체 모형 말이다.

후보자들이나 당선자들이 존슨의 연설에서 얻을 수 있는 교훈은 이 청사진과 실제 건물 모형의 차이점에 있다. 대중은 청사진을 바라보는 데 시간을 허비하고 싶어하지 않는다. 그들은 건물 전체를 두루 볼 수 있는 투어를 원한다. 그들에게는 마땅히 그것을 요구할 권리가 있다. 은유적으로 말하자면, 진보파 후보가 대화의 내용을 '청사진'에서 '건물'로 바꾸는 것은 프로그램과 개별적 이슈에 관한 이야기에서 가치와 비전에 관한 프레임으로 방향을 바꿔 잡는 것과 같다.

존슨의 '위대한 사회' 연설에 기초하여 토론을 가치와 비전에 관한 질문이 오가는 방향으로 이끌고 싶은 진보파 후보들은 다음의

세 가지 질문을 스스로 묻고 답하는 것으로 시작해 보는 것도 괜찮을 듯하다 :

- 나는 무엇을 건설하고 있는가?
- 나는 어디에 건설하고 있는가?
- 나는 무엇을 위해 건설하고 있는가?

이 세 질문의 답이 '청사진' 이야기를 본래의 프로젝트에 관한 이야기로 바꾸는 데 도움을 줄 수 있다. 예를 들어, 어떤 후보자가 교육을 장려하기 위해 교사양성에 더 많은 투자를 하고, 교실에 과학기술을 도입하기 위해 정액 보조금을 지급하고, 교실당 학생 수를 줄이기 위해 교사를 더 많이 고용하고, 학생들의 재능을 살리기 위해 전문교사를 투입하고, 저소득 가정의 학생들에게 공짜 급식을 제공하겠다는 공약을 내걸었다고 하자. 그런데 캠페인 연설 도중 이러한 정책들을 계속해서 그대로 언급하는 것은 '청사진'의 레벨에서 이야기하는 셈이 될 것이다. 반면, 존슨의 접근방법을 따르면 훨씬 간단해진다. 다음의 세 질문에 대답을 하기만 하면 되니 말이다 :

- 나는 무엇을 건설하고 있는가? 〉세계에서 가장 좋은 학교
- 나는 어디에 건설하고 있는가? 〉교실에
- 나는 무엇을 위해 건설하고 있는가? 〉모든 아이에게 밝은 미래를 안겨주기 위해

후보자가 처음 생각하고 있던 연설 대본과 확연히 다른 결과가

나온다 :

- 우리들이 당면한 과제는 단순히 교육을 개선시키기만 하는 것이 아니라 세계에서 가장 좋은 학교들을 짓는 것이다.
- 이 최고의 학교들을 지을 때 모든 아이들은 앉아서 배우고, 자라날 자리가 있게 될 것이다.
- 이 과제를 받아들임으로써 우리는 최고의 학교를 짓게 될 뿐만 아니라, 미국을 이끌어 나갈 다음 세대를 위한 밑바탕을 제공해 주기도 하는 것이다.

교육에 관한 이 프레임에서 존슨의 은유적 일관성은 세 문장에서 골고루 나타나 있으며, 정책뿐만이 아닌 교육을 위한 비전을 구체화시켜 준다. 교육을 위한 진보적 비전은 토론을 시험과 컴퓨터, 그리고 월급이 아니라 우수성, 평등성, 그리고 지도력에 관해서 프레이밍한다. 정책의 세부적인 내용은 나중에 청사진을 펴보이기에 더 적절한 장소에서 설명하면 된다.

[선거운동원] – 진보적 가치

진보적 성향의 선거운동원들을 자주 당황시키는 것 중 하나가 보수주의자들이 '[전통적인] 가족의 가치'에 대해서 말할 때 나오는 공격적인 어투이다. 진보주의자들은 보수주의자들의 주장이 자신을 오도하고 있다는 것을 알고 있지만, 결국 그 주장들이 토론을 프레이밍해 나가고 자신을 수비 자세로 돌려버리기 때문에 진보주의자들에

게 계속 혼란을 주는 것이다.[4]

존슨의 '위대한 사회' 연설은 이러한 상황에서 빠져나갈 방법을 제시해 준다. 연설의 중반 정도에서 존슨은 도시의 팽창과 황폐화에 대해 다음과 같은 통찰을 했다(단어의 강조는 저자가 임의로 한 것) :

> 우리 사회에서 가장 나쁜 점은 도시 팽창으로 이웃들과의 친교를 통해서 그리고 자연과 더불어 살아가면서 만끽했던 전통적인 귀중한 **가치**들을 차츰 침식시켜 가고 있다는 것입니다. 이 **가치**들이 소실된 자리를 외로움과 권태, 그리고 무관심이 대신하고 있습니다.[5]

여기서 진보주의자들은 지난 몇십 년 동안 보수주의자들이 반복해 왔던 것과는 매우 다른 개념의 가치들을 발견할 수 있다. 존슨의 진보적 세계관에 의하면 '가치'란 '이웃과의 친교', 그리고 '자연과의 교감' 속에서 나타나는 것이다. 즉 가치란 개인과 단체의 성격을 더욱 기름지게 해주는 활동의 도덕적 목적에 대한 신념이다. 반면, '가족의(전통적) 가치'에 대한 보수주의자들의 생각은 '결혼은 남성과 여성 사이에만 이루어지는 것이다' 등과 같이 규칙이나 조건과 비슷한 양상을 가지고 있다.

개인과 단체의 성질을 비옥하게 하는 활동들을 긍정적으로 여기고 장려하는 일은 선거운동원들에게 좋은 도구가 될 수 있다. 예를 들어, 어떤 자원봉사 단체가 진보적 성향의 후보자를 위해 유권자들에게 전화를 걸어 교육과 환경을 주제로 이야기를 나누어 줄 것을 요청받았다고 하자. 이때 후보자의 정책에 관한 자세한 이야기를 나누기보다는 진보주의자들이 신념을 가지는 다음과 같은 가치들을 가

지고 대화를 시작해 볼 수 있을 것이다 :

- 우리는 질 좋은 교육으로 이웃에 대한 존경과 공동체를 위한 봉사라는 가치들을 더욱 소중하게 생각해야 한다고 믿습니다.
- 우리는 미국의 야외(환경)를 보존하고 즐기기 위해 노력하는 사람들의 가치를 믿습니다.
- 우리는 미국의 전통에 뿌리를 둔 신기술 교육의 가치를 믿습니다.
- 우리는 개개인의 독창성과 책임감을 양성하는 것의 가치를 믿습니다.

각 캠페인이 명확히 하고 싶어하는 특정 가치들은 단체 브레인스토밍(brainstorming) 등을 통해서 정할 수 있다. 아마 각 캠페인 또는 후보별로 조금씩 다를 것이다. 하지만 어떤 경우든 핵심은 진보주의적 가치들이 행동을 위한 규칙이 아니라, 미국 시민의 삶의 질을 높여주는 활동들이 도덕적인 가치가 있다는 신념을 가지는 것이다. 존슨의 말을 빌리자면 진보주의적 가치들은 '위대한 사회'의 '초석'이다.

[시민]-영혼이 없는 부(富)

모든 진보주의자들은 물질 그 자체를 위한 과다한 물질적 부는 건강한 사회의 암이라는 신념을 공유한다. 이런 이유 때문에 모든 진보주의자들은 저녁 식사 도중 부의 '과다'라는 주제가 나오면 기꺼이 받아서 열띤 대화를 진행한다. 그런데 이 주제는 정확히 무엇에 관한 것일까? 도대체 어떻게 프레이밍을 해야 하는 것일까? 존슨은 바로 이 질문들에 대해 자신의 연설문 시작부분에서 대답한다 :

> 위대한 사회는 안전한 항구나 휴식처, 최종 목표 혹은 완성품이 아닙니다. 위대한 사회는 끊임없이 추진하는 새로운 도전이며, 노동 후에 생기는 경이로운 결과를 인생의 의미라고 생각하는 운명을 향해 나아갑니다.[6]

존슨에게 있어 위대한 사회의 상대어는 '영혼이 없는 부', 즉 목적 없는 재물, 의미가 없는 물질적 수단을 가진 미국이었다. 이러한 생각 속에 부와 책임에 관한 대화를 하는 데 사용되는 강력한 프레임의 씨앗이 자라고 있었다.

이 '영혼이 없는 부'를 연상시키기에 매우 적절한 주제 중 하나가 바로 주식시장이다. 예를 들어, 저녁 식사 도중 기념비적인 호황을 누리고 있는 주식시장에 관한 이야기가 나오면 진보주의자는 이야기에 살짝 끼어들어서 이런 말을 할 수 있을 것이다 :

> 더욱 많은 사람들에게 일자리와 기회를 제공하니 미국의 기업이 잘 되는 것은 정말 좋은 일이지요. 그런데 지금 시장에서 얻어지고 있는 큰 수익들, 이 조금 뜻밖의 엄청난 수확들 말입니다. 이런 부는 혹시 영혼이 없는 메마른 부가 아닐까요? 이 새로운 재산을 현재 우리가 당면해 있는 과제, 이를 테면 보건이나 환경, 에너지, 그리고 종교적 대립 등의 문제에 투자하면 어떨까요? 나는 우리에게 돈을 벌게만 할 뿐만 아니라 우리가 진정 원하는 사회를 만들어 나갈 능력도 있다고 믿어요.

주식시장의 수익률에 관한 대화를 '영혼이 없는 부'에 관해서 프레이밍하는 것은 대화내용을 진보주의적 방향으로 이끌어 가기 위한 전략이다. 하지만 이는 실제 돈을 진보적 목표들을 향해 보내기 위한 좀 더 넓은 범위의 전략으로 발전시킬 수도 있을 것이다. 예를 들자면, 최근 몇 년 동안 클린턴 자선재단(Clinton Global Initiative)은 '부'라는 것을 범지구적인 차원에서 존슨의 위대한 사회에 놀라울 정도로 비슷한 의미로 프레이밍하는 데 성공했다.[7]

미시적 · 거시적 레벨 모두에서 부에 대한 진보주의적 생각과 보수주의적 생각의 차이는 원칙과 중요성의 차이로 볼 수 있다. 보수주의자들은 개인적 차원이든 정부적 차원이든 다른 어떤 경제적 동기보다도 자본을 축적하는 것을 중요시한다. 그에 반해 진보주의자들은 지출과 투자를 하더라도 원칙과 신념을 가지고 하라는 것이다. 이때 재산의 목적은 사회의 일원으로서의 개인 발전이다. 이 확연하게 구분되는 특징들은 시장과 성장, 그리고 자본에 관한 대화를 할 때 그 근본에서부터 영향을 끼친다. 그런데 보수주의자들은 진보주의자들이 자본의 축적 그 자체에 반대한다는 오해를 해버리기 일쑤이다. 사실, 진보주의자들이 반대하는 것은 자본의 축적 그 자체가 아니라 영혼이 없는 부, 즉 나름의 순위는 정해놓았지만 원칙이 없는 그런 자본주의인데 말이다.

주

❶ 연설의 전문 및 오디오 기록은 다음 참조. "미시간대학교 발언(Remarks at the University of Michigan)", 『밀러공공업무센터 린든 존슨 연설 : 대통령연설모음집(*Lyndon B. Johnson Speeches, The Miler Center of Public Affairs : Presidential Speech Collection*)』, http://millercenter.virginia.edu/scripps/diglibrary/prezspeeches/johnson/lbj_1964_0522.html
❷ 전게서.
❸ 존 앤드류(John A. Andrew), 『린든 존슨과 위대한 사회(*Lyndon Johnson and the Great Society*)』, Chicago : Ivan R. Dee, 1998.
❹ 레이코프, 『도덕정치』, 1996.
❺ 존슨, "미시건대학교 발언", 전게서.
❻ 전게서.
❼ 글렌 케슬러(Glenn Kessler), "클린턴 개덜스의 세계 지도자, 세계 발전을 위한 무당파 모임(Clinton Gather's World Leaders, Non Partisan Conference Focuses on Global Improvement)", *Washington Post*, 2005년 9월 15일.

12. 저는 성공했습니다

I Have Succeeded

리처드 닉슨 대통령, 퇴임 연설(1974)[1]

❖ **키워드** : 연상시키기, 과시, 오도(誤導), 스핀, 일

❖ **전략** : 스위프트보팅 (swiftboating)—트롤 (troll)—기차는 제 시간에 달린다

인용

"공인으로서 지낸 25년 하고도 좀 더 되는 시간 동안 저는 휘몰아치는 역사를 여러분과 함께 해왔습니다. 저는 제가 믿고 있는 것들을 위해 싸웠습니다. 저는 저에게 주어진 임무들을 이행하고 저에게 맡겨진 책임을 완수하기 위해 최선을 다했습니다. 성공할 때도 있었습니다. 그리고 실패할 때도 있었습니다. 저는 항상 시어도어 루스벨트 대통령이 언급했던, 경기장 안에서 얼굴은 먼지와 땀과 피로 범벅이 된 채로, 계속해서 실수를 하고 부족한 점도 많지만 실수와 부족함이 없이는 노력이라는 것이 있을 수가 없기에, 그래도 자신에게 주어진 과제를 끝마치기 위해 애쓰는, 진정한 열정과 헌신의 의미를 알고 있는, 자신을 그럴 만한 가치가 있는 이유를 위해 바치는, 마지막 결과가 좋으면 뛰어난 성과를 올린 승자가 되고, 결과가 좋지 못하다 하더라도 여러 차례의 대담한 도전 끝에 결국 실패해 버린

그 남자의 이야기에서 희망을 얻습니다. 저는 오늘밤 제 육체에 생명의 숨결이 조금이라도 남아 있는 한, 그 정신을 이어나갈 것임을 여러분에게 선언합니다. 저는 제가 하원의원, 상원의원, 부통령, 그리고 대통령으로서 보낸 시간 동안 일신을 바쳤던 목표들, 즉 평화, 미국만의 평화가 아니라 세계 모든 나라들의 평화, 번영, 정의, 그리고 만인에게 공평한 기회를 제공하기 위해서 계속해서 헌신적으로 일할 것임을 선언합니다. 그리고 제게는 지금까지 그 무엇보다도 중요시해 왔고 앞으로도 제 평생 그렇게 할 생각인 목표, 꿈이 하나 있습니다. 5년 반 전 처음 취임선서를 할 당시 저는 대통령이라는 지위, 저의 에너지, 그리고 저의 모든 지식을 총동원해서 세계의 평화를 이끌어내겠다는 그런 신성불가침한 약속을 했습니다. 그동안 그 약속을 지키기 위해 제가 할 수 있는 최선을 다했습니다. 그 결과 오늘날의 세계가 미국인뿐만 아니라 세계의 모든 사람들에게 조금 더 안전한 곳이 되었고, 이제 우리 아이들의 앞에는 전쟁터에서 죽어가기보다는 평화로운 세상 속에서 살아갈 미래가 기다리고 있음을 자신합니다."

분석

사실, 처음에는 퇴임 연설은 둘째 치고 리처드 닉슨이라는 사람 자체에게서 프레이밍에 관해 배울 것이 있다는 사실이 이해가 되지 않을 수도 있다. 하지만 닉슨의 퇴임 연설은 진보주의자들에게 가장 중요한 학습 포인트 중 하나인 '프레이밍'과 '스핀'의 차이를 공부하기에 좋은 본보기이다.[2]

잘 된 프레이밍은 연설 속에서 불필요한 방해 요소들을 다듬어 내어 비전이 더 완전하고 선명해지도록 함으로써 듣는 이가 연설 속에 담긴 아이디어들을 더 잘 이해할 수 있게 해준다. 반면, 스핀은 듣는 이를 오도(誤導)함으로써 관심을 다른 곳으로 돌려버린다.

닉슨은 퇴임 연설에서 세 가지 핵심 수사적 수법들을 쓴다 :

- 오도(誤導)
- 자랑
- 연상

이 세 가지를 함께 사용하게 되면 감정적으로 자제할 수 없는 연막을 처버리기 때문에 굉장히 효과적이다.

오도는 '일' 프레임을 연상시킴으로써 이루어졌다. 대부분의 미국인들이 닉슨 퇴임 연설 당시 가장 관심을 가지고 있었던 것은 그 당시 20세기 사람들에게 엄청난 충격을 안겨줬던 대통령의 범죄행위였다. 그렇지만 닉슨은 연설의 주제를 자신의 범죄행위가 아닌 '일'로 잡았다. 연설문 속 다음 문장들은 '일' 프레임을 연상시킨다 :

- "나는 한번도 일을 중간에 그만둔 적이 없습니다."
- "미국은 풀타임 대통령과 풀타임 국회를 필요로 합니다."
- "나는 이제 더 이상 이 지위에서 여러분들을 위해 일할 수 없습니다."

'일' 프레임이 너무나도 강력히 연상되는 나머지 워터게이트 스캔들을 모르는 사람이 무심코 연설장면을 봤다면 아마 자신이 직업과 일자리의 고결함에 관한 연설을 듣고 있는 줄 알았을 것이다. 사람들의 관심을 '일', 일의 필요성, 일의 중요성, 일의 본질로 돌리는 것이 닉슨이 시도한 오도였다. 그는 "제가 저지른 범죄는 보지 마시고 제가 지금까지 해온 일들, 제 업적들만 보십시오"라고 말하고 있었다.

오도는 듣는 이들이 정작 중요한 문제에 집중하는 능력에 많은 타격을 줄 수 있고, 사람들의 의견을 조작하는 데도 상당히 효과적이다. 예를 들어, 대부분의 진보주의자들이 국가 전체가 닉슨 대통령이 불명예 속에 퇴임했다고 생각한다고 믿고 있지만, 사실 많은 미국인들은 닉슨의 수많은 업적들이 워터게이트 때문에 묻혀버려야 했던 성실한 대통령이라고 생각한다. 사실상 오도의 목적 중 하나는 특정 사건에 대한 장기적 해석을 금하게 하는 것인데, 비도덕적인 행위의 진실을 깨닫기 어렵게 프레이밍하는 방법으로 행위에 대한 미래의 판단을 흐리게 하는 것이다.

닉슨이 행한 오도의 장기적 성공의 핵심은 그가 연설에서 사용했던 두 번째 수법, 자랑이었다. 자랑이라? 불명예 속에서 퇴임하는 대통령에게 자랑할 것이 도대체 무엇이 있었다는 것일까? 그럼에도 불구하고 닉슨의 연설을 자세히 들어보면 역대 대통령 연설문들 중에서 가장 자기 자랑이 심한 연설문 중 하나임을 알 수 있을 것이다. 이것은 자기 업적에 대한 '자랑'이 실패를 성공으로 스핀시키는 핵심 전략 중 하나이기 때문이다.

연설에서 닉슨은 무려 네 가지 주요 외교정책 성공사례들을 자랑한다 :

- 베트남 전쟁을 끝낸 것("우리는 미국이 가장 오랜 시간 동안 치른 전쟁을 끝냈습니다.")
- 중국과의 외교("우리는 잠겨 있던 문을 열었습니다.")

- 중동과의 외교("1억 명의 사람들이 … 이제 우리를 우방으로 봅니다.")
- 소련과의 핵확산금지조약("이제 핵전쟁의 공포가 더 이상 세상의 목을 죄지 않을 것입니다.")

닉슨의 계획은 자신의 업적들을 산더미같이 쌓아올림으로써 자신이 법을 어기고 탄핵 직전까지 갔었다는 자그마한 사실을 묻어버린다는 것이었다. 한 쪽에는 범죄가 있었다. 다른 한 쪽에는 세계를 상대로 한 외교, 베트남 전쟁 종결, 그리고 소련과의 핵전쟁 공포의 결말이 있었다. 둘을 비교해 보면 범죄의 질이 그다지 나빠 보이지도 않는다. 닉슨은 적어도 스핀을 통해 그렇게 증명해 보이고 싶어했다.

게다가 닉슨은 자신의 업적들을 자기 혼자의 것이 아니라 '우리' 미국인들의 것이라고 말했다. "우리는 끝을 냈다", "우리는 잠겨 있던 문을 열었다", "우리는 계속해야 한다"라는 식으로 열두 번도 더 넘게 닉슨은 자신의 업적들을 모두가 함께 이룬 업적이라는 듯이 말했다. 아이러니하게도 닉슨 정부는 역대 정부 중 가장 비밀스럽고 불화를 많이 유발한 정부 중 하나였다. 자신이 그와 함께 뭔가를 이루어내고 있다고 느끼는 미국인은 극소수였다. 그러나 그날밤 그의 말을 듣고 있자면 마치 이 연설이 우리 모두의 업적, 즉 워터게이트 사건 때문에 불행히도 중단되어야만 했던 우리의 업적에 관한 연설이라는 생각이 쉽게 들었을 것이다.

그의 오도가 아무리 효과적이고 광범위하다 해도 닉슨의 스핀은 그가 자기 자신을 미국 역사 속의 다른 위인들과 비교함으로써 '연상'의 수법을 사용하기 전까지는 완성된 것이 아니었다. 그는 또 다른 유명한 공화당 대통령인 시어도어 루스벨트의 이름을 언급함으로써 자신은 자신이 저지른 범죄들이 결점이 아니라, 오히려 위인의 징표인 루스벨트가 "경기장 안의 남자"에서 언급했던 그런 형상이라고 전달했다:

> 저는 항상 시어도어 루스벨트 대통령이 언급했던, 경기장 안에서 얼굴은 먼지와 땀과 피로 범벅이 된 채로 계속해서 실수를 하고 부족한 점도 많지만, 실수와 부족함이 없이는 노력이라는 것이 있을 수가 없기에, 그래도 자신에게 주어진 과제를 끝마치기 위해 애를 쓰는, 진정한 열정과 헌신의 의미를 알고 있는, 자신을 그럴 만한 가치가 있는 이유를 위해 바치는, 마지막의 결과가 좋으면 뛰어난 성과를 올린 승자가 되고, 결과가 좋지 못하다 하더라도 여러 차례의 대담한 도전을 한 끝에 결국 실패해 버린 그 남자의 이야기에서 희망을 얻습니다.[3]

닉슨의 루스벨트 인용은 대통령으로서의 철면피 정신의 기념비적 순간이었다. 퇴임 직후에 루스벨트가 했던 연설 속의 "경기장 안의 남자"는 원래 큰 업적을 이루어내는 것은 그만큼 열심히 노력을 하는 위대한 사람이지, 그를 비판하고 흠집 잡는 이들이 아니라는 취지의 생각을 전달하기 위해 했던 말이다.[4] 루스벨트의 말로 자신을 프레이밍함으로써 닉슨은 자기 자신을 위대한 사람이라고 부르는 셈이 된 것이다. 그것도 자신이 저지른 범죄로 인해 퇴임하는 자리에서 말이다.

아마 당신도 어쩔 수 없이 헌법과 국민, 그리고 자신의 범죄에 대한 연설을, 자기 자신이 끊임없이 계속했던 노력과 위대한 업적들에 대한 찬사로 바꾸어 놓는 닉슨의 능수능란한 스핀에 혀를 두를 수

밖에 없을 것이다. 그리고 오늘날까지도 그날 닉슨의 연설은 미국의 정서 속에 남아 있다. 닉슨을 부정적으로 바라보면서 비판을 많이 하는 이들도 자주 헌법을 위배하기는 했을지언정 그가 실력 있는 외교관이자 뛰어난 지도자였다고 시인한다. 퇴임사 스핀은 그 자체가 이러한 프레임 속에 닉슨의 평판을 묶어둔 것은 아니지만 핵심 역할을 했던 것은 사실이다.

닉슨의 퇴임식 연설은 말하는 이가 받았어야 할 비난을 꺾어버림으로써 말하는 이에 대한 평판을 높이기 위한 스핀의 우수한 본보기로 꼽힌다. 반면, 요즘의 정치에서는 대부분의 스핀이 유권자가 마음 속에 가지는 말하는 이의 상대편에 대한 평판을 격하시키기 위해서 이용된다. 타인을 겨냥한 스핀의 목적은 오도와 부정적 의미의 연상, 그리고 비방이다. 이용목적이 닉슨이 의도했던 것과는 반대이지만 그 수법 자체는 똑같다.

전략

[정치인]–스위프트보팅

최근 들어 '스위프트보팅(swiftboating)'[1]은 보수주의자들이 진보

---

1 역자 주 : 케리 후보는 1960년대 말 베트남 전쟁 당시 해군 쾌속선(swiftboat) 지휘관(중위)으로 근무하였음. 몇 차례의 영웅적인 활약으로 은성무공훈장과 청동성장을 받았음. 또한 여러 전투에서 팔과 다리, 둔부에 파편이 박히는 등 4번이나 부

주의자들을 상대로 쓰는 스핀 중 가장 위험한 종류의 하나가 되었다. 스위프트보팅이라는 명칭은 2004년 대선에서 존 케리(John Kerry) 후보가 베트남에서 스위프트보트 선장으로서 자신의 활약상에 대해 거짓말을 했다는 취지의 광고 시리즈를 내보낸 Swift Boat Veterans for Truth라는 비영리단체의 이름에서 유래한다. 일단 '스위프트보팅'을 당하면 후보자의 장점들, 예컨대 군대나 전쟁에서의 영웅적 활약, 진실함 또는 관대함 등 모두가 악의적 스핀에 휘말려 돌이킬 수 없이 타격을 받아버린다.[5]

그러나 최근 들어서 보수주의자들의 스위프트보트 공격이 예전만큼은 위력을 발휘하지 못하고 있다. 예를 들어 2006년, 펜실베이니아 주의 제8선거구에서 현직 의원이던 공화당의 마이크 피츠패트릭(Mike Fitzpatrick)이 민주당의 패트릭 머피(Patrick Murphy) 후보의 군 제대 경력을 문제 삼았으나 머피가 반격을 하자 오히려 피츠패트릭이 불리해지는 상황이 발생했다.[6] 결국, 선거에서는 머피가 당선됐다. 그렇지만 최근 이렇게 실패한 사례들이 있다고 해서 스위프트보팅을 무시해서는 안 된다. 보수주의자들의 스위프트보팅은 여전히 캠페인을 무산시켜 버릴 수 있는 위험한 정치전략이다.

이런 종류의 스핀에 대응하기 위해서 진보주의자들은 반드시 스스로의 프레임을 끝까지 따르도록 조심해야 한다. 이때 닉슨의 스핀을 뜯어봄으로써 스위프트보팅의 원리와 대처법을 추론해 본다면

상을 당하였으며, 이에 따라 상이기장을 받았음. 그러나 공화당에서 케리 후보가 이 상을 받을 정도로 부상이 심각하지 않았다는 의구심을 제기하면서 선거과정에서 케리의 군경력이 오히려 불리한 측면도 있었음.

도움이 될 것이다.

닉슨의 연설에서 볼 수 있듯이 모든 스위프트보팅은 항상 오도로 시작된다. 스위프트보트 공격의 목적은 유권자들을 실제 이슈로부터 오도하면서 대신 타깃이 되는 다른 후보자의 단점들을 부풀리고 꾸며서 그들에게 주입하는 것이다. 예를 들자면, 이라크 침공의 실패와 그럼에도 불구하고 맹목적으로 부시 대통령을 지지하는 공화당 후보의 문제점에 대한 토론 도중 중간 휴식 시간에 갑자기 그 토론에 참여한 민주당의 후보가 예전에 베트남에서 여성을 강간한 적이 있다는 내용의 광고가 흐른다고 하자. 이것은 명백한 스위프트보팅이다. 이러한 오도에 제대로 대응하려면 후보자는 자신이 받은 공격 그 자체에 대해 반응하기보다는 상대편이 사용한 스핀을 유권자들에게 지적해 주어야 한다 :

- 상대편 후보께서는 자신이 지지했던 이라크 침공의 실패에 대한 이야기가 힘겨우셨던 모양인지 **대신 여러분의 주의를 저에게로 돌리셨네요.**
- 상대편 후보께서는 우리 모두가 실제 토론은 **외면한 채** 거짓 혐의에 대한 이야기를 나누기를 원하시는 모양입니다.
- 상대편의 **재빠른 술책** 덕분에 우리 두 사람은 이제 상대편 후보께서 만든 저에 관한 스핀에 대해 이야기하게 되었네요. 불과 어제까지만 해도 저희는 이라크에 대한 토론을 하고 있었는데 말입니다.

이제 다음 단계는 스위프트보터들을 자신들에게 대항하는 자들을 조용히 시키기 위해 협박하고 위협하는 '갱단(악당)' 이라는 프레임 속에 넣어버림으로써 자신이 받은 비방을 만회하는 것이다.

- 저희 진영은 사람들의 입을 막아버리려는 **정치 갱단들의 협박**에 굴하지 않을 것입니다.
- 상대 후보 수하의 **정치 갱단**들은 저에게 침묵을 강요하지 못합니다.
- 이 [주, 군, 도시 등]의 사람들과 저는 **상대 진영들의 정치 갱단들이 이래라 저래라 하는 대로 고분고분 따르지 않을 것입니다.** 우리는 실질적인 이슈, 그리고 실질적인 변화를 위한 투쟁을 계속 할 것입니다.

다시 말하자면, 진보주의 성향의 후보자는 스위프트보트 공격의 어금니를 뽑아버리기 위해 스위프트보트 공격에 무법적인 이들의 비도덕성에 맞서 싸우는 이들의 도덕성이라는 프레임을 적용시켜야 한다. 이 '선량한 시민 대 갱단' 이라는 프레임은 사람들에게 연상시키기도 쉬울 뿐만 아니라 미국 역사 속의 흔한 테마이기 때문에 이해도 쉽다.

또한 닉슨이 자신의 모습으로부터 역사 속의 위인들을 '연상' 하도록 했던 것과 마찬가지로, 스위프트보터들은 스핀을 할 때 진보 성향 후보자들의 모습으로부터 위험하거나 악질인 사람 또는 단체가 '연상' 되도록 함으로써 공격을 한다. 이 함정에서 벗어나기 위해 진보 성향의 후보자는 실질적인 이슈, 자신과 상대 후보 공약의 차이에 관심의 초점이 다시 모아지도록 언론에 적당한 말을 함으로써 자신

이 다시 주도권을 잡을 수 있도록 해야 한다 :

- 이런 네거티브 전략을 좋아하는 사람은 아무도 없습니다.
- 상대 후보는 아무래도 이 선거의 실질적인 이슈보다는 자신의 정치 갱단들이 저에 대한 방해공작을 하도록 하는 것에 더 중점을 두고 있나 봅니다.
- 저도 물론 여러분께 저의 군 복무 시절에 관한 이야기를 들려 드리고 싶습니다. 그렇지만 지금은 그것보다는 다른 문제들이 우선이니 제가 이라크에 관한 질문공세를 받기 직전 하던 얘기를 마저 하도록 하죠.
- 제 상대 후보와는 달리 저는 국방의 의무를 다했습니다. 제 상대 후보와는 달리 저는 이라크 정책에 즉각 변화를 줘야 한다고 믿고 있습니다. 제 상대 후보와는 달리 저는 현 대통령에게 이 전쟁과 침공사태에 대한 책임을 물어야 한다고 생각합니다.

즉 스위프트보팅은 즉시 들통이 나게 되고 또 공격당한 측에서 주도권을 탈환하기 위해 곧바로 움직일 경우, 그 기세를 상당 부분 잃는다. 결과적으로 스위프트보트 스핀을 사용한 캠페인은 뇌관을 제거당한 폭탄 신세가 되어버려 토론은 다시 유권자들에게 진보적 가치들을 좀 더 구체적으로 설명하는 방향으로 흘러간다.

[선거운동원]－트롤(troll)

온라인상의 선거운동원들이 거의 매일 상대해야 하는 것이 보수성향의 '트롤'들이 걸어오는 특수한 형태의 스핀이다.[7] 여기서 트롤이란 진보 성향의 온라인 커뮤니티를 방문해 자극적인 말을 해서 원래 이루어지고 있던 대화를 끊어버리거나 엉뚱한 방향으로 선동해 버리는 이들을 말한다. 성가신 존재인건 둘째 치고 트롤들은 본래 아주 구체적인 목적을 염두에 두고 활동을 한다. 그들의 목적은 진보주의자들을 보수적 스핀 속에 가둬버림으로써 아이디어의 활발한 교환과정을 침식시킨다. 일단 트롤에게 '당하면(be hit)' 그 대화는 주로 격한 플레임 워(flame war), 즉 맨주먹 동네 싸움의 온라인 판으로 전락해 버린다.

비록 트롤의 작품은 아니지만 닉슨의 퇴임 연설은 트롤들과 마찬가지로 오도의 전략을 사용하고 있다. 단지, 닉슨의 오도는 세간의 관심을 그가 저지른 범죄에서 '우리'가 일궈낸 '업적'으로 돌리기 위한 것이었던 반면, 현대 보수주의 트롤들은 주로 두 가지의 오도 기법을 사용한다 :

- 자유주의자 공격하기 : "**진짜** 인종차별주의자는 자유주의자들이에요!"
- 증오 꼬리표 달기 : "당신들은 대체 왜 그렇게 대통령을 **증오**하는 거죠?"

두 기법 모두 대화를 대립 노선으로 바꿔버림으로써 트롤이 대화를 마음껏 조작할 수 있게 해준다. 예를 들어 인종차별주의자로 몰려버린 진보 성향 네티즌들은 주로 "저 인종차별주의자 아니에요!"라고 방어적으로 반응을 해버린다.

트롤을 이기려면 방어 자세를 취할 것이 아니라 그들의 오도를 들춰내고, 그 다음 트롤이 한 말들을 정치적 전략으로 프레이밍해 버려야 한다. 오도를 들추기에 알맞은 질문으로는 다음과 같은 것들이 있다 :

- "방금 당신이 한 '인종차별주의' (예 : 트롤이 오도하려고 쓴 용어)라는 말은 여기서 정확히 무엇을 의미하는 거지요?"
- "우리 어쩌다가 미국을 '증오' 하는 자유주의자들에 대한 얘기가 나와버린 거죠?"
- "이 대화는 언제부터 이라크에 관한 이야기이길 포기하고 자유주의자에 대한 대화로 흘러와 버린 걸까요?"

이제 다음 단계는 트롤들의 방해공작을 대화의 납치행위(hijacking)로 프레이밍해 버림으로써 트롤을 대화에서 완전히 배제시켜 버리는 것이다.

아까의 그 말들은 이 대화를 하이재킹하기 위한 정치적 전략이었습니다.

트롤의 코멘트들을 오도공작으로 봄으로써 진보주의자들은 참된 토론의 맥을 끊어버리려는 의도의 의미 없는 언쟁에 휩쓸리지 않고 대화의 주도권을 쉽게 돌려받을 수 있다. 결과가 항상 완벽하지는 못하더라도 닉슨의 퇴임 연설에서 얻은 교훈들은 우리가 방해공작을 예상하고 대비하는 데 도움을 줄 수 있다.

[시민]-기차는 제 시간에 달린다

재임 기간 중에 비도덕적 또는 불법행위를 저지른 정치인들에 대한 대화를 하면서 진보주의자들은 자주 닉슨이 자신의 퇴임 연설에서 사용했던 것과 같은 형식의 '자랑' 프레임을 접한다. '자랑' 프레임은 범죄행위에 관한 대화를 정치적 업적에 대한 좀 더 포괄적인 주제로 돌릴 의도로 쓰인다. 닉슨은 자신의 퇴임 연설에서 외교관으로서의 자칭 업적들을 자랑함으로써 이 목적을 달성했다. '자랑' 프레임의 또 다른 본보기로는 베니토 무솔리니(Benito Mussolini)의 지지자들이 그의 범죄행위에 대한 추궁을 회피하기 위해 사용한 "그래도 그는 기차들이 제 시간에 달리게 하는 일에 성공했습니다"라는 문장이 있다. 물론, 무솔리니가 그 일이 성공한 것은 사실이지만 여기서 '자랑'의 목적은 사실의 제시가 아니라 토론의 하이재킹이다.[8] 즉 아무리 무솔리니 또는 닉슨이 잘못을 했다 하더라도, 그들이 얼마나 많은 죄를 지었다 하더라도 결국 대화는 그들이 달성한 업적들에 대한 프레임 속에 갇혀버린다는 말이다.

저녁 식사 도중 진보주의자들은 자주 어떤 죄를 지은 정치인의 지지자가 '자랑' 프레임을 사용해서 대화를 오도하려고 하는 장면을 목격할 것이다. 이런 유의 프레임에 직면하게 되면 진보주의자들은

'그래도 유죄'라는 프레임으로 대응해야 한다. 이는 해당 정치인의 범죄 사실로 대화의 주제를 다시 돌리는 간단하고도 직접적인 수법이다. 예를 들자면, 국제관계에서 닉슨의 활약을 토대로 닉슨을 변호하려는 보수주의자를 상대해야 할 때 진보주의자는 다음과 같이 대화를 리프레이밍할 수 있을 것이다 :

- "그가 외교관으로서 뛰어난 성과를 남긴 것은 사실이지만 그래도 범죄자라는 사실은 변치 않습니다."
- "헌법과 미국 국민을 상대로 한 죄는 아무리 뛰어난 업적을 달성했어도 씻을 수 있는 것이 아닙니다."
- "아무리 이력서가 화려하더라도, 범죄자는 여전히 범죄자입니다."

아무리 프레이밍을 잘 한다 하더라도 고소당했거나 유죄선고를 받은 정치인의 열혈 지지자들은 뜻을 쉽게 굽히지 않는다는 사실을 염두에 둬라. 그래도 식사 중의 대화에는 말을 하는 사람들만 참석하는 것이 아니다. 그 이야기를 듣기만 하는 사람들도 함께 있을 것이다. 그렇다면 목표를 한 명의 완고한 지지자를 무너뜨리는 것이 아니라, 그 기회에 대화를 유심히 듣고 있는 또 다른 여러 명을 설득하는 방향으로 설정해야 할 것이다.[9]

주

❶ 연설의 전문과 오디오, 비디오 기록은 다음 참조. "리처드 닉슨 퇴임사(Richard Nixon : Resignation Speech)", 『미국 수사학(*American Rhetoric*)』, http://www.americanrhetoric.com/ speeches/richardnixon resignationspeech.html

❷ 진보주의자들은 공화당의 커뮤니케이션 전문가 프랭크 런츠(Frank Luntz) 작품을 비평하면서 프레이밍과 스핀의 차이점을 주로 언급한다. 조지 레이코프 · 샘 퍼거슨(George Lakoff and Sam Ferguson) 참조. "프레이밍과 스핀 : 로크리지 대 런츠(Framing Versus Spin : Rockridge as opposed to Luntz)", Buzzflash, 2006/06/09, http://www.buzzflash.com/contributors/ 06/06/con06234.html

❸ 닉슨, "퇴임사", 전게서.

❹ 시어도어 루스벨트(Theodore Roosevelt), 루이스 오킨클로스(Louis Auchincloss) 편, 『문서와 연설(*Letters and Speeches*)』, New York : Library of America, 2004.

❺ 제프리 펠드만(Jeffrey Feldman), "프레임숍 : 스위프트보우팅 작동원리 및 대처방안(Frameshop : How 'Swiftboating' Works and What To Do About It", *Frameshop*, 2006년 1월 16일, http://www.jeffrey-feldman.typepad.com/frameshop/2006/01/frame shop_how_s.html

❻ 패트릭 머피를 의회로(Patrick Murphy for Congress), "스위프트보우팅당한 후 대처하다(They swiftboated-And You Responded)", *MyDD*, 2006년 10월 16일, http://www.mydd.com/ story/2006/10/16/13138/452

❼ 사회학적인 면에서 "트롤(troll)"에 대한 논의는 다음 참조. 주디스 도나드(Judith S. Donath), "가상공동체에서의 진실과 거짓(Identity and Deception in the Virtual Community)", 마크 스미스 · 피터 콜락(Marc A Smith and Peter Kollock) 편, 『가상공간의 커뮤니티(*Communities in Cyberspace*)』, New York : Routledge, 1999.

❽ 무솔리니(Mussolini)의 기차 신화 허구 폭로에 관하여 다음 참조. R. J. B. Bosworth. 『무솔리니 : 전기(*Mussolini : The Biography*)』, London : Hodder Arnold, 2002.

❾ 제프리 펠드만(Jeffrey Feldman), "프레임숍 : 무쇠주먹(Frameshop : the Knockout Punch)", *Frameshop*, 2005년 1월 10일, http://www.jeffrey-feldman.typepad.com/ frameshop/2005/01frameshop_the_k.html

13. 그 길을 따라

Down that Path

지미 카터 대통령, 대국민 TV연설(1979)[1]

❖ **키워드** : 위기, 자신감, 의심, 에너지, 발전, 비전

❖ **전략** : 국민에게 말하라—진보에 대한 믿음—비방 캠페인

인용

"우리들의 미래에 대한 자신감이 가라앉으면서 이제 미국의 정치, 사회체제가 붕괴하려 하고 있습니다. 우리는 지금 역사의 전환점에 있습니다. 앞은 두 갈래 길입니다. 한 쪽은 제가 오늘밤 여러분에게 경고했던, 분열과 이기주의로 향하는 길입니다. 그 길은 자유에 대한 잘못된 인식, 남에 대한 스스로의 우위를 쟁취하려는 행동이 만연한 곳으로 향합니다. 그 길은 혼란스럽고 역동성을 상실한 편협한 이해관계들끼리 끊임없이 갈등을 야기하는 길이 될 것입니다. 실패로 가기에는 확실한 길입니다. 다른 길은 모든 전통과 대대로 전해 내려오는 교훈, 그리고 미래에 대한 모든 약속들로 인도합니다. 그 길 저편에는 우리나라와 우리 자신의 진정한 자유가 기다리고 있습니다. 우리는 에너지 문제 해결을 시작하면서 그 길을 따라 첫 걸음을 시작할 수 있습니다. 에너지는 이 나라를 통합하는 데 있어 현재

> 우리 역량의 시험대가 될 것이고, 또한 우리들이 단결할 수 있는 기준이 될 것입니다. 에너지 문제를 잘 처리하여 국가발전을 위한 새로운 자신감을 가지게 되면 우리들은 다시 한 번 우리 공동 운명을 개척할 수 있을 것입니다."

분석

대통령이 직면하는 가장 어려운 임무 중 하나가 국민들에게 좋지 않은 소식을 알려야 하는 '위기' 연설이다. "방금 허리케인이 걸프만을 초토화시켰습니다", "전쟁터에서 들리는 소식이 좋지 않습니다", "국가가 공격을 당했습니다." 이런 위기 연설에는 주제가 좋은 일은 절대 일어나지 않는다.

역대 가장 유명한 위기 연설 중 하나는 1979년 7월 15일, 지미 카터 대통령에 의해 이루어졌다. '자신감의 위기(Crisis of Confidence)' 연설이라고 알려진 이 연설에서 카터가 전달해야 했던 것은 나라가 "에너지난에 빠졌다"는 소식이었다. 주유소 앞에 길게 늘어선 차량 행렬(gas line)과 가격의 급등, 상승하는 금리 속에서 카터는 근심으로 가득 찬 나라를 진정시키기 위해서, 그리고 시장의 균형을 되찾고 사람들이 미래에 나아가야 할 방향을 귀띔해 주기 위해 필요한 안들을 제시하였다.

카터의 연설은 열정적인 동시에 진심에서 우러났으며, 그가 시작하려고 하는 정책에 대한 구체적인 설명뿐만 아니라 그가 최근 평범한 시민들과 나눴던 대화에서 발췌한 인용구들도 담고 있었다. 카터는 에너지난이 사실상 더 넓은 시각으로 보면 도덕적 · 정서적 난이라고 하면서 국가의 '목소리'에 귀를 기울이겠다던 조지 워싱턴 대통령의 약속을 연상시켰다.

그런데 카터의 연설은 '자신감'이라는 지극히 개인적인 감정에 에너지 문제를 연관시켰기 때문에 그토록 강력했다는 일반적 해석에도 불구하고 사실 카터 연설의 저력은 그가 '위기'를 정의하기 위해 사용했던 논리인 '길' 프레임에서 나오는 것이었다.

카터가 국가의 위기에 대해 한 말들을 자세히 살펴보면 그가 연설을 "현재 국가가 아주 깊은 수렁에 빠져버렸다"는 말로 시작한다는 점을 확인할 수 있다.

> 우리나라가 깊은 수렁에 빠져 있다는 것은 예를 들면 가스라인이나 에너지 부족, 인플레이션이나 불경기보다도 더 심각하다는 사실입니다. 그리고 저는 대통령으로서 어느 때보다도 더 제가 여러분으로부터 도움을 받아야 한다는 사실을 깨달았습니다. 그래서 저는 손을 미 전역에 뻗어 미국의 목소리에 귀를 기울여 보고자 합니다.

프레임의 논리성을 이해하기 위해 대통령 연설을 읽을 때는 특정 단어가 반복될 때 자연히 주의를 기울이게 된다. 이 경우도 예외는 아니다. 이 문단 속에서 "깊다"는 말을 몇 번 반복함으로써 카터는 우리에게 어떠한 비유를 연상시키고 있었다 :

[위기]는 [수렁]이다.

이렇게 도식화시켜 보면 이 은유가 극히 평범해 보일 수도 있지만 그 평범함 자체가 카터 프레이밍의 열쇠이다.[2] 그는 국가가 직면한 에너지 문제는 경제적 과정이 아니라 공간적인 개념으로 이해하는 것이 빠르다고 주장했다. 즉 국가가 미국 민주주의를 위협하는 위기 속에 '깊게' 빠져 있다는 식으로 말이다 :

> 위협은 보통의 방법으로는 찾아보기가 거의 불가능할 것입니다. 바로 자신감의 위기이기 때문입니다. 우리의 심장과 영혼, 그리고 국가 의지의 정신을 공격하는 위기이기 때문입니다. 우리는 점점 늘어나는 우리 인생의 의미에 대한 의심과 우리나라를 위한 공통된 결의의 부재에서 이 위기를 찾아볼 수 있습니다. 우리들 미래에 대한 자신감의 와해가 이제 미국의 정치, 사회체제를 붕괴시키려고 하고 있습니다.[3]

이 글에서는 이제 친숙한 "자신감의 위기" 문구뿐만 아니라, 카터가 "늘어나는 의심"과 "와해"라는 말을 통해 상기시킨 '[위기]는 [수렁]이다'라는 논리도 찾아볼 수 있다. 미국민들의 목소리를 들은 후 그는 미국이 두 세기 동안 의지해 왔던 탄탄한 자신감을 잃어가는 '깊은' 위기 속에 빠졌다고 결론을 내렸다. 민주주의의 표면은 계속 존재하기는 했다. 우리의 안에서가 아니라 밖에서만 말이다.

카터의 연설에서 나타나는 '[위기]는 [수렁]이다'라는 논리가 조금 독특해 보일 수도 있겠지만, 사실 이 은유는 우리가 일상생활에서 겪고 있는 각종 문제들에 대한 이야기를 할 때 항상 사용하는 것이다. 예를 들면, 정서적으로 위기를 겪고 있을 때 사용하는 "in a deep funk", 경제적 위기상황에 처했을 때 사용하는 "deep in debt" 등이다. 우리는 위기라는 것 자체를 수렁의 개념으로 이해하고 있다. 따라서 카터의 연설을 듣는 미국인들은 즉시 그가 하는 말을 알아들었을 것이다. 또한 그들은 그 다음에 와야 할 것이 무엇인지도 이해했을 것이다. '[위기]는 [수렁]이다'라는 은유의 논리적인 해결법은 다음과 같다 :

[위기에 대한 해법]은 [수렁에서 빠져나가는 길]이다.

일단 에너지난을 미국의 도덕적 · 정신적 자신감에서 생겨버린 크고 깊은 수렁으로 프레이밍한 후 카터는 이 견해를 미국이 빠져 있는 수렁이 단순히 바닥에 닿아버린 시장경제보다 훨씬 크고 깊다는 사실을 보여주는, 평범한 미국인들에게서 얻은 강력한 인용구들로 보강했다. 그리고는 자신의 프레임을 더 보충하면서 카터는 다시 자신감을 되찾는 방법인 수렁에서 표면 위로 올라가는 '길'에 대한 얘기를 했다 :

> 우리는 지금 역사의 전환점에 있습니다. 앞은 두 갈래 길입니다. 한 쪽은 제가 오늘밤 여러분에게 경고했던, 분열과 이기주의로 향하는 길입니다. 그 길은 자유에 대한 잘못된 인식, 남에 대한 스스로의 우위를 쟁취하려는 행동이 만연한 곳으로 향합니다. 그 길은 혼란스럽고 역동성을 상실한 편협한 이해관계들끼리 끊임없이 갈등을 야기

하는 길이 될 것입니다. 그리고 실패로 가기에도 확실한 길이 될 것입니다.[4]

이 부분에서 카터가 이야기하는 논리적 연관성은 가히 놀랍다. 그의 말에 의하면, 자신감의 위기는 단순히 수렁이었던 것이 아니라, 워터게이트 스캔들 이후로 생겨난 것으로 스스로의 문제들을 해결할 능력에 대한 불안감을 안겨준 깊은 협곡이었다. 그 협곡 속에 갇혀 미국이 택할 수 있는 길은 두 가지였다 :

> … 위기의 더 깊은 수렁 속으로 빠져버리는 길, 그리고 위기에서 빠져나오는 길. 카터는 이 길 이야기를 통해서 자신의 '위기' 프레임을 강조하는 동시에 은연중에 시인 로버트 프로스트(Robert Frost)의 유명한 시 「가지 않은 길(The Road Not Taken)」이 연상되도록 하였다.[5]

카터의 연설은 정책적으로는 절약과 혁신, 그리고 완화에 중점을 두었다. 카터는 미국인의 생활방식에 변화를 불러올 일련의 정책들을 통해 외국 원유에 대한 지나친 의존과 연료의 과다한 사용을 줄여 에너지난을 극복하려 했다. 카터가 제안한 사항들을 [수렁]과 [길]이라는 은유를 통해 볼 때, 우리는 비로소 경제문제를 넘어 미국인의 품성과 결심에 대해 문제를 제기함으로써 미국 국민들을 이끌어 가려는 카터의 전체적인 전략을 이해할 수 있다. 그는 "우리가 할 수 있다는 것을 여러분도 알고 있습니다"라며 국민들을 격려했다. "우리는 천연자원이 있습니다 … 우리에게는 가장 숙련된 노동력이 있습니다 … 우리에게는 이 전쟁에서 이기려는 국가 차원의 의지가 있습니다." 그는 미국인들이 자신감이 결여된 채로 깊은 수렁 속에 빠져 있기에 거기서 빠져나올 길을 찾고, 자신감의 재충전을 위해 전쟁시에나 나올 법한 힘과 에너지로 노력해야 한다고 말했다. 또한 이 점에서 카터는 [미국 전체의 협력]을 [전쟁]으로 프레이밍함으로써 국민들이 프랭클린 루스벨트 대통령이 그 당시의 큰 수렁이었던 대공황으로부터 국가를 탈출시키기 위해 이용하였던 프레임을 연상하게끔 했다. 루스벨트 역시 대공황을 미국인들의 자신감과 의지에서 생긴 위기라고 정의하였다.

전략

[정치인]-국민에게 말하라

지난 20년 동안 대통령들이 청중 속에 일반 시민들을 배치하고서는 연설 도중 그들을 직접 지칭하거나 '타운 홀 미팅(Town Hall meeting)'[1] 같은 것을 열어서 일반 시민들을 상대하는 것은 필수사항이 되었다. 하지만 세심한 연출과 감독에도 불구하고 이제 미국인들은 현직 대통령이 일반 시민들을 이해하거나 그들과 소통할 수 있다는 아이디어 자체를 의심한다. 대부분의 시민들은 이런 "시민 김 모 씨에

1 역자 주 : 특정 지역에 살고 있는 시민은 누구나 참석이 가능하고, 자신의 의견을 나타낼 수 있으며, 질문도 가능하고 공인이나 공무원들의 의견이나 입장을 들을 수 있는 지역사회 만남의 자리.

의하면 …"이라는 식의 말들이 연설이나 캠페인에 등장할 때 그것을 속임수 정도로밖에 보지 않는다.

반면, 카터의 '자신감의 위기' 연설은 이 전략에 대한 완전히 새로운 접근법을 보여준다. 청중 속에서 한 명의 '일반' 시민을 찾아 지목하는 대신 카터는 자신의 연설 전체를 미국 시민들의 말에 귀를 기울인다는 내용으로 프레이밍했다. 카터의 방식이 다른 이들의 것과 차별화되는 가장 큰 이유는 그가 정책의 성공을 자랑해 줄 사람을 청중 속에 심어놓는 일반적인 방식을 택하지 않았다는 것이다. 그는 오히려 연설 자체에서 진보주의의 핵심적인 원칙이며 헌법 자체의 기본 토대이기도 한 '경청하는 대통령'이라는 이미지가 연상되도록 하였다. 카터에게 있어서 국민들에게 말을 하는 것은 단순한 은유가 아니라 실제로 일어나는 일이었고, 그는 이것을 연설에 언급하고 인용하였다. 결과는 현장감 넘치는 2단계(two-stage) '국민들과의 대화'였다.

- 국민들과의 대화(실제 일어난 사건)
- 국민들과의 대화에 관한 대화(연설의 내용)

이런 사건으로서의 대화와 연설 내용으로서의 대화 사이의 구분을 없애버리는 것은 진보주의자들에게는 위험한 행위이다. 참여는 진보주의의 가장 중요한 원칙 중 하나이므로 사건과 콘텐츠의 구분을 없애버리면 미국 국민들을 민주주의의 참여자로 받아들이는 것이 아니라, 오히려 그들을 정치무대 위의 엑스트라로 이용해 버리는 셈이 되어 버리기 때문이다.

'국민들과의 대화'에 이런 2단계 접근법을 유지하기 위해 진보주의 정치인들은 특정 연설에 앞서 실질적인 소통을 가능하게 하는 여러 가지 이벤트들을 실시하는 것을 고려해 볼 수 있다. 예를 들어, 위스코신 주 민주당 출신의 러스 파인골드(Russ Feingold) 상원의원은 정기적으로 위스콘신 주 자신의 선거구민들과 토론의 장을 열어 현행 이슈에 관한 그들의 의견을 듣는다. 존 에드워즈(John Edwards) 전 상원의원은 정기적으로 지방의 활동가들을 불러모아 그들이 빈곤을 퇴치하기 위한 활동을 하면서 겪는 어려움에 대한 얘기를 듣는다. 이메일이 넘쳐나고 (동시에 여럿이 하는) 전화 회의가 실제로 얼굴을 마주보고 하는 대화를 대신하는 이 시대에 진보주의자들은 카터가 했던 것처럼 국민들을 오프라인상이든 쌍방향 온라인상이든 초대해서 그들과 실제로 대화를 나누어야 한다. 진보주의 정치인들은 이런 식으로 직접 국민들의 말을 들은 후 자신의 연설에 국민의 '목소리'를 포함하여야 한다. 이렇게 한다면 진보주의자들은 목소리를 빼앗겨 버린 국민들을 가리키며 언급만 하는 것이 아니라, 오히려 국민들의 진실한 말과 생각을 다른 국민들에게도 전달하면서 그들을 끌어들일 수 있을 것이다. 카터가 국민의 목소리를 들려주는 과정에서 이용했던 강조 문구들은 오늘날의 진보주의자들에게도 좋은 참고사항이 된다:

- "제가 들은 말들을 여러분과 나누고 싶습니다."
- "대표적인 코멘트들은 제가 적어놓았는데 오늘 몇 개를 인용해 보도록 하죠."
- "이건 펜실베이니아 주의 젊은 여성에게 들은 말입니다."

- "이 말이 다른 여러분들의 말을 요약하고 있는 것 같군요."
- "제게는 국민 여러분으로부터 직접 얻은 코멘트와 조언으로 가득 찬 수첩이 있습니다. 오늘 그 수첩을 조금 읽어보도록 하겠습니다."
- "그리고 이것은 가장 기억에 남는 코멘트입니다."
- "마지막으로 이 의견을 읽어드리겠습니다."

이 문구들은 청중들을 국민의 목소리를 향해 인도하기 위해 자신의 연설 속에 심어둔 수사적 표현들이다. 이런 문구들은 진보주의적 비전을 제시함에 있어 청중 한 명을 지목하여 말을 거는 보통 정치인들의 습관보다 확연히 효과적이다.

진보파 정치인이 선택하는 행동과 표현들은 궁극적으로는 그가 맡고 있는 직책과 그가 전하려는 아이디어의 특성을 따른 것이다. 그렇다 하더라도 카터의 '자신감의 위기' 연설 중 2단계 접근법을 이용한 '국민과의 대화' 라는 토대는 프레이밍을 함에 있어 결정적인 통찰이었음은 반드시 인지해야 할 사항이다.

[선거운동원]-진보에 대한 믿음

'믿음' 은 진보주의자들을 자주 난처하게 하는 결정적인 이슈이다. 이는 진보주의자들이 반종교적 성향을 띠기 때문이 아니라, 공화당의 노이즈 머신(noise-machine)[2]들이 종교에 대한 전쟁을 벌이고 있다는 혐의를 진보주의자들에게 뒤집어 씌우는 데 비정상적일 정도로 많은 시간과 돈을 들이고 있기 때문이다. 이에 따라 진보주의자들은 당연히 많은 좌절을 겪는다. 그럼에도 불구하고 '믿음'은 미국에 관한 이야기를 할 때 본질적으로 진보파 프레임일 뿐만 아니라, 민주주의 그 자체를 이해하기에도 아주 편리하고 쉬운 프레임이다. 카터의 '자신감의 위기' 연설은 이 개념이 어떻게 미국의 진보주의적 비전을 제시하는 데 이용될 수 있는지를 보여주는 좋은 예이다 :

> 자신감은 우리의 진로를 결정해 왔고, 세대와 세대를 이어주는 연결 고리의 작용도 해왔습니다. 우리는 항상 진보라고 하는 것을 믿어 왔으며, 우리 아이들의 삶은 우리들의 삶보다 나을 것이라는 믿음을 가져 왔습니다. 그러나 우리 국민들은 이제 정부뿐만 아니라 우리 민주주의의 절대적인 주권자, 형성자로서의 시민의 능력에 대해서도 믿음을 잃고 있습니다. 한 나라의 국민으로서 우리는 우리들의 과거를 알고 있고, 그 과거에 대한 자부심을 가집니다. 우리의 진보는 미국, 그리고 미국을 넘어 세계의 살아 있는 역사의 일부분이 되어 왔습니다.❻

이 구절은 미국 내의 모든 진보주의자들이 인쇄해서 자신의 냉장고에 붙여놓아야 할 말이다. 진보주의자들이 매일 그토록 열심히 노력해서 성취하려고 하는 것이 무엇인지에 대한 근본적인 정의일 뿐만 아니라, 미국인들의 자신감을 되찾아 주겠다는 진보주의자들의 장기적인 목표도 동시에 나타내고 있기 때문이다. 그들이 종교인이든 아니든(진보주의자들은 그것이 각 개인이 자주적으로 결정해야 할 사

---

2 역자 주 : 우파 지지 언론.

항이라고 믿는다) 모든 진보주의자들은 카터에 의해 프레임된 자신감인 "[자신감]은 진보에 대한 믿음이다"라는 말을 철저하게 믿고 있다. 진보주의자들은 미래는 현재보다도 더 좋을 것이라고 믿는다. 진보주의자들은 정부와 우리 자신의 능력이 밝은 미래라는 결실을 맺을 수 있을 것이라고 믿고 있다. 그렇기 때문에 종교에 적대적이라는 혐의를 받을 때 그들은 카터의 말을 이용하여 논쟁을 다시금 주도해 나갈 수 있는 것이다 :

> 믿음이요? 미국의 믿음이란 것은 종교에 국한되지 않고 종교를 뛰어넘는 것입니다. 믿음이란 한때 모든 미국인들이 마음 속에 품었던 것, 즉 우리 자식들의 삶이 우리들의 것보다 나을 것이라는 믿음, 좋은 정부에 대한 믿음, 민주주의에 대한 믿음, 그리고 서로에 대한 믿음입니다. 진보주의자들은 한번도 그 믿음을 잃어버린 적이 없습니다. 그리고 우리는 그 믿음을 이 나라에 되찾아 오기 위해 매일 노력하고 있습니다.

선거운동원들은 미국 정치토론에 있어 믿음이란 것의 정의를 리프레이밍하는 데 중요한 역할을 할 수 있다. 그리고 그 리프레이밍은 대화를 진보주의자들이 지지하는 이상 그 자체를 향해 몰아가는 데 일조할 수 있다.

[시민]-비방 캠페인

모든 진보주의자는 ('11월 선거 바로 직전' 마지막 순간에 튀어나와 선거권자들을 혼란시키고 후보자를 코너에 몰아넣는 비방 캠페인인) '10

월의 충격(October surprise)'을 두려워한다. 이런 캠페인들은 진보파 후보자의 사생활에 대한 '과거로부터의 공격(blast-from-the-past)' 형태의 허구인 경우가 대부분이다. 불행히도 이런 캠페인들은 "저런 사람들 다 똑같아요"라는 시니컬한 테마가 주를 이루는 대화로 직결된다. 이 논리에 의하면 공화당이든 민주당이든 모든 정치인들은 부패했고, 과거의 실수들은 은폐한다는 점에서 '같다.'

주로 허구인 이런 혐의들에 직면할 때, 토론을 다시 진보적 가치와 비전으로 향해 끌고 가는 것은 어려운 일이다. 카터의 '자신감의 위기' 연설은 '10월의 충격'을 알맞게 프레이밍해 토론의 주도권을 다시 잡아나가는 데 좋은 모델이 된다. 실마리는 카터 대통령이 '위기'를 정의하는 데 매우 특수한 은유를 이용했음을 기억하는 것이다 :

[위기]는 [수렁]이다.

이 논리의 통일성은 위기를 여러 개의 문제 속에 "깊숙하게" 또는 "빠져나갈 수 없게" 등의 말을 통해 설명함으로써 더욱 보강되었다.❼

대부분의 스캔들 또한 일반적으로 [위기]를 [수렁]으로 보는 은유를 통해 이해된다. 예컨대 아주 성공적인 캠페인 도중 진보파 후보자는 골칫거리 '속에' 또는 '깊숙이' 갇힌 채 비방 캠페인이 만든 '수렁'에서 '탈출'할 수 없는 자신을 발견한다. 이 논리를 이해하면 과거의 잘못을 고치는 데 집중하는 것이 아니라, 구멍에서 빠져나갈 방법을 찾는 데 전력을 다할 수 있기 때문에 반드시 이 논리를 이해할 수 있도록 해야 한다. 예를 들어, 어떤 진보주의자가 다음에 저녁 식사 도중 "공화당이든 민주당이든 부패했기는 다 똑같아요"라고 말하는 사람을 발견한다면 이런 식으로 '길' 프레임을 연상시켜 가며 대답할 수 있을 것이다 :

> 그런데 저는 모든 후보자들이 다 똑같다는 그 말에 동의하지 않습니다. 예를 들자면, 보수주의자들과는 달리 진보주의자들은 뒤가 아니라 앞을 봅니다. 이 경쟁은 전환점에 있습니다. 고를 수 있는 길은 두 가지가 있습니다. 한 길은 우리를 이간질시키는 질문들, 시니시즘, 그리고 좌절로 되돌려 놓는 길입니다. 다른 한 길은 예전의, 이미 지나간 날이 아니라 현재 더 나은 미래를 위해 진행 중인 활동에 초점을 두면서 앞을 향해 달리는 길입니다. 완벽한 사람은 없지만, 그리고 우리 모두 과거에 내뱉었던 것을 이제 와서 후회하고 있는 기억이 하나 정도는 있겠지만, 정말로 중요한 것은 그 과거가 아니라 그 과거 이후로 우리가 어떤 길을 택했는지입니다.

'길' 프레임이 연상되도록 하는 방법은 이 외에도 여러 가지가 있다. 어떤 방법을 쓰든 중요한 것은 시작점과 앞으로 전진하는 것의 논리가 토론을 비방 캠페인의 수렁으로부터 끌어내는 데 얼마나 중요한지 깨닫는 것이다.

주

❶ 연설 전문과 오디오 기록은 다음 참조. "자신감의 위기 연설(Crisis of Confidence Speech)", 『밀러공공업무센터 지미 카터 연설 : 대통령연설모음집(*Jimmy Carter Speeches, The Miler Center of Public Affairs : Presidential Speech Collection*)』, http://millercenter.virginia.edu/scripps/diglibrary/prezspeeches/carter/jec_1979_0715.html
❷ 레이코프 · 존슨(Lakoff and Johnson), 『우리가 이용하는 은유법(*Metaphors We Live By*)』, 14–21.
❸ 카터, "자신감의 위기 연설", 전게서.
❹ 전게서.
❺ 에드워드 코너리 라템(Edward Connery Lathem) 편, 『로버트 프로스트 시 : 시 모음집, 무삭제 완성본(*The Poetry of Robert Frost : The Collected Poems, Complete and Unabridged*)』, New York : Henry Holt, 1969.
❻ 카터, "자신감의 위기 연설", 전게서.
❼ 레이코프 · 존슨(Lakoff and Johnson), 『우리가 이용하는 은유법(*Metaphors We Live By*)』, 22–24.

14. 작은 이야기

A Small Story

로널드 레이건 대통령, 고별사(1989)[1]

❖ **키워드** : 청중, 커뮤니케이션, 할아버지, 정책, 약속

❖ **전략** : 무대를 차려라—큰 의미, 작은 순간—저녁 식탁

인용

"저는 지난 8년이 의미했던 것들, 그리고 그것이 의미하는 것들에 대한 반성을 했습니다. 마음 속에 후렴과도 같이 떠오르는 이미지는 바다와 관련된 것이었습니다. 큰 배와 망명자, 그리고 선원에 관한 작은 이야기입니다. 1980년대 초로 거슬러 올라가 보트피플(boat people)의 수가 피크를 이루던 당시의 이야기입니다. 선원은 남중국해를 순찰하던 항공모함 미드웨이(Mid-way) 위에서 열심히 일하고 있었습니다. 여느 미국 군인처럼 그는 젊고, 똑똑하고, 대단히 관찰력이 뛰어났습니다. 선원들은 저 멀리 수평선에 물이 새고 있는 작은 배가 있는 것을 발견했습니다. 그 배는 인도차이나에서 미국으로 망명을 오려는 난민들로 가득했습니다. 미드웨이 호는 구조선을 보내서 그들을 본선으로 옮겨 안전조치를 취하였습니다. 파도가 거센 바다를 건너면서 한 난민이 갑판 위의 미국 선원을 발견하고는 일어서

서 그에게 소리를 질렀습니다. "안녕하시오, 미국 선원이여. 안녕하시오, 자유의 사람이여." 짧은 순간이었지만 큰 의미를 담고 있던 그 순간은 그 일을 편지에 적어 보낸 선원의 머리 속에서 지울 수 없는 순간이었습니다. 그리고 그 편지를 본 저 역시 잊을 수 없었습니다. 1980년대에 미국인으로 산다는 것은 그런 것이었습니다. 우리는 자유를 위해 또다시 일어났습니다. 우리가 항상 그래 왔다는 것은 알지만 요 몇 년간 세계는, 그리고 한편으로 우리 역시 자유를 재발견했습니다. 1980년대는 긴 여정이었고, 우리들은 거친 바다 몇 개를 합심해서 건넜습니다. 그리고 이제 여정의 끝에서 우리들은 함께 목표지점에 도달하고 있습니다."

분석

로널드 레이건은 많은 보수주의자들에게 있어 20세기의 가장 위대한 미국 지도자이다. 그들에게 레이건은 미국의 자긍심을 국내외에 부활시키고, 전통 가치들을 지켜내고 냉전을 종식시킨, 말을 통해 국민에게 용기를 불어넣어 주는('위대한 소통자'라는 별명을 가진) 그런 인물이었다. 반면, 대부분의 진보주의자들은 레이건을 소통에 능숙치 못할 뿐만 아니라 좋은 정부를 향한 미국의 믿음에 대해 가차없는 캠페인을 벌인 불화를 초래하는 지도자이자, 중산층을 몰살하고 국제정치에 있어 위험한 새로운 형태의 미국식 자만을 초래한 대통령으로 본다.

그렇지만 보수, 진보 둘 다 토론을 프레이밍하는 데 있어서 레이건이 가진 놀라운 재능을 이해하는 데에는 노력이 부족하였다. 사실상 굳이 레이건의 정책들을 우러러 보거나 비판하더라도 그의 프레이밍을 배우는 데는 문제가 없다. 또한 프레이밍을 기준으로 하자면, 1989년 1월 11일에 이루어졌던 '고별사'는 그 '이야기' 프레임으로 인해 그의 가장 두드러진 연설로 꼽을 수 있다.

대부분의 대통령들은 대통령으로서 보낸 시간을 요약하는 데 원로 정치인의 이미지를 이용하지만, 레이건은 슬기로운 노인이 그의 발치에 모인 사람들에게 의미 있는 이야기를 들려주는 설정으로 작별 인사를 했다. '이야기' 프레임을 시작하기 위해 레이건은 그의 대통령직이라는 창문을 통해 새롭고 희망찬 미국의 이야기를 바라보는 것을 함께 하자고 청중들을 초대했다:

> 여러분, 이 사무실에서 복도를 따라가다 나오는 계단을 오르면 백악관 중에서도 대통령과 그의 가족이 거주하는 방들이 나옵니다. 거기는 제가 좋아하는 창문들이 몇 개 있는데, 아침 일찍 자주 그 창가에 서서 밖을 바라보곤 하죠. 그 창문에서 보이는 것은 이 백악관의 정원에서부터 워싱턴 기념비, 내셔널 몰(National Mall),[1] 그리고 제퍼슨 기념비까지입니다. 그런데 습도가 낮은 날은 전망이 제퍼슨 기념비를 건너서 포토맥 강과 버지니아의 해안까지 이어집니다. 어떤 사람들은 그게 링컨 대통령이 불 런 전투(Battle of Bull Run)[2]에서 솟아나는 연기를 봤던 날, 그의 눈에 보였을 전망이 바로 그 전망이라고 하더군요. 제게 보이는 것은 그 연기보다는 좀 더 지루한 것들입니다. 강둑의 잔디, 아침 출근길의 차들, 그리고 가끔씩 강을 보면 있는 요트 같은 것들입니다. 저는 그 창가에서 생각을 좀 해봤습니다. 저는 지난 8년이

1 역자 주 : 내셔널 몰은 워싱턴 D.C.의 중심부에 위치한 국립공원으로 국립미술관, 링컨 기념관을 포함한 각종 기념관과 워싱턴 기념탑 등을 포괄하는 관광지임.

2 역자 주 : 미국 남북전쟁 중 있었던 전투로 1차(1861년 7월)와 2차(1862년 8월)에 걸친 두 번의 전투에서 모두 남군이 승리함.

의미했던 것들, 그리고 의미하는 것들에 대한 반성을 했습니다.❷

레이건은 이 이미지들을 통해 그저 후계자에게 자리를 물려줄 준비를 하며 늙어가는 대통령의 모습을 훨씬 능가하는 프레임을 자신에게 부여했다. 자신의 말로 꾸민 무대에서 레이건은 자신의 영토를 바라보는 위대한 시인(詩人) 왕, 유산이 아닌 아름다움을 원하는 현명하고 자비로운 통치자, 정치의 복잡함은 신경 쓰지 않고 영토만을 바라보는 그런 인물이 되었다. 자신이 창밖을 바라보는 바로 이 이미지로 연설의 시작과 끝을 장식함으로써 레이건은 청중들에게 이렇게 말하고 있었다. "저와 함께 유리를 통과합시다. 제가 미국에 대한 얘기를 들려드리겠습니다."

하지만 '이야기' 프레임에서 각각의 이야기들은 전체를 이어주는 논리(레이건이 "큰 의미를 가진 작은 순간"이라고 정의한 바로 그것)보다는 덜 중요하다. 그에게 있어 일어서서 미국인 선원에게 소리를 지르던 그 난민은 '우리는 자유를 위해 또다시 일어났다'는 의미였다. 레이건의 '이야기' 프레임의 강점은 그가 확실한 것이라곤 없는 이 세계에서 어떻게 '작은' 각각의 순간들이 미국의 위대함에 경의를 표했는지에 대한 이야기를 들려주는 동안 청중이 잠시나마 비판적 사고를 멈추게 한 데 있다. 가장 세세한 사항들을 그것들이 '미국의 약속'의 일부라는 듯이 프레이밍하는 레이건의 능력은 연설가가 가질 수 있는 최고의 특기였다. 다른 말로 하자면, 그가 연설 후반부에서 말했듯이 "인생은 당신에게 작은 순간들을 통해 더 큰 의미들을 상기시켜 주는 것을 좋아한다."

또한 레이건의 '이야기' 프레임은 정부와 정치에 대한 그의 관점을 친밀함이라는 장밋빛 색으로 칠해주었다. 그 친밀함을 확립하기 위해 레이건은 핵심 은유 몇 개를 통해 정치에 대한 그의 정의를 사람들에게 전했다 :

[정치적 비전]은 [창밖을 바라보는 것]이다.
[정치적 외교]는 [친구를 만드는 것]이다.
[정치적 토론]은 [저녁 식탁에서의 대화]이다.
[정치적 이데올로기]는 [따뜻한 느낌]이다.

이 은유들은 각각 레이건이 연설 도중 언급한 작은 이야기 또는 교훈을 통해 연상되게 되어 있었다. 한 이야기에서 그는 세계의 지도자들이 서로를 성이 아닌 이름(first name)으로 불렀던 정상회담을 회상했다. 또 다른 이야기에서 그는 우리에게 '미국에 대한 첫 교훈' 으로 모든 변화는 저녁 식사 자리에서 시작된다는 점을 상기시켜 주었다. 또 다른 이야기 몇 개에서는 그가 통치하는 동안 미국이 되찾은 애국심과 자유의 따뜻한 느낌들을 되돌아 보았다. 레이건의 작별 인사는 복잡한 정치과정들을 작고 일상적인 경험으로 인격화하는 강력한 힘을 보여준다.

'이야기' 프레임은 사람들이 레이건 정부의 문제 많은 정책과 레이건이라는 사람 자체의 모순에 관심을 가지다가 다른 곳으로 관심을 갖게 된다는 또 하나의 목적을 달성했다. 예를 들어, 레이건이 창밖의 아름다운 풍경을 바라보는 동안 그는 그의 코앞에 있는 도시 빈곤층은 놓쳤다. 그는 외교를 외국 외교관들과의 우정으로 생각하면서도 인질을 돌려받는 대신 이란에게 무기를 팔면서 법을 어겼다.

레이건은 모든 변화는 저녁 식탁에서 이루어진다고 믿으면서도 사회복지 정책의 실패로 저녁 식탁에 식사를 올리지 못하는 미국인들은 점점 더 늘어만 갔다. 그리고 레이건은 보수주의적 이데올로기가 미국인들의 마음에 친밀감을 심어준다고 믿었지만 사실 근대에 들어 미국인들이 자신들의 정부로부터, 사회로부터, 그리고 자기 자신으로부터마저 가장 멀리 떨어져 있다고 느낀 때가 바로 레이건 정부 당시이다. 레이건의 은유는 대통령으로서 엄청난 모순이라고 말할 수 있는 태도는 따뜻하지만 정책은 가혹한 남자의 화신이었다.

이런 사실에도 불구하고 레이건이 연설에서 사용한 굉장히 개인적인 은유들은 청중과 정치의 추상성 사이를 긴밀하게 연결시켜주었다. 일반인의 기를 죽이는 시사문제에 대한 전문용어들과 관료적 가식은 모두 없어졌다. 대신 우리는 대화를 하러 식탁에 앉는 것보다 힘들 것이 전혀 없다며 (할리우드 마티네[3]를 보러 어둠 속에 자리를 찾아 앉는 것보다 힘들 것이 없다며) 정치참여에 초대를 받았다.

결국, 대부분의 진보주의자들은 레이건의 정책에는 반대하지만 그래도 그의 프레임에서 배울 수 있는 심도 있는 교훈들을 무시하기는 어려운 일이다. 사실상 '작은 것'이 큰 의미를 가질 수 있고, 그런 경우가 많은데, 정치 얘기에서 벗어나 일반적인 이야기를 할 수 있는 능력은 많은 진보파 정치인들이 가지고 있지 못하다.

---

3 역자 주 : 주로 낮에 하는 연주회나 음악회.

전략

[정치인]−무대를 차려라

대부분의 진보주의 정치인들이 가지고 있는 존경할 만한 특성 하나는 정치를 사실과 정책에 입각해 만들려는 그들의 끊임없는 욕구이다. 정치가 이들 진보파 정치인들의 뜻대로였다면 아마 모든 연설이 서론은 빼고 바로 본론으로 들어갔을 것이다. 예를 들면, 진보파 정책으로 인하여 미국이 어떻게 자신감을 되찾았고 미국이 어떻게 발전하였으며 또 지구는 어떻게 보호되었는가를 구구절절이 자랑삼아 늘어놓았을 것이다. 하지만 아무리 열렬한 지지자라 하더라도 이왕이면 정치인들이 사실과 정책을 늘어놓기에 앞서 일단 '분위기를 만드는" 편을 더 좋아할 것이다.

레이건 대통령의 '고별사'는 '분위기를 만드는' 의미를 확실히 보여주고 있는 좋은 예이다. 레이건은 자신의 연설에서 중요한 내용을 언급하기 전에 항상 청중들의 마음을 특정 '무대'와 특정 '세트'에 올려두었다. '고별사'에서는 백악관은 무대, 제퍼슨 기념관과 포토맥 강을 내다보는 창은 세트에 해당된다. 이 무대와 세트는 핵심 주제인 자긍심과 희망과 자유, 그리고 '큰 의미'를 가진 '작은 순간'이라는 프레임에 대한 청중의 이해도를 높이는 매우 중요한 역할을 했다.

연설을 할 때 미리 분위기를 잡는 것은 매우 중요한 포인트이다. 예를 들어, 진보파 정치인이 최소임금 상향조정이 중요하다는 연설을 한다고 하자. 이러한 정책을 소개할 때는 임금을 구체적으로 어느 정도 올릴 것인가 등 정확한 수치를 제시해야 한다. 이렇게까지 수치(사실)에 기초한 정책을 소개할 때는 도대체 어떤 식으로 분위기를 잡아야 하는 것일까?

현대의 가장 뛰어난 민주당 연설가 중 한 사람인 존 에드워즈(John Edwards) 의원은 2004년의 민주당 전당대회에서 위의 문제에 대한 완벽한 답을 보여주었다. 청중을 특정 무대와 세트에 올려두는 데 있어 에드워즈는 많은 면에서 레이건과 맞먹는 실력을 보여준다. 그의 연설은 비록 정확히 최소임금제를 주제로 삼고 있지는 않았지만 그래도 다음 부분은 최소임금제를 주제로 말해야 하는 정치인들이 '분위기를 돋우는 데' 좋은 참고사항이 될 것이다 :

> 저는 노스캐롤라이나 주의 로빈스라는 시골마을에서 어린 시절을 보냈습니다. 저희 아버지는 방직공장에서 일하셨는데, 저는 그 공장에서 아버지와 함께 일하시던 아저씨, 아주머니들을 지금도 선명히 기억합니다. 지금도 그들의 모습을 볼 수 있습니다. 그들 중에는 머리카락에 보풀이 붙어 있는 분들도 계셨고, 얼굴에 기계에 바르는 기름이 묻어 있는 분들도 계셨습니다. 그들은 열심히 일했고, 자녀들과 손녀, 손자들의 좀 더 나은 삶을 위해 돈을 조금이라도 더 저축해 두려 많은 노력을 하셨습니다. 사실 그들은 오늘날 이 나라의 자동차 정비사들, 회사원들, 선생님들, 상점 주인들과 조금도 다를 것이 없습니다.
>
> 어머니는 당신과 제 아버지의 건강보험을 들기 위해 몇 가지 일을 더 하셨습니다. 우체국에서 일하셨고, 당신만의 작은 사업도 가지고 계셨습니다. 또 제 교육에 필요한 돈을 마련하기 위해 가구를 재손

질하는 일도 하셨습니다.

저는 지금까지 살아오는 동안 정말 대단한 기회들을 누렸습니다. 저는 제 가족 중에서 처음으로 대학에 입학하는 영광을 누렸습니다. 저는 열심히 제 인생을 개척해 나갔고, 제가 한때 꿈에서나마 바랐던 것들보다도 더 대단한 기회들을 잡을 수 있었습니다.

이 캠페인, 당신의 캠페인, 우리들의 캠페인의 중심에는 모든 미국인들이 살고 있는 장소, 혈연, 피부색에 관계없이 제가 누릴 수 있었던 것들과 같은 기회를 누릴 수 있기를 바랍니다.[3]

에드워즈는 자신이 자라난 마을, 그리고 자신의 아버지가 일했던 공장이라는 상세한 무대와 세트 위로 분위기를 잡으며 청중을 안내했다. 그러고는 그 세트를 "기계에 바르는 기름이 얼굴에 묻어 있는" 공장 인부들이라는 더욱 상세한 출연진들로 채웠다. 거기서 에드워즈는 한 발짝을 더 나아갔다. 방직공장이라는 무대를 차린 다음 그는 자동차 정비장과 우체국, 그의 어머니가 하시던 가구사업 등 비슷한 출연진을 가진 세트들을 언급했다. 이 제스처는 앞의 '작은 순간'들에 진보주의적 대선 캠페인에 대한 에드워즈의 전체적 비전(어릴적 주변에 열심히 일하시는 분들 덕택에 자신이 누릴 수 있었던 기회들을 미국인 모두가 누릴 수 있게 하겠다는 것)을 정의하는 '큰 의미'를 부여했다.

비록 전혀 다른 비전을 제시하고 있긴 하지만 우리는 에드워즈의 말에서 레이건이 자신의 '작별 인사'에서 너무나도 효과적으로 이용했던 그것과 똑같은 프레이밍 테크닉을 찾아볼 수 있다. 일단 무대를 차리고 나면 정책과 사실 사이에는 이해하기 편하고 깔끔한 관계가 성립된다. 이때가 되면 정책을 좀 더 구체적으로 설명해도 청중들 모두 수월하게 이해한다.

최소임금에 대한 연설을 하고자 하는 진보파 정치인은 레이건과 에드워즈 두 명 모두를 참작하면 다음과 같은 연설문이 될 것이다 :

> 며칠 전에 저는 저희 집 부엌에 앉아서 지금까지의 제 인생이 얼마나 운이 좋았는지 한번 생각해 봤습니다. 생각해 보니 제게는 미국인이 "잘 산다"는 소리를 듣기 위해 가져야 한다는 것들, 예를 들면 화목한 가정과 사랑스런 가족들, 그리고 따뜻한 밥이 차려진 식탁이 모두 있었습니다. 매일 일을 마치고 집에 돌아가면 그곳에는 제가 필요로 하는 것들이 다 있었습니다. 저는 제가 굉장히 운이 좋다는 생각이 들었습니다.
>
> 하지만 미국에는 매일매일 시급제 노동을 열심히 하는데도 집에 돌아가면 반겨주는 것이라곤 밀린 요금을 지불하라는 청구서와 너덜너덜해진 옷을 입고 있는 가족들, 그리고 세 끼 식사조차 제대로 먹여주기 힘든 자식들뿐인 사람들이 아직도 수백만 명이 있습니다. 그들은 주위를 둘러보면서 자신이 운이 좋다는 생각 같은 것을 하지 않습니다. 그들이 느끼는 것은 고단함과 걱정뿐입니다.

이렇게 무대를 차린 후에는 노동자들에게서 적어도 생활비 걱정만큼은 덜어줄 최소임금제와 만인을 위한 건강보험의 중요성, 그리고 직업교육과 훈련에 투자하는 것의 가치 등에 관한 얘기가 수월하게 진행될 수 있다. 하지만 연설자가 무대를 차리는 것의 중요성을 간과해 버리면 당연하게 통과될 듯한 정책들도 무산돼 버리는 일이 벌어질 수도 있다. 다시 말해, 무대를 차리는 것은 그저 말을 듣기 좋게 꾸미는 것과는 차원이 다르다. 무대를 차리는 것은 생생한 경험들로 전달하려는 아이디어와 청중 사이에 다리를 쌓아 프레임의 바탕을 깔아주는 필수적인 단계이다.

[선거운동원] – 큰 의미, 작은 순간

반전운동은 미국 진보주의 활동의 초석 중 하나이다. 1960년대와 1970년대에 주를 이루었던 진보주의 철학은 '수십만 명의 미국인들이 참가하는 대규모 행사들이 정치적 변화를 불러오는 가장 확실한 방법'이라는 것이었다. 베트남 전쟁에 반대하는 대규모 시위들은 실제로도 전쟁 관련 정책결정에 영향을 미쳤다.

요즘은 미디어가 정치에서 차지하는 비중이 점점 커지면서 대규모 시위들도 예전만큼의 영향력을 발휘하지 못하고 있다. 진보주의 활동가들은 몇 번이고 이라크전 반대 시위를 계획해 왔다. 물론 이 시위들이 이미 활동을 하고 있던 진보주의자들을 더 결집시키고 자극하는 역할을 했다는 사실은 부정할 수 없지만, 이 시위들이 반전운동을 눈에 띄게 확산시키거나 부시 대통령의 정책에 실질적인 영향을 미치지는 못했다는 것 역시 부정할 수 없는 사실이다.

최근 들어 전쟁을 보는 미국의 시각을 크게 바꾸어 놓은 진보주의 활동가들은 대규모 접근을 시도하지 않고 대신 레이건 대통령이 자신의 연설에서 말했듯이 '작은 순간' 속의 '큰 의미'에 집중했다. 2005년도에 있었던 신디 쉬한(Cindy Sheehan)의 '캠프 케이시(Camp Casey)' 시위를 떠올려 보라. 한 해 전 신디의 아들 케이시 쉬한(Casey

Sheehan) 기술병은 이라크에서 목숨을 잃었다. 그녀는 자신이 생각하는 전쟁의 불의에 대항하기 위해 텍사스의 크로포드에 위치한 부시 대통령의 목장을 찾아가서 대통령과의 면담을 요청했다. 그녀 아들의 죽음, 그리고 전쟁을 그만둬야 한다는 그녀의 생각에 관한 이야기를 대통령과 나누기 위해서였다. 그러나 부시 대통령은 쉬한의 요청에 면담 불응과 그녀의 목장 출입 금지 조치라는 방식으로 대응했다. 이에 쉬한은 목장 근처의 도로변에 텐트를 치고는 대통령이 한 달간 휴식 차 크로포드에 머무는 내내 계속해서 면담을 요청했다.❹

대통령의 여름 별장에서 몇 마일 떨어진 곳에 텐트를 친 채 꾸밈 없는 시위에 임하는 슬픔에 잠긴 어머니의 모습이 거둔 효과는 이라크 침공 이후 다른 모든 진보주의자들의 시위가 거둔 매스컴 보도와 정치적 영향의 그것을 넘어섰다. 쉬한은 진보파 반전운동의 얼굴과 목소리가 되었고, 그녀의 시위는 전쟁에 대한 찬반 비율을 극적으로 바꿔놓았다. 1인 시위였음에도 불구하고 쉬한의 시위는 1963년 이루어졌던, 마틴 루터 킹 목사가 그 유명한 "나에게는 꿈이 있습니다" 연설을 하기도 했던 흑인들의 민권을 위한 시위 이후로 가장 의미 있는 시위였다.❺

쉬한의 시위는 왜 성공했던 것일까? 바로 이라크전의 부당함을 '큰 의미를 담고 있는 작은 순간' 으로 프레이밍했기 때문이다. 그 이전까지의 시위들은 부당한 정책이라는 프레임에 중점을 두었지만, 쉬한의 프레임은 그녀 아들의 죽음에 의한 진실한 아픔에서 우러나오는 것이었다. 아들을 잃은 슬픔에 대한 그녀의 진실하고 진지한 말들은 거대하고 비인격적이었던 반전운동을 개인적이고 진심에서 우러나는 사건으로 변환시켰다. 이리하여 반전 시위가 원래 가지고 있던 '수많은 사람들이 도심을 가득 채우고 있는 것'이라는 대표 이미지는 슬픔에 잠긴 한 어머니가 도로변에 서 있는 이미지로 변하였다.

레이건 대통령은 그가 작별 인사에서 '큰 의미를 가진 작은 순간' 이야기를 할 때 당연히 반전 시위를 더 효과적으로 하는 방법을 생각하고 있지는 않았을 것이다. 그래도 그의 작별 인사에서 배울 수 있었던 프레이밍 전략은 쉬한의 성공에 대한 완벽한 설명이 된다.

레이건의 '작은 순간' 프레임과 신디 쉬한의 시위 성공은 정치가 미디어에 좌지우지되는 이 시대에 '큰 의미를 창출하고 진정한 변화를 일으키는 작은 시위'라는 새로운 패러다임을 진보주의자들에게 제공한다. 다시 말해, 토론의 프레이밍이라는 것은 언어뿐만 아니라 세팅, 범위, 그리고 취하는 행동의 범위와 방향까지도 포함하는 행위이다. 즉 전시정책에 관한 것이든, 환경에 관한 것이든, 기업의 부패에 관한 것이든 시위를 효과적으로 프레이밍하려면 작은 순간, 그리고 그 순간이 미국 대중의 눈과 귀에 전달될 수 있도록 큰 의미에 대한 고려를 해보아야 한다.

[시민]-저녁 식탁

레이건 대통령이 연설에서 '큰 변화는 모두 저녁 식탁에서 시작된다'는 아이디어를 많이 언급한 공로를 자주 인정받기는 하지만 그 아이디어는 그만이 가졌던 것은 아니다. 화가 노먼 록웰(Norman Rockwell)의 유명한 작품인 「빈곤으로부터의 자유(*Freedom From Want*)」는 커다란 추수감사절용 칠면조를 얹은 저녁 식탁에 둘러앉은 한 무리의 미국인들을 그리고 있는데, 어쩌면 이 그림이 그 어느 대통령의 연설보다도 그 아이디어를 잘 표현하고 있는지도 모른다.

정치적으로 본다면 레이건의 '고별사' 중 그 유명한 한마디는 다음과 같은 기본적인 은유에 좀 더 살을 붙인 것이다 :

[정치]는 [식탁에 둘러앉은 사람들]이다.

록웰과 레이건 모두 저녁 식탁을 가족, 행복, 정치, 국가 그 자체를 의미하는 프레임으로 썼다. 진보주의자들은 이 기본적인 원리를 이해하고 있기는 하지만 이 원리를 경시해 버리는 과오를 자주 저지른다. 그리고 안타깝게도 보수주의자들은 지난 20여 년 동안 우리의 이 과오를 이용함으로써 많은 성공을 거두었다.

보수주의자들은 자신들의 비전을 미국에 널리 퍼뜨리기 위해 저녁 식탁, 교회 등 '큰 변화가 일어나는 장소'에 침투하는 전략에 집중했다. 보수주의 이데올로기의 취약점과 1990년대 후반부터 공화당을 마치 페스트처럼 따라다니며 괴롭힌 각종 스캔들에도 불구하고 '변화와 정치는 집과 교회라는 인생의 가장 기본이 되는 공간에서부터 시작된다'라는 믿음은 여전히 보수주의 운동의 밑바탕이 되고 있다. 진보주의자들이 정치를 저녁 식탁에서의 대화로 프레이밍할 수 있게 된다면, 일반 가정집과 백악관을 연결하는 정치참여라는 넓은 개념 속에 진보주의 비전을 심는 대업의 성공을 향해 한 발짝 다가설 수 있게 될 것이다.

하지만 정치를 '식탁에 둘러앉은 사람들'이라는 은유를 통해 보고자 하는 것을 '가정에서의 모든 시간을 정치토론의 기회로 보자'는 식으로 받아들여서는 안 된다. 필자가 말하고자 하는 것은 식사 중,

카풀 중, 커피 브레이크 중, 체육관에서의 운동 도중 등 일반적으로 정치토론이 이루어지지 않는 장소에서도 토론을 할 수 있는 습관과 실력을 기르자는 것이다.

예를 들어, 2006년 버지니아 주의 중간선거에서는 현직 조지 앨런(George Allen) 상원의원과 도전자인 민주당의 짐 웹(Jim Webb) 사이에 치열한 공방전이 벌어졌다. 캠페인 기간 동안 앨런 의원은 그의 인물 됨됨이가 심판대에 오르는 몇 개의 스캔들에 연루되었는데, 예를 들면 그는 처음에는 '마카카(macaca)'[4]라는 말을 자신의 인도계 미국인 보좌관에게 사용하면서 논란을 일으켰고, 나중에는 그의 유대계 혈통이 공개되자 묘한 반응들을 보여 또다시 구설수에 올랐는데, 결국 앨런 의원은 웹에게 상원의원 자리를 내주었다.❻

인종문제는 정치에 대한 대화 도중 자주 나오는 주제이지만 진보주의자들은 이 주제에 대해서는 준비를 제대로 하고 있지 못한 경우가 많다. 다음번에는 식사 중에 선거 캠페인이나 정치인의 언행 등에 관해 대화를 나누던 중 인종이라는 주제가 나오면 다음과 같은 방법들로 그 기회를 잡아 토론을 시작하도록 하자 :

왜 – "그래요, 그 사람은 인종차별주의자일 수도 있고 아닐 수도 있어요. 그런데 그 단어가 왜 이렇게 많은 논란을 초래했다고 생각하세요?"

어떻게 – "그렇기는 하죠 …. 그런데 그의 혈통보다는 그가 그 문제에

4 역자 주 : 콩고 반투어의 원숭이를 뜻하는 'ma–kako'에서 유래한 말로 프랑스인들이 과거 식민지 원주민들을 얕잡아 부르던 말.

어떻게 대처했는지가 더 중요한 사안 아닌가요?"

더 – "음, 그 문제에 대해서 그렇게 생각할 수도 있었군요. 궁금한데 좀 더 설명해 주시겠어요?"

정의 – "글쎄, 그건 당신이 "정치적으로 옳다"고 정의하는 것이 무엇인지에 따라 달라지지 않을까요? 당신은 그 말을 어떤 의미로 사용하시나요?"

식탁을 정치적 대화의 장으로 프레이밍하는 데 있어 주의할 점은 자칫 적대적인 언쟁으로 나아갈 수 있는 대화를 알찬 토론의 방향으로 이끌어야 한다는 것이다. 보수주의자이든 진보주의자이든 대화 중 정치 얘기가 나오면 곧바로 자신이 지지하는 쪽을 옹호해 버림으로써 토론이 성립되기도 전에 대화의 흐름을 끊어버리는 경우가 부지기수이다. 제대로 된 토론을 하고 이슈를 진보주의적 관점으로 제대로 프레이밍하기 위해서는 대화의 흐름을 끊을 게 아니라 대화를 계속 이어나가면서도 자신이 원하는 방향으로 조금씩 유도해야 한다.

이렇게 대화를 유도해 나가는 방법을 배우기에는 진보주의 성향 블로그들이 매우 좋다. 어떤 의미로는 최근 들어 이 스레드(threads)[5]들은 미국에서 가장 활발한 '저녁 식탁'이 됐다. 당연히 토론을 꾸려 나가는 방법을 배우는 데 많은 도움이 된다. 일부러 격한 대립이 일고 있는 스레드를 찾아가서 (지지하거나 혹은 강화하기보다) 중립적인 입장에서 그 언쟁을 온화한 토론으로 유도해 보는 것도 좋은 방법일

5 **역자 주** : 인터넷의 뉴스 그룹에서 특정 게시물과 그에 대한 답을 한 곳에 모아놓은 것을 말하며, 특정 주제에 대한 집중적인 토론에 매우 유익함.

듯하다. 또한 인터넷상의 대화는 실제 저녁 식탁에서 이루어지는 것보다 훨씬 '격한' 경우가 많으니, 인터넷상의 대화를 조정할 수 있게 되면 가정에서와 같은 오프라인상 대화를 조정하는 것은 식은 죽 먹기로 해결할 수 있을 것이다.

주

❶ 연설 전문과 오디오 기록은 다음 참조. "고별사(Farewell Address)", 『밀러공공업무센터 로널드 레이건 연설 : 대통령연설모음집(*Ronald Reagan Speeches, The Miler Center of Public Affairs : Presidential Speech Collection*)』, http://millercenter.virginia.edu/scripps/diglibrary/prezspeeches/reagan/rwr_1989_0111.html

❷ 전게서.

❸ "텍스트 : DNC에 대한 존 에드워즈 상원의원의 연설(Text : Sen-ator John Edwards Speech to DNC)", *Washington Post*, 2004년 7월 28일, http://www. washingtonpost.com/wp-dyn/artcles/A22230-2004jul28.html.

❹ 리처드 스티븐슨(Richard W. Stevenson), "이라크의 많은 전사자 중 한 어머니가 아들을 잃게 되어 대통령이 곤경에 처하다(Of The Many Deaths In Iraq, One Mother's Loss Becomes A Problem For The President)", *New York Times*, 2005년 8월 8일, http://www.nytimes.com/2005/08/08/politics/08crawford.html ; 제프리 펠드만(Jeffrey Feldman), "프레임숍 : '슬픈 엄마' 프레임(Frameshop : The 'Grieving Mom' Frame", *Frameshop*, 2005년 8월 14일, http://www.jeffrey-feldman.typepad.com/frameshop/2005/08/frameshop_the_g.html

❺ 제프리 펠드만(Jeffrey Feldman), "프레임숍 : 항의의 모양새가 바뀌다(Frameshop : The Face of Protest is Changin)", *Frameshop*, 2005년 3월 21일, http://www.jeffrey-feldman.typepad.com/frame-shop/2005/03/the_face_of_pro.html

❻ 팀 그래그 · 마이클 쉬어(Tim Graig and Michael D. Shear), "앨런의 재치가 분노와 사과 야기(Allen Quip Provokes Outrage, Apology)," *Washington Post*, 2006년 8월 15일.

15. 정부는 사람이다

Government is a Person

빌 클린턴 대통령, 2차 취임사(1997)[1]

❖ **키워드** : 건설, 앞으로, 미래, 여정, 책임

❖ **전략** : 처음부터 시작하라—엘리베이터 연설—진보주의 거물들과의 연결

인용

"우리들이 지난번에 모였을 때까지만 하더라도 새로운 미래를 향한 우리의 진군이 오늘보다는 덜 확실했었습니다. 우리는 그날 우리나라를 일신할 확실한 진로를 잡자고 결심했었습니다. 지난 4년 동안 우리는 비극에 함께 울었고, 도전에 함께 들떴으며, 성취에 함께 강해졌습니다. 미국은 국제적으로 없어서는 안 될 국가로 홀로 우뚝 서 있습니다. 우리 경제는 다시 세계 최강이 되었습니다. 우리는 다시 더 단란한 가족, 더 번영하는 공동체, 더 나은 교육 기회, 그리고 더 깨끗한 환경을 만들고 있습니다. 더 심해질 것으로만 생각됐던 문제들이 이제는 뜻대로 해결돼 가고 있습니다. 거리는 더 안전해졌고, 생활보호대상자 목록은 훨씬 더 짧아졌습니다. 그리고 다시 한 번 우리가 사는 시대의 정부 역할에 대한 중대한 토론을 마무리 지었습니다. 오늘 우리는 선언할 수 있습니다. 정부 그 자체는 현안이 아니

고 해결책 또한 아니라고 말입니다. 해결책은 우리 미국 국민들입니다. 우리 국부들은 이 점을 잘 이해하고 있었습니다. 그렇기 때문에 건국의 아버지들은 우리에게 몇 세기를 거뜬히 견뎌낼 수 있을 만큼 굳건하고, 매시대 새롭게 바뀌는 과제들을 해결하고 공통된 꿈들을 실현시킬 수 있을 만큼 유연한 민주주의를 물려주신 것입니다. 시대가 변하면 정부도 그에 걸맞게 바뀌어야 합니다. 새천년에 우리는 모든 문제를 대신 해결해 준다면서 나서지 않는 겸손한 정부가 필요하며, 또한 우리 문제를 스스로 해결하는 데 필요한 도구를 제공해 줄 수 있는 강한 새 정부가 필요합니다. 정부는 해야 할 일만 확실히 하고, 더 작은 힘으로 더 많은 것을 처리해야 합니다. 그러면서도 전 세계적으로 미국의 가치와 이해관계를 도모하고 우리 인생을 스스로 개척해 나갈 힘을 부여하는 일에서 최대한 많은 업적을 이룰 수 있는 정부여야 합니다. 새로운 정부의 최우선 과제는 모든 미국인들이 더 나은 삶을 영위할 수 있다는 보장이 아니라 그런 기회를 주는 것입니다. 국민 여러분, 미래는 우리 어깨에 달려 있습니다. 국부들은 우리에게 자유와 화합의 보존은 책임감 있는 시민권의 행사에 달려 있다고 가르치셨습니다. 우리는 새천년을 위해 책임의식을 새롭게 가져야 합니다. 또한 우리에게는 정부 혼자의 힘만으로는 해결할 수 없는 일들이 많이 있습니다. 아이들에게 글을 가르치는 것, 생활보호대상자들에게 일거리를 제공하는 것, 잠긴 문과 굳게 닫힌 창 뒤에 있지 말고 밖으로 나와 마약과 갱단, 범죄로부터 우리의 길거리를 해방시키는 것, 시간을 할애해 우리보다 힘든 이들을 돕는 것 등이 바로 그것입니다."

분석

빌 클린턴은 현대 대통령 중 전 분야에 걸쳐 설득력과 전문지식이 풍부하며 유창하게 연설을 할 수 있는 대통령 중 한 사람이다. 1997년 1월 20일 2차 취임식 연설에서 그는 가장 복잡하고 논란이 많은 주제 가운데 하나인 '정부'를 프레이밍하는 데 놀라운 능력을 보여주었다.

이 연설 이전의 클린턴 재선 캠페인은 클린턴이야말로 '21세기로의 다리'를 넘어가는 과정에서 국가를 제대로 인도할 사람이라는 테마로 구성되었으며, 2차 취임사도 그런 식으로 이루어졌다. 클린턴은 이 '21세기로의 다리'라는 문구를 선거유세 연설은 물론 그가 '다리'라는 단어를 무려 26번이나 반복했던 1996년의 당대회 중 수락 연설 때에도 사용하였다.

'21세기로의 다리'는 1996년 선거 캠페인 중 정부 프로그램의 프레임이라는 매우 근본적인 역할을 수행하였으며, 아마 클린턴이 사용했던 말 중 가장 자주 인용되고 가장 인상 깊은 문구였을 것이다. 클린턴은 우리가 21세기에 도달하기 위해 만들어야 하는 '다리'에 관한 얘기로 연설을 시작하였으며, 2차 임기 중 처리할 정책과 변화들을 나열하였다. 이는 미국이 '다리'(예를 들면 정책)를 '건너서' 미래에 도달한다는 매우 간결하면서도 강력한 은유였다.

그래도 클린턴 대통령의 2차 취임사가 눈길을 끄는 가장 큰 이유는 역시 연설 내내 '다리'라는 단어가 거의 등장하지 않는다는 점이다. 이는 그가 캠페인 기간 중 '다리' 프레임을 너무나도 굳건히 심어두었기에 이제는 연설의 가장 끝부분에서만 언급해도 국민들이 모두 그의 말을 이해할 수 있다 :

> 그래요. 함께 다리를, 모든 미국인들이 손을 꼭 잡은 채 새로운 약속을 품고 있는 축복 받은 땅으로 건너갈 수 있을 만큼 튼튼하고 넓은 다리를 건설합시다.❷

이 말에서 모든 미국인들이 '건너갈' 수 있을 정도로 '튼튼' 하고 '넓은' 정부 프로그램이라는 논리가 엿보인다. 클린턴의 은유에 의하면, 정부의 새 정책들은 미국인들에게 20세기에서 21세기로 건너갈 기회를 주는 것이었다. 각 '세기' 는 은유적으로 각기 협곡의 한 면에 해당되었다.

클린턴 선거 캠페인에서는 정부 프로그램을 프레이밍했지만, 취임사에서 목표를 더 높게 잡아 정부 그 자체를 프레이밍하였다. 요컨대, 다음 구절을 보면 정부에 대한 완전히 새로운 비유가 이루어지고 있다 :

> 시대가 변하면 정부도 그에 걸맞게 바뀌어야 합니다. 새천년에 우리는 모든 문제를 대신 해결해 준다면서 나서지 않는 겸손한 정부가 필요하며, 또한 우리 문제를 스스로 해결하는 데 필요한 도구를 제공해 줄 수 있는 강한 새 정부가 필요합니다. 정부는 해야 할 일만 확실히 하고, 더 작은 힘으로 더 많은 것을 처리해야 합니다. 그러면서도 전 세계적으로 미국의 가치와 이해관계를 도모하고 우리 인생을 스스로 개척해 나갈 힘을 부여하는 일에서 최대한 많은 업적을 이룰 수 있는 정부여야 합니다. 새로운 정부의 최우선 과제는 모든 미국인들이 더 나은 삶을 영위할 수 있다는 보장이 아니라그런 기회를 주는 것입니다.[3]

위와 같은 예들에서 보이는 '정부' 가 해야 할 일과 그 존재에 대한 클린턴의 논리는 다음과 같은 프레임 속에 있다 :

[정부]는 [사람]이다.

연설의 중심에는 정부를 거대한 구조물이나 시스템이 아닌 한 명의 사람으로 프레이밍하려는 시도가 있다. 그렇지만 그 '사람' 은 그저 평범한 사람이 아니다. 미래에 대비해 더 성숙하고 겸손하며 책임감을 가지기 위해 변화와 발전의 과정을 거쳐야 하는 그런 사람이다.

제퍼슨 대통령의 "현명하고 소박한" 정부와는 달리 "정부 그 자체는 현안이 아니고 해결책 또한 아니다"라는 말에서 알 수 있듯이 클린턴은 시민과 정부 모두가 다같이 발전하면서 기회를 만들어내고 제공하는 동일 능력개발을 희망하였다. 이에 따라 '정부가 골칫거리도 아니며 해결책도 아니다' 라는 프레임이 나온다. 클린턴이 원하는 정부는 책임감 있는 사람들과 함께 우리 모두가 건너갈 21세기로의 다리를 건설하는 것이다.

아이젠하워, 존슨, 카터 대통령과 비슷하게 클린턴 대통령은 '진보(progress)' 를 물질적인 것과 비물질적인은 것을 구분하는 것이라고 프레이밍했다. 클린턴에게 있어 진보는 '국민들의 잠재력을 완전히 펼칠 때까지 끊임없이 앞으로 나아가는 국가' 이다. 이 점에서 그는 진보를 장애물들이 즐비한 길을 따라 떠나는 여정이라고 프레이밍했다. 이 논리에 따라 장애물들을 넘는 것은 책임감 있는 국민들과 겸손한 정부가 협력해서 함께 해결할 과제가 되었다.

흥미롭게도 클린턴은 그의 2차 취임사에서 물질적인 성과들의 '업적' 은 경제성장과 정부 적자 지출의 감소, 교육과 기술 면의 발전이라고 설명한 반면, '인간 마음 속' 의 발전은 계속 진행 중인 도전이라고 설명했다. 그는 마틴 루터 킹의 정신적 진보에 관한 비전을 "우리들의 진정한 신념을 저버리지 않기 위한 끝없는 노력"이라고 하였는데, 이런 생각은 미국인들과 정부가 협력해서 극복해 나가는 장애물로 가득한 길이라는 발전 프레임에 기초한 것이었다.

클린턴은 연설문에서 킹을 언급함으로써 화려하게 연설의 결말을 맺었다. 그의 연설은 21세기로 가는 '다리'로 시작해서 기회를 제공해해 주는 겸손한 인간이라는 이미지의 정부, 그리고 화합한 미국이 해야 할 일인 정신적 진보로 넘어갔다. 마지막으로 아메리칸 드림의 비전이라는 포장지로 감쌌다 :

> 우리가 아직 얼굴을 볼 수 없는, 어쩌면 영원히 우리는 그 이름을 모를 후손들이 훗날 오늘 여기 모인 우리들에 대해 이렇게 말하기를 바랍니다. 우리가 우리 나라를 모든 아이들에게 아메리칸 드림이 가능한 신세기로 이끌었다고, 더 완벽한 화합이라는 미국의 약속(American promise)이 모든 국민들에게 있어 현실이 되었다고, 자유의 빛나는 불길이 미국으로부터 전 세계로 퍼져나가게 하였다고. 이 높은 자리에 올라와서, 그리고 이 세기의 정상에서 함께 진군하도록 합시다.❹

이 말로 클린턴 대통령은 그의 모든 말을 '약속의 땅'에 대한 킹의 비전과도 비슷한 성경적인 구절로 마무리하였다.❺ 클린턴이 재선 캠페인 중 언급했던 20세기의 끝은 미국인들이 손에 손에 '자유의 빛나는 불길'을 들고 진군하기 직전에 서 있는 '정상'이 되었다. 미국을 위한 그의 비전은 길과 다리라는 핵심 은유의 프레임으로 구성되어 있을 뿐만 아니라, 근대 미국 역사 속의 목소리로 뒷받침해 주는 하나의 이미지가 되었다.

미국 정치의 핵심 이슈를 훌륭하게 프레이밍한 예로서 빌 클린턴의 2차 취임사보다 더 적합한 대통령 연설은 드물다.

전략

[정치인]－처음부터 시작하라

기본적으로 대부분의 진보주의 연설들은 무언가 모자라는 것이 있는 상황, 또는 무언가 개선할 것이 있는 상황을 언급하면서 시작한 다음 어떻게 협력해서 일을 하면 더 좋은 결과를 낼 수 있을 것이라는 식의 처방을 내리는 식으로 진행된다. 진보주의자들은 '전진'에 대해서 이야기한다. 반면, 보수주의자들은 주로 자신들에게 성공을 방해하는 장애물로 보이는 것을 없애는 얘기로 연설을 시작한다. 보수주의자들은 '후진'에 대해서 이야기한다.

연설의 시작을 프레이밍하기에 가장 좋은 방법을 모색 중인 정치인이라면 가장 명료한 시작부분이 들어 있는 진보주의 연설 중 하나인 클린턴의 2차 취임사의 시작부분을 살펴보아야 한다 :

> 친애하는 국민 여러분, 20세기의 마지막이 되는 이 대통령 취임식에서 우리는 다음 세기에서 우리를 기다리고 있는 도전들을 올려다보도록 합시다. 시간과 우연이 우리를 새 세기의 언저리, 새로운 천년뿐만 아니라 인간 역사의 빛나는 새로운 가능성의 언저리, 앞으로 올 수십 년 동안 우리의 진로와 성격을 결정할 순간에 올려놓은 것은 우리의 대단한 행운입니다. 우리는 우리의 오래된 민주주의를 영원히 젊게 유지해야 합니다. 약속의 땅이라는 옛부터 내려오는 비전의 인

도를 받아 새로운 약속의 땅을 주시하도록 합시다.[6]

클린턴의 프레임에서 '처음(시작점)'은 '새 세기의 언저리'로 정의되고 있다. 이 정의는 절벽의 '언저리'에 선 채 앞을 응시하는 미국인들이라는 이미지가 연상되도록 하였다. 미래의 약속을 응시하면서도 현재 넘어야 할 장애물들에도 주의를 기울인다는 진보주의적 이상의 이미지이다.

클린턴이 보여줬듯이 연설의 잘 짜인 시작은 청중을 연설의 포인트와 목표에 적응시키고 정치인의 비전이 청중들을 어디로 데려갈지를 가르쳐 준다. 연설의 시작을 제대로 짜려면 정치인들은 다음 세 가지 질문에 답해야 한다 :

- 우리는 지금 어디에 있는가?
- 우리는 어디로 향하는가?
- 앞에 장애물은 존재하는가?

이런 질문들에 제대로 답하려면 정치인은 반드시 자신의 비전부터 확실하게 확립하여야 하며, 남에게 설명도 제대로 할 수 있어야 한다. 예컨대, 교육에 관한 연설은 다음과 같이 시작할 수 있다 :

우리가 직면해 있는 과제는 그저 더 좋은 학교를 짓는 것이 아니라 세계에서 가장 좋은 학교를 짓는 것입니다. 오늘 우리는 교실당 더 적은 학생, 더 많은 선생님, 더 좋은 기술력, 그리고 최고의 커리큘럼으로 미국 아이들의 내일을 위해 준비시킬 그 여정의 출발점에 서 있습니다. 하지만 그 여정을 완주하기 위해서는 도중에 우리의 발목을 잡으려 하는 방해물들, 예를 들면 부족한 교원 훈련, 지원, 그리고 의지를 돌파해야 합니다. 우리의 미래는 이 방해물들을 다 함께 헤쳐나가는 데 달려 있습니다.

클린턴 연설의 기본적인 논리를 이용하는 이런 연설의 발단들은 청중이 연설자의 비전을 함께 할 수 있게 해주고 나중에 나올 정책에 관한 대화를 위한 무대도 된다.

[선거운동원]-엘리베이터 연설

진보파 선거운동원에게 필요한 가장 중요한 도구 중 하나는 이른바 '엘리베이터 연설', 즉 진보주의자라는 것이 무엇을 의미하는지에 대한 짧은 한 문장짜리 설명이다. 사실 엘리베이터 연설은 세일즈맨들이 가능성 있는 새로운 상대를 찾았지만 설명을 충분히 하기에는 시간이 부족할 때 항상 사용하는 고전적인 수법이다.

『아메리칸 프로스펙트(*American Prospect*)』지[1]에 따르면 다음의 예가 최근 몇 년간 사용된 공화당의 엘리베이터 연설이다:

> **우리는 자유(freedom)와 해방(liberty), 낮은 세금, 정부의 축소, 전통적인 가치, 그리고 강력한 안보를 믿습니다.❼**

---

1 역자 주: 『아메리칸 프로스펙트』지는 진보 중심의 월간 정치 잡지임. 1980년대 보수주의 물결에 대항하기 위해 1990년에 창간됨.

이 예문에서 엘리베이터 연설의 기본적인 공식을 찾아볼 수 있다. 신념에 관한 명료한 문구로 시작해서(위의 글은 영어로는 "We believe in~"으로 시작함) 당의 가장 중요한 핵심 가치 두 개를 먼저 제시한 다음, 나머지 핵심 가치들을 나타내는 이슈나 은유들("낮은 세금, 정부의 축소, 전통적인 가치, 그리고 강력한 안보")을 나열한다. 즉 공식을 도식화하면 다음과 같다 :

> **우리는 [가치]와 [가치], [가치의 표현], [가치의 표현], 그리고 [가치의 표현]을 [신념을 나타내는 말, 예컨대 '믿는다' 라는 표현]**[2]

진보주의 비전을 '호소'할 때 엘리베이터 연설은 우리를 대화 주제 중 가장 높은 단계인 '가치'의 단계로 이끌기 때문에 아주 유용하다. 모든 정치토론들은 세 단계 중 가치(상), 이슈(중), 정책(하) 세 개 중 하나의 단계에 속한다.❽ 진보주의자들은 주로 더 구체적이고 실질적인 아래의 두 단계를 가지고 이야기한다. 정책과 이슈는 '사실'이다. 이런 사실을 이용하여 문서를 만들고 웹 페이지 제목을 장식할 수도 있기 때문이다. 반면, 가치는 이해하는 것부터가 더 힘들다.

엘리베이터 연설을 쉽게 만드는 방법으로 다음의 진보적 가치들에서 두 가지를 고른 후 위의 공식에 대입하면서 단계별로 연설할 수 있다 :

---

2 **역자 주** : 위의 문장은 한국어 문장으로 도식화한 것. 본래 영어 문장에서는 [신념을 나타내는 말(동사)]이 가장 앞으로 가야 함.

공동체	평등	힘	공평
협력	정직	조화	안전
성취	번영	봉사	진보
책임감	보호	기회	공감❾

물론 이 외에도 진보적 가치들은 많이 있지만 처음 시작할 때는 위의 목록도 괜찮을 것이다. 그러면 위의 목록 중 번영과 기회라는 두 개의 가치를 가지고 엘리베이터 연설을 만들어 보자 :

우리는 [번영]과 [기회]를 믿습니다.

다음 단계는 서너 개의 '표현된 가치'를 골라 핵심 신념들을 뒷받침하도록 하는 것이다. 표현된 가치를 만들어내는 것은 쉽다. 아까 고른 기본적인 가치 외의 다른 것, 이를 테면 '보호' 같은 것을 하나 더 고른 후 직접 이야기하는 대신 은유적 표현인 '[보호]는 [공동체]이다'를 사용하면 된다. 힐러리 클린턴의 그 유명한 "it takes a village"[3]

---

3 **역자 주** : 힐러리 클린턴의 *It Takes a Village : And Other Lesson Children Teach Us*(『마을 하나가 필요하다 : 그리고 아이들이 우리에게 주는 다른 교훈들』)이라는 저서로 1996년에 출판되었을 때 《뉴욕타임즈》 베스트셀러에 오른 명저임. 아이 하나를 키우는 데 단순하게 부모의 노력만으로는 부족하고 학교, 사회시설, 친구관계 등 훌륭한 사회가 뒷받침되어야 한다는 내용으로 이루어져 있음. 2007년 경선과정에서도 클린턴 후보는 "나는 여전히 마을 한 개는 필요하다"고 생가한다는 주장을 하였음. 그러나 1996년 공화당 전당대회에서 밥 도울 후보는 "… it does not a village to raise a child. It takes a family to raise a child(아이를 키우는 데 중요한 것

도 이 '[보호]는 [공동체]이다'를 다르게 나타낸 말이다. 또 다른 표현법으로는 '강한 공동체'가 있는데, 이는 짧고, 빠르고, 이해하기에도 쉽다.[10] 공식에 가치를 표현하는 말을 두 개만 더 넣으면 이제 엘리베이터 연설은 다음과 같은 식이 된다 :

우리는 [번영]과 [기회], [강한 공동체], [건강한 가족], 그리고 [세계 최고의 학교들]을 믿습니다.

이 공식에 기초해서 볼 때 클린턴 대통령의 2차 취임사가 진보주의 엘리베이터 연설에 있어 얼마나 좋은 예인지 알 수 있다 :

우리는 다시 더 단란한 가족, 더 발전하는 공동체, 더 나은 교육 기회, 그리고 더 깨끗한 환경을 짓고 있습니다.

엘리베이터 연설은 사용하는 개인이나 단체의 성격에 따라 차이가 있겠지만, 엘리베이터 연설의 구조 자체에 관해 여러 모로 이야기하는 것은 협동심과 통일성을 기르기에 아주 좋은 방법이다. 엘리베이터 연설을 만든 후에는 카드에 인쇄하고 외운 후 실전에서 사용할 수 있다. 또한 엘리베이터 연설은 대화를 가치에 관한 명료한 어구로 프레이밍하기 때문에 모든 정치적 상황들은 엘리베이터 연설이

은 마을이 아니라 가정이다)"라고 공화당이 평소 주장하는 가정의 중요성을 언급하면서 많은 논란을 야기하였음.

가능하다. 그 다음으로 가치의 단계로 발전한다면 아이디어가 남들은 물론 우리에게도 더 명확해질 것이고, 우리는 실전에서도 더 강해질 것이다.

[시민]-진보주의 거물들과의 연결

지난 몇 년간 보수주의자들이 국가를 수사적 기교의 홍수로 휩쓸어 버려서 진보주의자들은 일일이 대꾸하기에도 몹시 바쁜 실정이다. 그러다 보니 결과적으로 진보주의 사상가들과 연설자들이 전통적으로 폭넓은 감각을 잃어버렸다. 하지만 진보주의자들이 가지고 있는 가장 강력하고 중요한 자원 중 하나가 바로 미국이라는 국가가 탄생했을 때부터 이어져 온 오늘날의 진보적 연설의 밑바탕이 되는 미국 목소리들의 오랜 전통이다. 오늘날의 토론을 과거의 진보주의 연설자들과 연결하려면 그들을 잠시 언급하는 것만으로도 충분하다.

클린턴 대통령은 2차 취임식 연설을 30여 년 전의 또 다른 연설과 연결함으로써 자신의 아이디어를 진보주의적 아이디어의 넓은 전통 속에서 프레이밍했다 :

> 34년 전, 이 내셔널 몰의 반대편에서 오늘날 우리가 존경하는 한 남자로부터 이 나라의 양심을 움직이는 말을 들었습니다. 옛 예언자처럼 그는 언젠가는 미국의 모든 국민들이 법 앞에서도, 사람의 마음 속에서도 평등한 인간으로서의 대우를 받을 수 있으면 좋겠다는 그의 꿈을 들려주었습니다. 마틴 루터 킹의 꿈은 바로 미국의 꿈이었습니다. 그의 모험은 바로 우리의 모험이었고, 그 끝없는 노력이야말로 우리들의 진정한 신념이었습니다. 우리의 역사는 바로 그런 꿈과 노

력 위에 이루어진 것입니다. 그리고 우리의 꿈과 노력으로 우리는 21세기에 미국의 약속을 이행할 것입니다.[11]

위의 연설 분석에서도 언급했듯이 클린턴 대통령이 선택한 프레임은 그의 연설을 마틴 루터 킹의 1963년 "저에게는 꿈이 있습니다(I Have A Dream)" 연설과도 연관되는 아메리칸 드림에 관한 이야기로 끝맺는 것이었다.[12] 이는 그저 물질적인 성공에의 부름이 아니라, '사소한 말다툼'이 많은 현실 속에서 서로 화합하며 살자는 부름이자 '우리의 진정한 신념을 위한 끝없는 노력'이었다.

토론을 과거의 연설들과 연결지으려는 시도가 모두 클린턴 대통령의 것만큼이나 웅대할 필요는 없지만, 그러한 시도가 대통령 연설에서든 저녁 식탁에서든 똑같이 중요하다는 것은 명심해야 한다. 대화를 다른 위대한 진보주의 연설자의 말과 연결짓는 능력은 다음과 같은 요인들을 활용하면 얻을 수 있다 :

정통(精通) : 과거 진보주의 인물들과 그들의 연설에 대한 탄탄한 배경 지식

습관 : 현재의 토론을 과거 진보주의 아이디어들의 관점에서 생각하는 습관

연습 : 계속적으로 현대의 아이디어들을 과거의 어구들과 연결지으려는 노력

길잡이 : 사람들을 과거 진보주의 인물들의 말로 인도하는 '길잡이' 어구의 사용

정통과 습관, 연습은 모두 습득에 시간이 걸리지만 길잡이 어구는 상대적으로 쉽게 배울 수 있다. 예를 들어, 다음 저녁 식사 중 정치에 관한 얘기가 나오면 다음과 같은 길잡이 어구들을 사용해 보도록 하자 :

- 교육에 관해 이런 얘기들을 듣고 있으니 존슨의 위대한 사회 연설이 떠오르는군요.
- 아이젠하워는 탄탄한 외교정책의 열쇠는 모든 세력이 강하든 약하든 협상에 참여하는 것이라고 말했습니다.
- 이것을 말로 가장 잘 표현한 것은 제퍼슨의 미국 시스템의 열쇠로써 "현명하고 검소한 정부"라는 말이 아닐까요.
- 이것이야말로 테디 루스벨트가 윤리의식이 없는 상태에서 부정부패만 들춰내면 정부에 대한 냉소주의로 이어질 것이라고 말한 의도가 아닐까 합니다.
- 이 대화를 하고 있으니 마치 케네디의 목소리가 들리는 것 같군요.

이 어구들은 각각 듣는 이를 역사 속 진보주의 연설의 화려했던 한 순간으로 인도하고 저녁 식탁의 대화에 누군가의 중요하고 유명한 목소리를 동참시킨다. 또한 일단 현재 이루어지고 있는 대화를 과거의 인물들과 연결시키고 나면 그때부터 토론은 감정적인 태도를 넘어서서 원대한 진보주의 비전으로 향해 나아가게 된다.

주

❶ 연설 전문과 오디오 기록은 다음 참조. "2차 취임사(Second Inaugural Address)", 『밀러공공업무센터 윌리엄 클린턴 연설 : 대통령연설모음집(*William J. Clinton Speeches, The Miler Center of Public Affairs : Presidential Speech Collection*)』, http://millercenter.virginia.edu/scripps/diglibrary/prezspeeches/clinton/wjc_1997_0120.htm

❷ 클린턴, "2차 취임사", 전게서.

❸ 전게서.

❹ 전게서.

❺ 마틴 루터 킹 주니어(Martin Luther King Jr.), "약속의 땅이 보입니다(I See The Promised Land)", 1968년 4월 3일, 클래이본 카슨 · 크리스 세퍼드(Clayborne Carson and Kris Shepard) 편, 『양심에 호소 : 마틴 루터 킹 박사의 기념비적 연설(*A Call to Conscience : The Landmark Speeches of Dr. Martin King, Jr.*)』, New York : IPM/Warner Books, 2001.

❻ 클린턴, "2차 취임사", 전게서.

❼ 『아메리카 프로스펙트(The American Prospect)』지에 따르면 '엘리베이터 연설(Elevator Pitch)'은 자유주의를 30단어 이하로 정의할 때 쓰인다. "『아메리카 프로스펙트』지 독자들의 자유주의 어젠다(The Liberal Agenda by the Readers of the American Prospect)" 참조, 2005년 1월, http://www.prospect.org/web/page.ww?section=root&name=liberal+agenda

❽ 제이슨 패튼 · 조지 레이코프(Jason Patent and George Lakoff), "개념의 단계 : 가치의 단계로 끌어올림(Conceptual Levels : Bring It Home to Values)", 『록크리지 연구소(*Rockridge Institute*)』, http://www.rockridgeinstitute.org/projects/strategic/conceptlevels

❾ 진보주의 가치에 관한 목록 및 토론은 다음 참조. 조지 레이코프(George Lakoff), 『사고의 초점 : 미국인의 가치와 비전 소통(*Thinking Points : Communicating our American Values and Vision*)』, New York : Farrar, Straus and Giroux, 2006.

❿ 힐러리 클린턴(Hillary Rodham Clinton), 『마을 하나가 필요하다(*It Takes a Village*)』, New York : Touchstone, 1996.

⓫ 클린턴, "2차 취임사", 전게서.

⓬ 연설 사본은 다음 참조. 카슨 · 세퍼드(Carson and Shepard), 『양심에 호소 : 마틴 루터 킹 박사의 기념비적 연설(*A Call to Conscience : The Landmark Speeches of Dr. Martin King, Jr.*)』, http://www.stanford.edu/group/king/publications/speechs/address_at_march_on_washIngton.pdf

16. 악이 공격할 것이다

Evil Will Attack

조지 W. 부시 대통령, 연두교서(2002)[1]

❖ **키워드** : 최후의 심판일, 이분법, 반복, 판매, 테러

❖ **전략** : 폭발 직전의 폭탄—마법의 단어들—불을 켜라

인용

"이런 국가들, 그리고 그들의 테러리스트 동맹국들은 악의 축을 구축하며 세계의 평화를 위협하기 위해 무장합니다. 이들 정권들의 대량살상 무기 획득 노력은 중대하며 점증하는 위험을 야기합니다. 이들은 테러리스트들에게 무기를 제공함으로써 그들이 증오심을 마음껏 표출할 방법을 제공해 줄 수 있습니다. 이들은 우리 우방들을 공격하거나 미국에 대한 공갈을 시도할 수 있습니다. 이 모든 경우에서 우리가 무관심하게 되면 그 대가는 비극적일 것입니다. 우리는 우방들과의 긴밀한 협력을 통해 테러리스트들과 테러 후원국들이 대량살상 무기를 제조하는 데 필요한 재료와 기술, 그리고 전문 지식을 손에 넣지 못하게 할 것입니다. 우리는 미국과 그 우방들을 돌발적인 공격으로부터 보호하기 위해 효과적인 미사일 방어를 연구하고 사용할 것입니다. 또한 모든 국가들은 미국이 국가안전을 확보하기

위해서 필요한 일은 최선을 다할 것임을 명심해야 합니다. 우리는 신중하게 행동할 것이나 시간은 우리 편이 아닙니다. 위험이 커지고 있는 지금 마냥 기다리고 있지는 않을 것이며, 저는 위난이 점점 다가오는 동안 그저 방관하고 있지만은 않을 것입니다. 미합중국은 세계에서 가장 위험한 정권들이 가장 파괴적인 무기들로 우리를 위협하는 것을 허락하지 않을 것입니다. 대테러전은 제대로 시작되었지만, 지금은 겨우 시작단계에 불과합니다. 이 캠페인은 우리 차례에서 끝이 나지 않을 수도 있지만 결국 가동될 것이며, 그래야만 합니다. 갑자기 멈출 수는 없습니다. 테러 단체들이 버젓이 살아 있고 후원국들이 아무런 감시도 받지 않고 있어 지금 우리가 중지한다면 우리의 안전의식은 일시적이고 허황된 것에 불과할 것입니다. 역사는 미국과 우방들의 활동을 요청하고 있고, 자유를 위한 전쟁은 우리의 책임이자 특권입니다. 우리는 항상 우리나라의 안전을 최우선으로 생각해야 하고, 제가 국회에 보낼 예산안에도 반영될 것입니다. 예산안은 미국을 위한 세 개의 위대한 목표들을 지원합니다. 그 목표들이란 '우리는 이 전쟁에서 승리할 것이고, 조국을 보호할 것이며, 경제를 살려내는 것' 입니다."

분석

아이디어와 은유를 강조하는 데 있어 최근 미국 정치에서 이용된 가장 중요한 프레이밍 테크닉 중 하나는 반복이다. 똑같은 키워드를 연설에서 몇 번이고 반복하는 간단한 행동은 조지 부시를 2000년과 2004년에 대통령직에 앉혀주었던 커뮤니케이션 전문가들이 이용한 특정 종류의 프레이밍 특징이기도 했다. 예를 들어, 프랭크 런츠(Frank Luntz)[1]와 연결된 홍보기관은 공화당원들이 계속 반복했을 때 적절한 반응을 불러일으키는 마법의 단어들이 무엇인지를 찾으려 '과학적인' 기술들을 사용하는 데 수백만 달러를 썼다.❷ 여기서 공화당이 얻은 결과는 주전론적인 정책의 단조로운 반복과 중고차 판매상들이 광고에서 이용하는 속이 텅 빈 수사의 사이 어딘가에 해당하는 프레이밍 스타일이었다. 일단 '이달의 키워드'가 선정되어 미디어에 보내지면 공화당의 고위급 인사들이 그 단어들을 끝없이 반복함으로써 프레임을 유지시킨다.

역대 대통령 중 연설에서 정치적 프레이밍의 테크닉으로서의 반복법에 가장 능통했던 대통령은 조지 W. 부시이다. 전문가들은 부시의 가식적인 남부 시골 말씨와 비뚤어진 신앙 표현을 정기적으로 비판해 왔지만 반복법을 사용하는 기술에 있어서 누구와 겨루어도 지지 않을 그의 실력은 흔히 간과하였다.

2002년 1월 29일의 연두교서('악의 축' 연설이라고 불리는 바로 그 연설)보다 부시의 프레이밍 테크닉으로서의 반복법 사용이 두드러지는 글은 없다. 이 연설은 이후 자주 반복되는 문구이며, 광범위한 대내외 정책의 기본지침이 되고 있는 '테러에 대한 전쟁'에 초점을 맞추고 있었다. 부시는 연설을 통해 테러리즘이라고 보는 것들을 '악'이라는 프레임으로 정의했다 :

> 이런 국가들, 그리고 그들의 테러리스트 동맹국들은 악의 축을 구축하며, 세계의 평화를 위협하기 위해 무장합니다.

---

1 역자 주 : 프랭크 런츠는 미국 정치 컨설턴트이며 여론조사 전문가임. 런츠는 기업의 제품 판매활동에 가장 적합한 용어를 찾아내는 일이나 특정 이슈나 후보에게 가장 적합한 용어를 찾아내는 일을 주로 함.

'악의 축' 이라는 말은 아프가니스탄, 이라크, 이란, 북한, 시리아, 리비아, 레바논, 그리고 소말리아 등의 나라들을 총칭하는 말이다. '악한' 국가에 대한 부시의 정의는 후에 수많은 미국인들을 당황시켰고, 미국으로 하여금 비참한 결과를 불러일으킨 선제공격 군사정책을 추진하게 하였다. 부시의 정의에 의하면 '악한' 국가에는 현재 미국에 실질적이고 직접적인 위험의 대상이 되고 있는 국가뿐만 아니라 먼 훗날 언젠가 재원이나 무기, 피난처 등을 제공함으로써 위험한 대상이 '될 수도 있는' 국가들까지 포함되었다. 이 정의를 도식화하면 다음과 비슷한 양상이 된다 :

[악]은 [훗날 직접적 또는 간접적 위험을 끼칠 가능성이 있는 모든 것]이다.

그런데 부시 대통령이 과연 정말로 그의 연설에서 악이라는 것에 대한 정의를 내리는 것 자체에 관심이 있었는지, 사실은 악과 관련된 키워드들을 반복함으로써 공포를 조장할 의도였는지에 대해서는 아직도 논란이 많다. 다시 말해 부시는 '테러에 대한 전쟁' 을 프레이밍하는 과정에서 핵심 개념들을 명확히 설명하는 것보다는 반복법을 통해 국민들의 공포심을 조장하는 일에 초점을 맞추었다. 그의 48분짜리 연설에서 다음의 키워드들 또는 그 파생어들이 사용된 횟수를 한번 따져보라 :

테러(테러리즘, 테러리스트 등) – 36회

안보(안전한, 안전을 지향하는 등) – 20회

전쟁(테러에 대한 전쟁 등) – 16회

무기(대량살상 무기 등) – 12회

위험(위험한 등) – 8회

적(적들 등) – 6회

악 – 5100회❸

이 반복된 키워드의 어마어마한 물량만으로도 부시 대통령의 연두교서는 정책 연설보다는 주입식 교육에 가까웠다. 위험을 암시하는 언어들의 지속적인 반복은 사실상 국민들의 마음 속에 이라크를 침략하고 점령할 '정당한' 이유를 심어두려는 의도였다. 실제로, 국민과 의회는 곧 이 논리에 설득당해 버렸다.

단어의 반복 외에도 부시의 연설은 '최후의 심판일(doomsday scenario)' 테크닉을 이용하고 있다. 연설 이듬해 부시와 체니 부통령이 재선 캠페인을 벌일 때, 이 둠스데이 시나리오는 유세 연설에 가장 자주 등장하는 프레이밍 테크닉이 되었다. 2002년 연두교서에서는 이 테크닉이 그리 큰 비중을 차지하지는 않았지만 강력한 전략이었다.

부시 대통령의 둠스데이 시나리오란 국민들이 자신의 정책 외의 다른 정책을 지지하게 될 때 불어닥칠 참극들을 들려주는 형식이었다. '나를 따르고, 목숨을 구하라' 또는 '민주당을 따르고 목숨을 잃어라' 사이의 간단한 제로섬 논리였다. 연두교서의 둠스데이 시나리오에는 미국 땅에서 대량살상 무기가 사용되는 내용이 포함되어 있었다. 미국의 아마겟돈 시나리오라고나 할까 :

이들 정권들의 대량살상 무기 획득 노력은 중대하며 점증하는

위험을 야기합니다. 이들은 테러리스트들에게 무기를 제공함으로써 그들이 증오심을 마음껏 표출할 방법을 제공해 줄 수 있습니다. 이들은 우리 우방들을 공격하거나 미국에 대한 공갈을 시도할 수 있습니다. 이 모든 경우에서 우리가 무관심하게 되면 그 대가는 비극적일 것입니다. 우리는 우방들과의 긴밀한 협력을 통해 테러리스트들과 그들을 후원하는 국가들이 대량살상 무기를 제조하는 데 필요한 재료와 기술, 그리고 전문 지식을 손에 넣지 못하게 할 것입니다.❹

부시 대통령의 2002년 연두교서 이후 그를 비판하는 목소리가 높아질수록 그의 둠스데이 시나리오도 점점 더 소름끼치는 내용들로 채워져 갔다. 즉 선량한 미국 시민들을 상대로 사악한 테러리스트들이 무기를 사용하는 무시무시한 이미지들은 '나를 선택하라' 는 간단한 아이디어에 부시가 여러 가지 변화를 준 것이었다.

둠스데이 시나리오의 논리는 안타깝게도 그 속에 등장하는 '이야기' 들보다 훨씬 음흉하고 효과적이다. 이것은 둠스데이 시나리오가 듣는 이를 빠져나갈 구멍이 없는 이분법, 즉 제로섬 게임 속에 가둬버리기 때문이다.

[나의 정책을 지지하거나] / [미국이 테러리스트들에 의해 파괴되는 꼴을 지켜보라].

이 프레임은 A 또는 B 둘 중 한 가지를 반드시 선택해야 하며, 중립 입장은 있을 수 없는 논리를 가지고 있다. 부시 대통령은 모든 사고를 이런 'A 또는 B' 의 프레임 속에서 하였다. 모든 나라들은 우리의 우방'이거나' 우리의 적이었다. 그리고 우리의 선택에 의한 결과는 전쟁 '이거나' 평화였다.

'A 또는 B'의 프레임은 그 연장선상에서 겉으로는 명백한 듯 보이는 수많은 거짓된 선택들이라는 결과를 나았다. 침략하거나 하지 않거나, 프로그램을 채택하거나 취소하거나, 죽이거나 죽이지 않거나. 이설을 용납하지 않는 'A 또는 B'의 프레임 하에서는 정부의 본질인 협상은 허락되지 않는다. 모든 선택들은 급히 이루어져야 했다. 모든 결정들은 최종적인 것이었다. 모든 정치인들은 가장 가까운 친구 아니면 가장 무자비한 적이었다.

'A 또는 B' 논리의 가장 극단적인 버전은 상하원에서 이루어졌던 2006년의 군사위원회법(Military Commissions Act)에서 나타났다. 이 법령으로 부시 대통령은 테러리즘과 연관이 있다고 생각되는 사람은 누구라도 '적 전투원'으로 규정하고, 그 '적 전투원'에 대한 인신보호 영장의 발급을 거부하고, 미국 군법과 국제법이 모두 고문으로 정의하는 수법을 심문과정에서 허락할 권한을 부여받았다.❺ 이러한 수단들을 옹호하는 연설과 성명에서 그는 오히려 반대자들에게 미국을 보호하려고 노력하기는커녕 테러리스트들이 미국을 공격하기를 기다리는 이들이라며 비난했다.❻ 즉 미국인들은 필요하면 누구든지 감금하고 고문하겠다는 대통령의 의사를 지지하거나 미국이 테러리스트들에 의해 파괴당하는 꼴을 지켜보아야 했다.

부시 대통령과 캠프는 2004년부터 2007년 사이에 가장 충격적인 시나리오들을 많이 내놓았지만 부시 임기 내내 가장 두드러진 테크닉으로 사용될 'A 또는 B' 프레임이 처음 제시된 것은 상대적으로 정치계가 평온했던 2002년 연두교서 당시였다. 국가의 현 상태에 관한 보고를 한다는 미명 하에 그는 반복법이라는 기본적인 테크닉을 이용하여 정치적 토론을 'A 또는 B' 프레임이라는 위험한 논리 속에 가두어 두었다.

전략

[정치인]-폭발 직전의 폭탄

부시 대통령 임기 동안 고문에 대한 토론을 좌지우지해 온 프레임은 '폭발 직전의 폭탄' 시나리오(the ticking bomb scenario)이다 :

> 경찰이 한 시간 후 도시를 폭파시켜 버리려는 계획을 세우고 있는 테러리스트들의 전화내용을 도청했다. 갑자기 경찰들은 이미 알려진 테러리스트 한 명을 붙잡게 되었다. 처음 신문에서 테러리스트는 폭파계획에 관해 일절 밝히지 않았다. 그래서 폭탄의 위치를 알아내고 폭파를 막음으로써 수백만 명의 목숨을 살리기 위해 경찰들은 테러리스트를 고문해 정보를 빼내기로 마음 먹었다.[7]

2002년 연두교서에서 부시 대통령이 토론, 그 중에서도 특히 국가안보에 대한 토론을 좌우하기 위해 사용한 핵심 전략 중 하나가 둠스데이 시나리오에 의해 형성되는 'A 또는 B' 프레임이었다. 이와 같은 논리가 '폭발 직전의 폭탄' 시나리오에도 적용되고 있다.

'폭발 직전의 폭탄' 시나리오의 첫째 관건은 이 전략이 '지식' 또는 '정보'를 프레이밍하는 방법에 있다. 고문 시나리오에서 용의자인 테러리스트와 같은 사람을 심문할 때는 정보를 '빼낸다'고 표현한다. 용의자를 고문할 때는 그를 '깨뜨리다' 라는 표현이나 그가 "알고 있는 사실을 밝히게 하다"라는 말을 쓴다. 이런 표현들은 모두 '정보' 를 사람의 안에 존재하는 무언가로 은유하는 것이다. 일단 지식이나 정보를 이런 식으로 정의하면 나머지는 자연스럽게 따라오게 되어 있다.

이런 개념에서라면 고문은 보통 건물 내에 흔히 볼 수 있듯이 도끼가 들어 있는 유리박스에 "비상시 유리를 깨뜨리시오"라고 적혀 있는 표지와 별로 다를 것이 없다. 우리는 평상시에는 이 유리를 깨뜨려서 주변의 문을 찍어버리는 일 따위는 절대 하지 않을 것이다. 그렇지만 화재 등의 비상시에는 '공공재산을 훼손해서는 안 된다' 와 같은 규칙들은 더 이상 필요가 없게 되고, 사람들의 목숨을 구하기 위해 유리를 깨뜨리는 일은 정당한 일이 된다.

'폭발 직전의 폭탄' 시나리오에서는 테러리스트의 '안' 에 있는 지식이나 정보가 유리 안의 도끼에 해당된다. 우리는 평상시에는 테러리스트의 유리를 깨뜨리지 않을 것이다. 그렇지만 '화재(도심에 핵폭탄이 설치 돼 있는 경우 등)' 시에는 유리를 부수고 '도끼' 를 꺼낼 윤리적인 의무가 생긴다.

문제는 부시 대통령의 '테러를 상대로 한 전쟁' 이야기는 얼마나 많은 건물들이 불타고 있는지, 그리고 얼마나 많은 용의자들을 깨뜨려야 하는지에 대해 어떠한 정의나 제한도 두지 않고 있다는 것이다. '위험' 에 대한 정의, 그 위험 해결의 급한 정도, 그리고 용의자를 깨뜨리는 방법은 완전히 대통령 손에 달려 있다. 게다가 대통령이 위험하다고 판단한 상황에서 고문으로 인권은 물론 헌법에 명시돼 있는 시민으로서 누려야 하는 모든 권리들을 철저히 침해한다.

'폭발 직전의 폭탄' 시나리오를 리프레이밍할 때 진보주의 정치인들은 다음의 기본적인 질문에서 시작할 수 있을 것이다 :

우리는 왜 재치와 오기에서 테러리스트들에게 진 것일까?

이 질문을 통해 우리는 고문을 힘을 과시하는 안보가 아니라 실패한 안보로 정의하며 국가안보에 대해 완전히 새로운 시각에서 이야기할 기초를 마련할 수 있다. 여기서부터 진보파 정치인들은 용의자가 '폭발 직전의 폭탄' 의 위치를 순순히 말해주는 것에 의지하지 않아도 되는 국가안보의 새로운 시나리오를 도출할 수 있다. 이 새로운 시나리오에서의 안보실패란 사전에 신속정확하게 '폭발 진전의 폭탄' 을 예측하고 예방하지 못하는 경우에 해당된다.

새 시나리오 하에서는 잡은 용의자를 엄중히 감금해 두는 것까지는 부시와 같지만 그 이후로는 확연히 달라진다. 용의자를 방에 가둔 후에는 미국의 테러 담당 수사관들이 붙잡힌 테러리스트에게 "당신의 동료가 폭탄을 설치하기 전에 우리가 찾았으니 이제 얘기좀 합시다"라는 이야기를 꺼낸다. 안보는 적을 재치와 오기에서 이겨버리는 것에서 비롯된다.

이제 '재치와 오기로 이겨버리는' 프레임의 관점에서 '폭발 직전의 폭탄' 시나리오를 보도록 하자. 이제 경찰 또는 군의 심문관은 권력과 힘의 화신이 아니라 멍청한 짐승의 형상을 가진다. 또 테러리스트는 이제 치명적인 위험의 화신이 아니라 미소짓는 똑똑한 범죄자의 이미지를 부여받는다. 심문실의 풍경인 '폭발 직전의 폭탄' 시나리오에서 우리들이 잠시 도덕성을 억누르고 고문을 가하라고 요구하던 그곳의 풍경은 화가 난 멍청한 짐승과 말 없는 천재적인 범죄자 사이의 고전적인 결전으로 바뀐다. '폭발 직전의 폭탄' 시나리오를 받아들이고 반복함으로써 진보주의자들은 비록 의도하지는 않았더라도 이러한 이미지, 즉 미국이 문제를 예측하지도 해결하지도 못하는 멍청한 짐승이라는 이미지를 인정하게 된다. 하지만 새로운 프레임으로 진보파 정치인들이 다음과 같은 어구들을 만들어낼 수 있다 :

- "미국에 대한 위협들을 머리와 오기로 이기려고 하지 않은, 부시 대통령 휘하의 공화당은 멍청한 짐승의 수법으로 미국을 보호하려고 함으로써 실패의 길을 걸었습니다."
- "거인을 이긴 것은 (꾀 많은 꼬마) 잭이고 골리앗을 이긴 것은 다윗이라는 사실은 미국의 어린 아이들도 모두 알고 있는 사실입니다."
- "부시 정부의 이미 실패한 우악스러운 정책들이 미국을 실패로 끌고 가는 꼴을 더 이상 보고만 있을 수는 없습니다."

공화당의 정책에 고문이라는 항목이 계속 포함될 수 있게 해준 시나리오를 바꾸는 일은 물론 단순히 토론의 내용을 바꾸는 것보다 더 복잡하다. 고문이라는 것을 리프레이밍함으로써 진보파 정치인들은 미국을 훨씬 훌륭하게 보호해낼 수 있다. 결국, 미국을 보호하기 위해서는 두뇌와 오기로 우리를 해치려는 자들을 이겨내야 한다.

[선거운동원]-마법의 단어들

부시 대통령의 2002년 연두교서는 반복법이 선제공격과 아무런 제한을 받지 않는 공무집행, 그리고 고문에 관한 토론을 특정 방향에 유리하도록 프레이밍하는 데 키워드 반복의 중요성을 잘 보여주었다. 논리적으로 따져보면 별 생각 없이 그 키워드들을 반복하는 행위도 그 특정 프레임을 보강하는 데 일조할 것이라는 사실은 뻔하다. 따라서 키워드, 즉 문제가 있는 정책이나 아이디어들을 프레이밍해 주는 '마법의 단어들'을 찾아내어 다른 사람들에게도 알려주는 것은 진보주의 운동원들이 할 수 있는 필수적인 일이다.

문제가 있는 '마법의 단어들'을 찾아내서 그 사용을 피하는 것은 진보주의 활동가들이 단기간에 습득할 수 있는 기술이다. 이런 기술의 열쇠는 그저 미디어를 읽어서는 안 되고 보다 체계적으로 살펴야 한다. 대부분의 사람들은 정치토론이 방송이나 인쇄물을 통해 그들에게 배달되기를 기다린 다음 미디어가 제시하는 아이디어들을 그대로 받아들인다. 정치적 의도를 가득 품고 있는 '마법의 단어'들을 찾아내기 위해서 진보주의자들은 정치토론을 할 때보다 더 능동적으로 바뀌어야 한다. 미디어가 요리해 놓기 전에 먼저 토론의 다양한 양상들을 찾고 비교할 방법을 마련해야 한다.

예를 들어, 부시 연설들은 뉴스 미디어에도 물론 등장하지만 그 외에 백악관 홈페이지(www.whitehouse.gov)에도 모두 공개돼 있다. 마법의 단어 찾기는 부시의 연설문을 읽으면서 그가 계속해서 반복하는 단어들에 동그라미를 치는 것에서 시작할 수 있다.

그와 더불어 진보주의자들은 반복된 단어들 중 어떤 것들이 '마법의 단어'이고 어떤 것들이 아닌지를 구별해야 한다. 어떤 단어들이 정치적인 의도를 가지고 일부러 반복되고 있는지 구별해내려면 백악관 웹사이트의 연설문과 공화당 계열 미디어와 싱크탱크, 단체들을 비교해 보면 된다. 예를 들어, 부시의 '마법의 단어'들을 찾기 위해 블로그 몇 개와 '야후 뉴스, 워싱턴 포스트, 폭스 뉴스', 그리고 보수주의 싱크탱크인 The Heritage Foundation 등을 훑어볼 수 있을 것이다. 이렇게 대충 훑어봄으로써 최근 백악관 웹사이트에 등장했던 마법의 단어들이 다른 사이트들에도 등장하고 있는지 확인할 수 있다.

다음 단계는 마법의 단어들이 어떻게 그 효력을 발휘하고 있는지 분석하는 것이다(이 단어들은 어떻게, 어떤 아이디어를 연상시키게 하는가 등등). 이렇게 분석하는 것은 처음에는 힘든 작업처럼 보이지만 할수록 쉬워진다.

마지막으로 진보주의 운동원들은 그들이 분석한 '마법의 단어'들을 블로그 등 사람들이 많이 찾는 곳에 올려서 다른 사람들에게도 알려야 한다. 백악관이나 다른 보수주의 단체들이 새로운 '마법의 단어'들을 만들어낼 때마다 반드시 그것들을 찾아내어 다른 진보주의자들에게도 퍼뜨려 그들이 그 단어들을 반복해서 사용하는 함정에 빠지지 않도록 해야 한다.

[시민]-불을 켜라

살상무기의 공격으로 수천 명의 목숨을 잃을 수 있다는 공포를 퍼뜨리는 것은 새로운 전략은 아니다. 하지만 이 공포심으로 가득한 토론을 공략하는 것은 진보주의자들이 최근에야 시작한 일이다. 예를 들어, 저녁을 먹는 중 가족이나 친구가 공포에 가득 찬 목소리로 다음과 같은 말을 할 수 있다 :

- "우리는 싸움을 계속해야 해요! 저 사람들은 우리를 죽이고 싶어한다고요!"
- "누구라도 이 나라에 폭탄을 반입해서 우리들을 죽여버릴 수 있어요!"
- "우리들이 먼저 테러리스트들을 죽이지 않으면 그들의 다음 공격이 더 비참한 결과를 낼까봐 두려워요!"

대부분의 진보주의자들이 어떤 식으로든 한번쯤 들어봤을 이런 말들은 토론을 '공포' 프레임 속에 가두어 버리기 때문에 문제가 된다. 일단 이런 틀에 갇혀버린 상태에서는 대화를 진행하기가 매우 어렵다. 예를 들어, 아무리 테러리스트의 공격에 의해 죽는 사람보다 관상동맥으로 인한 사망자 수가 더 많다는 말을 해도, 또는 2001년 9월 11일의 인명 피해를 모두 합한 것보다도 연간 음주 사망자 수가 더 많다는 말을 해도 이런 사실들만으로는 테러리즘이 우리에게 끼치는 위험에 대한 이성적인 대화로 나아가기는 힘들다. 그렇다면 진보주의자들은 대화를 공포 프레임에서 어떻게 해방시킬 수 있을까?

공화당원들이 버섯구름이 등장하는 광고를 방영하고, 부시 대통령과 체니 부통령 둘 모두 국민들에게 지속적으로 민주당이 선출되는 날에는 미국인들이 모두 처참한 죽음을 맞이할 것이라고 말하

는 이 시대에 리프레이밍 작업은 다음과 같은 간단한 질문으로 시작될 수 있다 :

> **공화당은 왜 민주당이 선거나 설문조사에서 앞서갈 때 테러리스트 공격에 관한 이야기를 가장 많이 하는 것일까요?**

관심의 초점을 공포심에서 그 공포심 뒤에 있는 공화당의 정치공작으로 옮겨가자는 전략이다. 이 전략의 열쇠는 공포 프레임 속에 갇힌 사람들을 어두운 영화관 안에서 공포영화를 보는 사람들과 비교해서 살펴보는 데 있다. 영화가 시작하고 시간이 얼마 지나면 사람들은 영화에 지나치게 빠져버린 나머지 자신들이 영화관 안이라는 사실을 잊은 채 마치 영화의 장면들이 진짜처럼 반응하기 시작한다. 이러한 상황에서의 리프레이밍은 일어서서 영화관의 불을 켜는 것에 해당할 것이다. 사람들은 갑자기 자신들이 영화 혹은 정치적 광고를 보고 있었다는 사실, 그리고 공포가 위험의 대상 그 자체라기보다는 자신들이 보고 있던 것의 산물이었다는 사실을 깨닫게 된다.

2006년 중간선거에서 공화당은 자신들이 "대가(Stakes)"라고 부른 광고를 방영했다.[8] 이 광고는 공포영화처럼 제작되었는데, 민주당 후보에게 표를 주었다가는 알카에다나 이란에 의해 미국이 핵공격을 당하는 대가를 지불해야 할지도 모른다는 둠스데이 시나리오를 국민들에게 설득시키기 위한 것이었다. 대화 도중 이러한 광고 이야기가 나온다면 진보주의자들은 이야기 상대들의 관심을 공포 프레임 뒤에 숨겨져 있는 캠페인 정치로 돌린 다음 스마트한 안보와 강한 지도력, 그리고 안전한 미래에 대한 솔직한 이야기를 이끌어 나감으로써 '불을 켤' 수 있을 것이다.

공포심이 항상 리프레이밍의 불빛 아래 소멸되는 것은 아니다. 부시 정부에서 사용했던 것과 같은 지속적인 공포 프레이밍은 시민들의 정치습관 자체에 깊숙이 침투할 수 있기 때문에 리프레이밍만으로 모든 이들의 걱정을 덜어줄 수는 없을 것이다. 그렇지만 공포 프레임에 대한 지속적인 거부는 진보주의자들에 대한 정치적 혐의를 뒤집어 씌우는 대신 우리들이 직면한 위험요소들에 대한 생산적인 대화가 가능하게 될 것이다. 그리고 일단 공포심이 사그라지기 시작하면 미국의 안보에 대한 의미 있는 대화가 저녁 식탁에서 벌어질 수 있을 것이다.

주

❶ 연설의 전문, 오디오 및 비디오 기록은 다음 참조. "연두교서(State of the Union Address)", 백악관 홈페이지, 2002년 1월 29일, http://www.whitehouse.gov/news/releases/2002/02/20020129-11.html.

❷ 런츠(Luntz)에 관한 좋은 글은 다음 참조. "설득자(The Persuaders)", 『*Frontline*』, 2005년 6월 21일, 바락 구트만 · 라첼 드레친(Barak Goodman and Rachel Dretzin) 감독, 라첼 드레친 · 바락 구트만 · 뮤리엘 소넨스(Rachel Dretzin, Barak Goodman and Muriel Soenens) 제작, PBS 원고는 다음 사이트에 게시, http://www.pbs.org/wgbh/pages/frontline/shows/persuaders/etc/script.html

❸ 부시, "연두교서", 전게서.

❹ 전게서.

❺ 인권감시(Human Rights Watch), "질의응답 : 2006년 군사위원회법(Q&A : Military Commissions Act of 2006)", http://hrw.org/backgrounder/usa/qna1006 ; 찰스 바빙톤 · 조나단 와이즈만(Charles Babington and Jonathan Weisman), "상원, 부시의 억류자 법안 승인(Senate Approves Detainee Bill Backed by Bush)", *Washington Post*, 2006년 9월 28일 ; 케이스 올버만(Keith Olbermann), "특별 논평 : 미국인 종말의 시작(Special Comment Beginning of the End of American)", 『*Countdown*』, 2006년 10월 19일, http://msnbc.msn.com/id/15321167/ ; 부시 정치와 헌법 폄하 관계에 대해 다음 참조. 글렌 그린왈드(Glenn Greenwald), 『애국자의 행동방향 : 광분하는 대통령으로부터 미국의 가치 지키기(*How Would A Patriot Act : Defending American Values From a President Run Amok*)』, San Francisco : Working Assets Publishing, 2006.

❻ "대통령 기자회견", 백악관 홈페이지, 2006년 9월 16일, http://www.whitehouse.gov/news/releases/2006/09/20060915-2.html

❼ 제프리 펠드만(Jeffrey Feldman), "프레임숍 : 폭발 직전의 폭탄 프레임(Frameshop : The Ticking Bomb Frame)", *Frameshop*, 2005년 11월 9일, http://www.jeffrey-feldman.typepad.com/frameshop/2005/11/frameshop_the_t.html

❽ 2006년 당시 공화당의 전국위원회가 제작한 논란이 많았던 정치광고인 "대가(Shakes)"가 선거기간 중 공화당 전국위원회 홈페이지(http://gop.com/Multimedia)에 탑재.

17. 진보주의 정치의 3P

The Three P's of Progressive Politics

정치의 가장 근본은 말이나 연설로 이루어져 있는 것이 아니라 습관으로 이루어져 있다. 그 예로 매일 수백만의 가정에서 이루어지는 다음과 같은 시나리오를 한번 보자 :

> 미국 어느 도시 아침 7시, 어떤 여성이 아침을 준비하면서 뉴스를 보기 위해 TV를 켠다. 커피 한 잔을 손에 들고 앵커의 "대통령은 가장 최근의 연설에서 미국인들을 테러로부터 보호해 줄 법안에 민주당이 반대하였습니다" 라고 하는 이야기를 들어넘긴다.

이렇게 우리가 잘 알고 있는 (진보주의 정치의 오래된 경험인) 일련의 습관은 많은 사람들의 여느 순간과 매우 유사한 것을 알 수 있다. 위의 멘트는 뉴스 대본의 일부로 실제로는 의문이 생기기도 하지만 정치적으로는 반드시 중요하지는 않은 사건을 요약하고 있다. 시청자는 다시 아침을 준비하고 커피를 마시며 아무 일 없다는 듯 하루

일과를 시작한다.

그러나 (토론을 프레이밍하는) 새로운 경험을 통해 접근하면 극적인 새로운 시나리오가 생긴다. 아나운서의 말을 듣는 동안 '진보파 프레이머'에게 다음과 같은 몇 개의 키워드가 떠오른다 :

- "보호하다"
- "테러"
- "반대하다"

커피 잔을 손에 들고 이 세 단어를 머리 속에 그리며 우리의 진보파 프레이머는 랩톱 컴퓨터를 켜고 지역신문을 가져온다. 그녀가 우려한 바와 같이 이런 단어들이 두 개의 기사에 등장한다. 그녀는 또 즉각적으로 백악관 홈페이지를 방문하여 대통령의 최근 연설문을 훑어본다. 대통령의 지난 라디오 연설의 처음 몇 줄을 읽어보면 그녀는 "보호자"와 "테러"라는 단어가 계속해서 반복되고 있음을 알 수 있다. 이 일을 함과 동시에 진보주의 블로그에서 온 이메일에는 이라크의 알 안바르 주의 사상자 수가 증가하였다고 한다.

커피를 다 마시고 나서 우리의 진보파 프레이머는 출근하기 위해 열쇠를 집어들고 문을 나서는데 몇 가지 질문이 머리 속을 맴돈다 :

- 누가 이런 주장을 하는가?
- "보호하다"와 "테러"라는 말들은 어떻게 사용되고 있는가?
- 이 문장이 추구하는 숨겨진 논리는 무엇인가?
- 나는 이 아이디어를 리프레임하기 위해 어떤 단어들을 사용

할 것인가?

이 예에서 나타난 바와 같이 토론을 프레이밍하는 것은 캠페인 슬로건이나 완벽한 정치광고를 만들어내는 것이 아니라 새로운 정치 경험을 구조화시키는 일련의 습관이다. 프레이밍은 매일 매일 끊임없이 장기적으로 이루어지며, 참여, 원칙 그리고 약속이라는 세 가지 주요 원칙에 따라 이루어진다.

참여(Participation) – '바텀업(Bottom Up)' 대 '탑다운(Top Down)'

지난 20년간 공화당은 탑다운 방식인 수직적인 접근방식을 통하여 토론을 '보수주의' 용어로 프레임하기 위해 엄청난 노력을 하였다. 이런 일은 공화당 전국위원회가 워싱턴 소재 정치 커뮤니케이션사(political communication agencies)에게 키워드와 키문구들을 찾아달라고 요청하면서 시작되었다. 이런 리스트는 공화당 의원, 언론의 공화당 주요 인물, 공화당 싱크탱크와 공화당 정치조직의 지도부에 전달되는데, 이런 '검증된' 용어들을 계속해서 사용할 것이라는 지시문과 함께 전달된다. 결국 부시 대통령이 이렇게 배포된 키워드가 포함된 연설을 하며, 이러한 토론 용어가 미국 정치문화 전반에 걸쳐 완벽한 상태로 뿌려지고 전 공화당 지도부가 이에 화답한다.

이런 탑다운식 모델은 좌절을 초래할 정도로 거역할 수 없는 절대주의를 낳으면서 공화당 정치의 구석구석으로 스며든다. 공화당 중심의 토크쇼를 틀면 이런 키워드가 끊임없이 반복됨을 알 수 있다.

주변의 공화당 친구에게 현재 이슈에 대한 견해를 물어보면 그 친구도 동일한 키워드를 반복할 것이다. 아이러니하게도 공화당의 꿈은 군대를 제외하고는 연방정부의 중앙집권화를 막는 것인데, 프레이밍은 탑다운 방식의 중앙통제식으로 이루어지고 있다. 공화당의 하부는 상부가 정해주는 키워드를 지칠 때까지 반복한다.

진보파의 프레이밍은 이와 매우 다른 '바텀업' 방식을 취하는데, 무작정 충성이 아니라 자발적 참여를 유도한다. 진보파의 토론 프레이밍은 특정 이슈를 토론할 때 이루어지는데, 토론에서 나오는 코멘트와 짧은 에세이 등이 이메일, 웹사이트 그리고 풀뿌리 진보파의 하부구조 조직에까지 확산된다.

프레이밍 노력이 계속 추진되면서 토론 프레이밍은 정치참모의 서류함과 요약철에 쌓이게 되고, 정치 문외한의 필독서에도 들어가게 된다. 동시에 특정 이슈를 프레임하는 진보파의 노력이 방송과 지면을 통해 확산된다. 최초의 프레이밍 노력을 기반으로 의원들과 후보들이 적절한 메시지를 만들어내면서 핵심 프레임이 등장하게 된다.

정치토론에서 진보파의 '바텀업' 방식은 풀뿌리 단계에서 시작하여 언론과 정부의 상층단계에까지 이르게 되는 높은 수준의 참여가 이루어지게 된다. 이런 결과는 정당 엘리트가 선정한 키워드의 단조로운 반복이 아니라 시민, 선거운동원, 언론 그리고 정치지도자 모두가 참여하여 진보파의 비전에 대해 토론하기 때문에 나타난다.

'탑다운'과 '바텀업' 방식은 토론 프레이밍에 대한 참여도와 프레이밍이 만들어내는 아이디어의 흐름도 다르며, 미국 정치문화에 미치는 영향력도 다르다. 진보파의 '바텀업' 방식은 많은 목소리가 담긴 건강한 정치문화를 양성하는 반면에, 보수파의 '탑다운' 방식은 정치참여를 메마르게 하며, 몇 명에 불과한 권력 엘리트가 대중을 기만하면서 분열을 조장하기도 한다.

원칙(Principle)

참여는 진보파가 토론을 프레이밍할 때 기울이는 노력의 가장 가시적이고 즉각적으로 나타나는 결과이지만 진보주의를 구성하는 기라성 같은 원칙의 일면에 불과하며, 다음과 같은 기본적인 의문들로 이해된다 :

- 좋은 정부란 무엇인가?
- 미국인들은 스스로 무엇을 얻고자 하는가?
- 미국은 다른 나라와 어떤 관계를 맺고 싶어하는가?
- 미국의 유산(legacy)은 무엇이 될 것인가?

조지 워싱턴 시대 이래로 좋은 정부는 국민 위에 군림하지 않고 국민을 포용한다는 식으로 프레임되었다. 이런 원칙은 다양하게 표현되었으나 '우리 국민(We the People)'이라는 큰 논리로 표현되어 오고 있다. '우리 국민'은 그러한 이상을 표현한 원칙이다. 아브라함 링컨이 이를 다음과 같이 가장 잘 표현하였다 :

국민의, 국민에 의한, 국민을 위한 정부[1]

링컨의 프레임에 따르면, 모든 국민이 동등한 정의를 누리며 모든 국민이 동등하게 참여할 수 있는 이상이 저절로 이루어지지는 않는다. 다만 미국이 좋은 정부라는 원칙에 충실할 때만 가능하다는 것이다. 다시 말하면, 진보파는 권력과 부가 소수에게 집중되는 것을 막기 위해 모든 노력을 경주하는데, 이런 노력에 '우리 국민'이라는 이상이 크게 도움이 된다. 즉 진보주의의 시각에서 보면 어떤 세력이 '우리 국민'이라는 근본 원칙을 배신하거나 그 원칙이 실패할 때 '좋은 정부'가 그 원칙을 복구하는 세력으로 등장한다. 진보주의 시각에서 '나쁜 정부'는 불평등을 조장하고 소수만을 위한 정의를 신봉하지만 '좋은 정부'는 만민평등을 내세운다.

공정한 정부의 원칙은 추상적인 진보 철학일 뿐만 아니라, 동시에 더 나은 미래로 나아가기 위해 모든 미국인이 필요로 하는 조건을 만들어내야 한다. 지미 카터가 이런 원칙을 직접적으로 언급하였다 :

> **신념(confidence)이 우리가 나아갈 길을 규정해 왔으며 세대를 이어주는 연결 고리가 되어왔습니다. 우리는 언제나 발전(progress)이라고 하는 어떤 것을 믿고 있습니다. 우리는 후손들의 삶이 우리보다는 더 나을 것이라는 신념을 가지고 있습니다.[2]**

우리 후손과 우리에게 있어 더 나은 미래를 얻는 진보적 방법으로 물질과 정신적인 두 가지 상반되는 방법이 있는데, 어느 것이 더 좋은가 하는 논의가 오랫동안 있어 왔다. 시어도어 루스벨트와 린든 존슨 둘 모두 미국 역사에서 나타난 위기의 핵심은 물질적 욕구를 얻는 데 실패한 때라고 프레임하였다. 물질적 성취를 얻는 데 실패하면 미국이 보다 폭넓은 정신적 욕구를 성취하는 데 필요한 국력도 상실하게 된다고 말하였다.[3] 다시 말하면, 존슨의 위대한 사회(Great Society)는 물질적 발전의 지속적인 확대를 먼저 이루고, 이를 바탕으로 정신적 발전을 도모하는 구조이다.

국민을 포괄하는 정부와 모든 미국인에게 더 나은 미래를 약속하는 원칙이 있는 바와 같이 미국과 다른 국가들과의 관계는 평화와 준법의 원칙이며, 진보파 비전의 기본 원칙 또한 그러하다. 우드로 윌슨과 해리 트루먼에 따르면, 미국의 진짜 적은 단순히 다른 나라들이 아니라 "세계의 자유 고속도로"를 지배하고자 하는 '잘못된 철학'이라고 한다.[4] 그러나 아이러니하게도 공화당 출신의 드와이트 아이젠하워가 미국 외교정책의 가장 명료하고 진보적인 시각을 제시하였다:

> 우리는 규모 면에서 전 세계적으로, 성격적으로는 무신론자이며, 목적은 무자비하며, 방법은 사악한 호전적인 이데올로기에 직면하고 있습니다. 불행하게도 그것이 초래하는 위험은 무한정 지속될 듯합니다. 그에 성공적으로 대처하기 위해서는 위기에 대해 감정적이고 일시적인 희생이 아니라, 자유의 손상을 무릅쓰고서 지속적인 다단계 투쟁을 꾸준하고도 확실하게 전개해야 합니다. 모든 도발에도 불구하고 우리는 영원한 평화와 인류행복을 위해 매진할 것입니다.[5]

다시 말하면, 진보파가 보는 외교관계의 원칙은 사람들을 전쟁의 공포 속으로 몰아넣어서 구현하는 것이 아니라, 영원한 평화로 나아가는 장정(長征)의 길을 따라 국가를 선도함으로써 가능하다는 것이다. 케네디가 말한 바와 같이 진로를 계획한다는 것은 어떤 적도 미국의 약점을 노리고 싶은 유혹에 빠지게 해서는 안 된다는 것이다. 또한 케네디가 말하는 '불확실한 테러의 균형(balance of terror)'[1]에 의존해서도 안 된다. 진보파가 보는 평화는 공포나 파괴와 같은 부정적인 용어를 동원하여 이루어지는 것이 아니라 법규, 외교, 합의 그리고 상호 인정과 같은 긍정적인 용어로 달성된다. 그래서 진보파들은 미국은 미국의 도덕적 · 경제적 및 군사적 힘에 의해 보호된다고 본다. 그러나 궁극적으로 미국의 평화는 협상 테이블에 앉아 상대방과 균형 있고 동등한 대화를 할 때에만 가능하다. 국가 지도자들이 본의 아니게 상대방의 제안에 섣불리 동의하는 듯 보이지는 않을까 혹은 나약하게 보이지는 않을까 우려하여 협상 테이블에 앉기를 거부한다면 평화와 안전 모두가 곧 날아가 버린다.

따라서 진보주의 운동이 꿈꿔온 미국의 전통은 정복이나 권력에 의해 이루어지는 것이 아니라, 인간사회에서 가장 지속 가능한 형태인 기회균등에 의해 가능하다. 케네디와 클린턴은 풍요 속에서도 기회를 포착하여 굳은 의지로 성공한 경우이다. 그런 기회가 전직 두 대통령에 의해 우주로 나아가는 다리 건설, 미래로 나아가는 다리 건설 등과 같은 은유법으로 멋지게 표현되었다.❻ 대공황이 한창일 때 프랭클린 루스벨트가 미국 전통에 대한 진보주의의 비전을 다음과 같이 잘 표현하였다 :

---

1 **역자 주** : '테러의 균형'이라는 용어는 냉전 당시 미소 간 핵무기 경쟁이 치열할 때, 당시의 표면상 평화가 진정한 평화가 아니라 어느 쪽이든 핵무기를 사용하면 모두가 피해를 볼 수 있기 때문에 핵이 테러의 역할을 하면서 평화가 불안정하게 유지되는 상황을 지칭.

> 현재 우리 국민들의 정확한 마음은 이렇게 생각됩니다. 전에는 우리 국민들이 서로 연관이 되어 있다는 점을 전혀 모르고 있었으나 이제야 비로소 우리가 남으로부터 받기만 해서는 안 되고 남에게 주기도 해야 된다는 점을 깨닫고 있습니다. 또한 우리가 앞으로 전진하기 위해서는 스스로 사회의 기강을 세우고, 잘 훈련되고 충성스런 군인처럼 진격해야 합니다. 왜냐하면, 그런 기강이 없으면 어떤 발전도 불가능하고 지도력도 제대로 발휘할 수 없기 때문입니다. 저는 우리 모두가 개인적 삶과 발전보다는 사회적 기강을 우선시하겠다는 의지와 각오가 있다고 봅니다. 왜냐하면, 그렇게 해야만 더 큰 발전이 가능한 지도력이 발휘될 수 있기 때문입니다. 지금까지는 전시상황에서나 요청되었던 의무감으로 희생하면서 뭉쳤다면 앞으로는 이와 같은 더 큰 목적을 향하여 우리 모두 하나가 될 수 있다는 점을 맹세하면서 이상과 같이 제안하는 바입니다.❼

루스벨트 연설에서 말하고자 하는 바는 만인에 대한 기회가 위기에 처하게 되면 진보파들은 단결과 희생정신을 요구한다는 것이다. 루스벨트는 자신의 노력을 군사적 논리로 프레임하였는데, 이것은 진보주의가 폭력적인 비전을 제시하기 때문이 아니라, 평등과 기회로 나아감에 있어서 장애물을 제거하는 데 국민들의 결의와 헌신적인 자세가 필요하기 때문이다.

가난, 인종차별 및 파시즘이라는 문제는 각각이 사회병폐가 되었던 시기에 만인에 대한 기회 제공이라는 미국의 전통을 없애려고 위협하였으나 국민적 단결과 희생, 헌신적인 힘에 의해 해결되었다. 사실 미국 국민 전체의 상상력에서 가장 위대한 순간은 시민들이 동등한 기회를 지키고자 할 때이다.

약속(Promise)

보수주의 운동은 수십 년 동안 보수파 후보를 지지한 유권자들에게 다음과 같은 '결과물'을 약속하였다 :

- 물질적 부
- 군사 보호
- 문화가치의 통제

이런 '결과물'들은 자신들의 집권시 입법을 약속하면서 다음과 같은 일련의 조치들을 통해 보장되었다 :

- 세금 환급, 시장규제 완화, 노조 억제
- 무기구매 증가, 군대 증가, 선제공격
- 종교 강화, 특정 행위 금지

그러나 결국은 보수주의 약속으로부터 혜택을 받은 사람은 처음에 생각하였던 것보다 훨씬 소수에 불과하였다. 그런데 공화당이 입법부, 사법부, 행정부 3부를 완전 장악함에 따라 위와 같은 약속 대신에 실제로 다음과 같은 결과가 나타나게 되었다 :

- 부의 집중
- 군에 대한 무책임한 지휘
- 문화 분열

그렇다면 진보파의 약속이란 무엇인가? 세 개의 핵심 결과물이 진보파 비전이 형성되어 온 과거 역사에 뿌리 깊이 내재하는데, 현대 미국 사회에서 반드시 처리하여야 하는 문제들이다 :

- 책임 있는 정부
- 기회균등
- 스마트한 안보

진보파의 약속은 미국 정치를 책임감, 기회, 안보로 나눠 다음과 같은 핵심 조치로 명문화하여 프레임한다 :

- 진실하고 활발한 외교를 통해 미국을 보호하며, 미국으로 들어오는 모든 관문의 철저한 경비와 중요 에너지원에 대한 해외 의존으로부터의 독립
- 모든 사람이 혜택을 받는 일반 의료보험, 모든 아동들에게 혜택이 돌아가는 뛰어난 공립학교, 공정임금제를 통한 기회균등 추구
- 공정선거, 균형 잡히고 책임 있는 국민대표제 및 평등권을 통한 정부 신뢰 회복

이런 조치 하나 하나는 진보파가 약속하는 새로운 결과물이며, 현재의 정책 실패를 시정하는 것이다. 리프레이밍도 처음에는 현재의 정책 실패에 대응하는 형태로 나타났으나 그렇다고 진보파의 약속이 모두 실현되는 것은 아니다. 이보다는 토론의 방향을 새로운 논리로 몰고 가는 것이 진정으로 바라는 바이며, 이런 새로운 논리에 따라 현재의 정책이 왜, 어떻게 잘못되었는가를 알 수 있으며, 또한 새로운 대안을 제시할 수 있게 된다.

예를 들면, 부시 행정부의 왕관에 박힌 깨어진 보석(실패한 정책)인 이라크 점령을 한번 생각해 보자. 진보파 프레임의 시각에서 현재 이라크 상황은 '우리 국민'이라는 미국의 핵심 원칙을 배반한 것임을 쉽게 알 수 있다. 이라크 공격과 점령에는 국민여론이 반영되지 않았으며, 비밀전략에 따라 국민을 호도하였다. 처음에 은폐한 내용은 알 카에다와 같은 9 · 11 기획자들과 사담 후세인과 같은 이라크 지도부가 사실 서로 관련이 없는데도 관련이 있다고 한 것이다. 그런 커넥션과 관련된 사실이 나중에 거짓으로 판명되었을 뿐만 아니라, 더 중요한 점은 그런 사기를 알아낸 방법이 대외비로 처리되어 국민들이 알 수 없었다는 점이다. 부시 대통령이 국민 앞에 공개해야 한다는 정보공개가 요청되었으나 그는 합법적인 수단을 제외시키는 방향으로 정부 정책을 지속적으로 추진하였다. 너무나 많은 군사실책을 범하고 나서야 부시의 이라크 정책은 처음이자 또 극적으로 미국의 원칙을 반영하게 되었는데, '비밀'보다는 '책임'을 강조함으로써 정책과 사람을 다시 연루시키게 되었다.

그러니까 진보파의 이라크 정책은 정부정책에 진보파의 원칙을 반드시 회복시켜야 한다는 것이다. 사실상 의회의 대행정부 감독과 책임의식이 2006년 중간선거 와중에 회복되어 이라크 정책이 진보파의 장기 비전인 '스마트' 한 안전을 반영하게 되었다.

미국의 국민의료 체제가 이와 비슷하게 와해되고 있는데, 이는 좋은 아이디어의 부재 때문이 아니라 진보파 프레임이 없기 때문이다. 국민보건 문제는 얼핏 보면 높은 보험가 때문인 것 같지만 사실은 기회균등이라는 미국의 핵심 원칙이 빠져 있기 때문이다. 미국이 기회의 땅이라는 생각이 최후의 재정 심판 시나리오(financial doomsday scenarios)에 의해 맥을 못 추고 있다. 이런 시나리오로 인해 시민을 보살피는 데 소요되는 비용이 천정부지로 인상될 것이라는 공포정치의 덫에 빠지게 된다. 이렇게 문제 투성이의 프레임에 따르면, 국민보건의료에 들어가는 비용이 토론의 초점이 되며, 이에 따라 사람들은 건강유지 비용이 너무 비싸다는 생각을 하게 되고, 기업이 근로자의 건강까지 챙기게 되면 실업자가 늘게 된다는 생각을 하게 된다. 이런 결론은 잘못된 결론일 뿐만 아니라 위험하기까지 하다. 국민건강에 대한 토론의 방향을 재정적 프레임으로만 받아들이면 이런 실패 시나리오의 덫에 계속해서 빠지게 된다.

그러므로 국민 모두가 건강보험을 가지게 하자는 진보주의 정책은 일반 개인이 그런 비싼 보험을 살 수 있느냐 없느냐 하는 두려움을 해소시켜 주며, 또한 기회균등 원칙을 살리겠다는 진보파들의 처음 약속을 지킨다고 프레이밍을 하는 것이다. 루스벨트가 경제발전이라는 '뉴딜' 정책으로 국민들에게 희망을 되살렸듯이 진보주의자들은 국민의료보건에 관한 다음과 같은 '뉴딜' 식 정책을 추진하여 기회균등을 되살려야만 한다 :

- 동네 진료소와 지역병원에 대한 신규 투자
- 보건교육 강화 및 학교체육 강화
- 의사 및 간호사 교육 전면 개편
- 패스트푸드 산업 전반에 대한 영양규제
- 최소임금 인상

그렇다고 하여 건강과 보건에 관한 진보주의의 생각이 경제적인 면을 무시한다는 것은 아니다. 단지 경제를 이윤과 손실이라는 관점에서만 보는 것이 아니라 기회균등이라는 점에서 본다. 국민의료보건을 '기회균등의 재약속'이라는 점으로 프레이밍함으로써 국민의료보건에 관한 여러 가지 새로운 가능성에 대한 논의가 (비용에 대한 두려움이 없어졌기 때문에 실망에 빠지지 않고) 활성화된다.

다른 어떤 정책보다도 공정선거 문제를 리프레이밍해야 한다. 선거문제가 보통 '전자투표' 대 '종이투표'의 관점에서 논의되고 있으나 신뢰라는 가장 기본적인 원칙이 와해되고 있는 보다 큰 문제이다.

보수주의자들은 지난 10년 동안 '신뢰'라는 문제를 정신적 믿음과 종교적 도그마라는 특정 형태와 관련을 지어 좁은 의미로 생각하였다. 여기서 '정신적'이라는 의미는 너무나 다양하여 하나로 꼭 집어서 말할 수 없다.

그러나 '신뢰'를 종교적인 좁은 프레임으로 생각하게 되면 자유·공정선거 보장이라는 신뢰가 무너지는 원칙에 관한 문제가 생긴다. 2000년과 2004년의 대규모 선거부정과 워싱턴에 미치는 기업의 과다한 영향력으로 미국인들이 과거에 가졌던 선거체제와 대표체제에 대한 신뢰가 흔들리고 있다. 다만 여러 선거구에서 많은 부정문제가 나타났지만 2006년 중간선거부터 신뢰가 다시 회복되고 있다. 이렇게 '신뢰'가 상실된 프레임 안에서 많은 사람들은 종이 없이 컴퓨터로 처리하는 'eVote'가 실시되어도 회의를 가지게 된다.

그러므로 공정선거에 대한 진보주의 정책은 개인의 선거 기부금에 상한선을 정하거나 투표기계를 최상급으로 바꾼다고 하는 것이 아니라 헌법과정에 대한 국민의 '신뢰'를 회복하겠다고 약속하는 것이다. 그런 신뢰를 회복하는 하나의 조치는 선거 공휴일제를 채택하는 것이다. 이 공휴일제와 함께 진보파는 다음과 같은 공정선거 조치를 취할 수 있다 :

- 선거자금의 공적 지원
- 민권 관련 학교 교과목 개설
- 전국 일원화된 종이투표제도
- 비영리 독립 선거감시위원회 설치

공정선거를 '신뢰'의 관점에서 프레이밍하지 않으면 진보파의 노력은 시작도 하기 전에 실패할 것이다. 그러나 선거개혁이 헌법체제에 대한 신뢰회복이라는 관점에서 프레임된다면 실질적이고 가시적인 해결책이 급속도로 진전될 것이다.

보수파 통제의 3C

참여, 원칙, 약속이라는 진보파의 프레이밍은 그럴 듯하게 보이기 위해 오래된 아이디어를 포장만 새롭게 한 마케팅 술수가 아니라, 미국 민주주의에 만연한 습관과 경험을 탈바꿈하는 부단한 과정이다. 그러나 토론이 리프레이밍되고 진보파의 비전으로 미국 정치환경이 변화하게 되면 진보파의 상대 진영을 어떻게 프레임할 것인가? 진보파 프레임의 관점에서 보수주의는 무엇인가?

흥미롭게도 진보파 프레임의 관점에서 본 보수주의 비전이라는 것은 '군사력', '재정적 보수주의' 혹은 '가족가치'가 아니라 진보파의 3대 핵심 원칙과 관련이 있는 정치행태이다 :

- 우리 국민
- 기회균등
- 헌법 신뢰

부시 대통령은 2기 재임 기간 중 행정부가 외부 견제를 받지 않도록 함으로써 '우리 국민' 원칙을 와해시키려고 하였다. 부시의 '탑다운'식 통치방식은 법률적 술수를 부려 의회의 감시를 회피하고자 하였다. 이는 특정 미국법은 면죄부를 받을 수 있다는 대통령령의 전례 없는 남발로 이루어졌다.[8] 부시가 연방정부를 무자비하게 통제하려고 하였으나 사실 이런 시도를 한 보수파 대통령이 부시가 처음은 아니다. 예를 들면, 닉슨이 자신의 행정부를 통제받지 않으려 했다는 점에서 부시와 비슷하다.

이와 비슷한 관점에서 '기회균등'이라는 원칙이 지난 몇십 년 동안 보수파 비전의 확산으로 훼손되었다. 레이건 대통령의 '트리클 다운' 경제학과 현 부시 대통령의 감세정책은 소득세와 자본 보유를 더욱 더 강조하면서 기회균등을 강조하는 토론이 인기를 끌지 못하게 되었다. 진보파의 프레임에서는 보수주의자들이 수십 년 동안 하류계층 지원 프로그램을 폐기해 왔고, 소자본 투자자를 보호하는 시장에 대한 규제를 완화하였으며, 시급 근로자를 보호하는 노동법을 손질하였다. 이에 대한 결과는 '기회균등'을 박탈하는 보수파의 조치들이 양산되었으며, 반면에 미국에서는 새로운 '돈 버는 원칙(wealth rules)'이 나타났다. 이는 시어도어 루스벨트 대통령 당시 대호황 시대(Gild-ed Age)[2]의 악덕 자본가들이 설친 이후 처음으로 나타난 권력 양상이다.❾

즉 보수주의는 독재, 탐욕 그리고 오만이라고 하는 비윤리적 비즈니스맨의 세계관과 매우 닮았다.

불행하게도 이런 기업문화(corporatism)는 빙산의 일각에 불과하다. 진보파 프레임에서 볼 때 이와 비슷한 보수파 골칫거리는 과도한 교회정치주의(clericalism)와 유사하다는 점이다. 지난 10년간 미국 사회는 종교 극단주의가 나타나 특정 종교 도그마를 헌법원칙보다 더 상위에 두어 왔다.

진보파 세계관에서 볼 때는 보수파들이 다른 나라와 비교하여

2 역자 주 : 미국 남북전쟁 후의 대호황 시대.

황제식 정책을 폄으로써 전 세계에 걸쳐 미국 우위를 확대코자 군사 정복(conquest)을 추진한다는 점이다. 보수파들은 황제주의 세계관을 진전시키면서 미군과 나아가 미국의 역사까지도 전 세계 정복과 재편성이라는 이루어질 수 없는 함정에 빠뜨리고 있다.

기업문화, 교회정치주의 그리고 정복. 진보주의의 가치로 보면 현대 '보수주의'의 3대 특징은 미국 역사에서도 이질적인 원칙이며, 미국 헌법체제 그 자체를 무너뜨릴 수도 있다. 무엇보다도 이 점이 가장 해로운데, 진보파 프레임에서 볼 때 보수파들은 너무나 많은 사람을 '완전 참여'에서, '원칙'에서, 그리고 '시민에 대한 약속'에서 배제하였다.

탈바꿈

진보파와 보수파의 핵심 특성을 알아내서 상술할 수 있는 개인적이고 전 국민적인 탈바꿈(transformation)은 아이디어를 재포장하거나 슬로건을 재구성하는 정도로는 불가능하다. 진보주의자들은 '신' 민주당원도 아니고 '구' 민주당원도 아니다. 또한 공화당의 정반대도 아니고 자유주의의 계승자도 아니다. 진보주의의 기원은 미국 헌법 시대에까지 거슬러 올라가며, 오늘날 우리 문화 속에 지속적으로 등장하고 있다.

그러나 지속적인 정치적 탈바꿈은 이를 추진하는 사람이 없으면 결코 진척될 수 없다. 우리가 토론을 프레임하고자 할 때 그런 탈바꿈을 매일 아침, 매순간, 매일 시작하는 것이다. 탈바꿈은 연설, 전화통화, 편지, 또 대화 중에도 있다. 그것은 우리가 책을 읽으면서, 글을 쓰면서, 말을 하면서 또 들으면서 나타난다. 토론을 프레임함으로써 우리는 미국 정치문화를 탈바꿈시키는 과업을 수행하며, 그런 과정을 거쳐 우리는 또한 미국의 전통에 뿌리박힌 습관과 원칙, 비전을 받아들여 미래로 전달하게 된다.

주

❶ 링컨, "게티즈버그 연설(Gettysburg Address)", 전게서.
❷ 카터, "자신감의 위기", 전게서.
❸ 시어도어 루스벨트(T. Roosevelt). "포대 건설 기초공사장에서의 연설(Address on the Cornerstone Laying for the Cannon Building)", 전게서 ; 존슨, "미시건대학교 개강 연설", 전게서.
❹ 윌슨, "전쟁 메시지", 전게서 ; 트루먼, "취임사", 전게서.
❺ 아이젠하워, "고별사", 전게서.
❻ 케네디, "취임사", 전게서 ; 클린턴, "2차 취임사", 전게서.
❼ 루스벨트, "1차 취임사", 전게서.
❽ 그린왈드(Greenwald), "애국자의 행동방향은", 전게서.
❾ 새로운 강도귀족의 등장에 관하여 다음 참조. 톰 하트만 (Thom Hartman), 『엉망이 되다 : 중산층에 대한 이름 없는 전쟁–그리고 우리의 대응방안(*Screwed : The Undeclared War against the Middle Class–And What We Can Do About It*)』, San Francisco : Berrett–Koehfler Publishers, Inc., 2006.

참고문헌

Andrew, John A. *Lyndon Johnson and Great Society*. Chicago : Ivan R. Dee, 1998.

Armstrong, Jerome and Markos Moulitsas Zúniga. *Crashing the Gates : Netroots, Grassroots, and the Rise of People-Powered Politics*. White River Junction, VT : Chelsea Green Publishing Company, 2006.

Bateson, Gregory. *Steps to an Ecology of Mind : Collected Essays in Anthropology, Psychiatry, Evolution, and Epistemology*. Chicago : University Of Chicago Press, 1972.

Brands, H. W. *Woodrow Wilson 1913–1921*. New York : Times Books, 2003.

Bunyan, John. *The Pilgrim's Progress*. New York : Oxford University Press, 2003 (1678).

Foote, Shelby. *The Civil War, A Narrative : Fredericksburg to Meridian*. New York : Random House, 1958.

Frank, Thomas. *What's The Matter With Kansas : How Conservatives Won the Heart of America*. New York : Henry Holt, 2004.

Frost, Robert. *The Poetry of Robert Frost : The Collected Poems, Complete and Unabridge. Edited by Eward Connert Lathem*. New York : Henry Holt, 1969.

Gable, John A. *The Bullmoose Years : Theodore Roosevelt and Progressive Party*.

Port Washington, NY : Kennikat Press, 1978.

Gilmore, Dan. *We The Media : Grassroots Journalism by the People for the People.* New York : O'Reilly Meadia, 2004.

Goffman, Erving. *Frame Analysis : an Essays on the Organization of Experience.* New York : Harper & Row, 1974.

Greenwald, Glenn. *How World A Patriot Act : Defending American Values from a President Run Amok.* San Francisco : Working Assets Publishing, 2006.

Grinder, John and Richard Bandler. *Reframing : Neurolinguistic Programming and the Transformation of Meaning.* Moab, UT : Real People Press, 1983.

Johnson, Chalmers A. *The Sorrows of Empire : Militarism, Secrecy and the end of the Republic.* New York : Metropolitan Books, 2004.

King, Jr., Martin Luther. *A Call to Conscience : The Landmark Speeches of Dr. Martin Luther king, Jr.* Edited by Clayborne Carson and Kris Shepard. New York : IPM/Warner Books, 2001.

Kittay, Eva Feder. *Metaphor : It's Cognitive Force and Linguistic Structure.* New York : Oxford University Press, 1987.

LaFeber, Walter. *America, Russia, and the Cold War, 1945–1980,* 7th edition. New York : McGrew–Hill, 1993.

Lakoff, George and Mark Johnson. *Metaphors we Live By.* Chicago : University of Chicago Press, 1980.

Lakoff, George. *Don't Think of an Elephant! Know your Values and Frame the Debate.* White river Junction, VT : Chelsea Green Publishing Company, 2004.

Lakoff, George. *Moral Politics : How Liberals and conservatives Think.* Chicago : University of Chicago Press, 1996.

Lakoff, George. *Thinking Points : Communicating Our American Value and Vision.* New York : Farrar, straus and Giroux, 2006.

Markowitz, Norman D. *The Rise and Fall of the People's Century : Henry A. Wallace and American Liberalism, 1941–1948.* New York : The Free Press, 1973.

Meyer, Susan E. *James Montgomery Flagg.* New York : Watson–Guptill, 1974.

Roosevert, Theodore. *Letters and Speeches.* edited by Louis Auchincloss. New York : Library of America, 2004.

Smith, Marc A. and Peter kollock, eds. *Communities in Cyberspace.* New York : Routledge, 1999.

Stone, Douglas, Bruce Patton and Shelia Heen. *Difficult Conversation : How to*

Discuss What Matters Most. New York : Penguin Books, 1999.

Unger, Nancy C. *Fighting Bob la Follette : the Righteous Reformer*. Chapel Hill, NC : University of Norty Carolina Press, 2000.

Williams, Raymond. *Keywords : A Vocabulary of Culture and Society*. New York : Oxford University Press, 1976.

저자_

제프리 펠드만(Jeffrey Feldman)은 문화인류학자이며 연설 및 커뮤니케이션 전문가로, 미국에서 가장 강력한 정치 블로그인 프레임숍(Frameshop, www.frameshopisopen.com)의 논설주필이다. 펠드만은 또한 지금도 인기리에 방영되고 있는 진보주의 대담 프로「톰 하트만쇼」의 주요 대담 인사로 미국 전역을 돌며 토론과 선거 승리를 위한 진보주의 정치 언어 열강 인기 강사이다.

역자_

강경태는 부산대학교 정치학과를 졸업하고 노스 텍사스 대학교(University of North Texas) 정치학 박사, 호주 시드니 맥콰리 대학교(Macquarie University) 교환교수를 거쳐 한국지방정치학회 공동회장을 역임하였으며, 현재 신라대학교 국제관계학과 부교수로 있다. 논문으로는 "리즈럴(LISREL) 모델을 통한 17대 한국 총선 분석"(『한국정치학회보』) 등 30편과 공저가 다수 있다.

토론 프레이밍

역대 15회 미 대통령 연설문에서 살펴본 진보파의 토론/선거 승리방안

초판1쇄 / 2008년 9월 30일

지은이 **제프리 펠드만**
옮긴이 **강경태**
펴낸이 **여국동**
펴낸곳 **도서출판 인간사랑**
인　쇄 **백왕인쇄**
제　본 **은정제책사**

출판등록 1983. 1. 26. / 제일 3호

(411-815) 경기도 고양시 일산구 백석동 1178-1
TEL (031)901-8144, 907-2003
FAX (031)905-5815
e-mail/igsr@yahoo.co.kr / igsr@naver.com

정가 15,000원

ISBN 978-89-7418-258 8 93300

※ 잘못된 책은 교환해 드립니다.